Uta Häsel-Weide, Marcus Nührenbörger, Elisabeth Moser Opitz, Claudia Wittich

Ablösung vom zählenden Rechnen
Fördereinheiten für heterogene Lerngruppen

Klett | Kallmeyer

Bibliografische Information der Deutschen Nationalbibliothek
Die Deutsche Nationalbibliothek verzeichnet diese Publikation in der Deutschen Nationalbibliografie;
detaillierte bibliografische Daten sind im Internet über http://dnb.d-nb.de abrufbar.

Impressum

Uta Häsel-Weide, Marcus Nührenbörger, Elisabeth Moser Opitz, Claudia Wittich
Ablösung vom zählenden Rechnen
Fördereinheiten für heterogene Lerngruppen

4. Auflage 2017

Das Werk und seine Teile sind urheberrechtlich geschützt. Jede Nutzung in anderen als den gesetzlich
zugelassenen Fällen bedarf der vorherigen schriftlichen Einwilligung des Verlages. Hinweis zu § 52 a UrhG:
Weder das Werk noch seine Teile dürfen ohne eine solche Einwilligung eingescannt und in ein Netzwerk
eingestellt werden. Dies gilt auch für Intranets von Schulen und sonstigen Bildungseinrichtungen.
Fotomechanische oder andere Wiedergabeverfahren nur mit Genehmigung des Verlages.

© 2013. Kallmeyer in Verbindung mit Klett
Friedrich Verlag GmbH
D-30926 Seelze
Alle Rechte vorbehalten.
www.friedrich-verlag.de

Redaktion: Stefan Hellriegel, Berlin
Realisation: Lars Pätsch
Druck: Kessler Druck + Medien GmbH & Co. KG, Bobingen
Printed in Germany

ISBN: 978-3-7800-4966-7

Uta Häsel-Weide, Marcus Nührenbörger, Elisabeth Moser Opitz, Claudia Wittich

Ablösung vom zählenden Rechnen

Fördereinheiten für heterogene Lerngruppen

Klett | Kallmeyer

Einführung   6

1 Mathematische Förderung im Kontext inklusiver Bestrebungen   11
     1.1 Forschungsergebnisse zu inklusiver Schulung   12
     1.2 Faktoren für gelingende Inklusion   15

2 Unterrichtsintegrierte mathematische Förderung in der Grundschule   17
     2.1 Individuelle Förderung innerhalb des Mathematikunterrichts   18
     2.2 Individuelle Förderung außerhalb des Mathematikunterrichts   21
     2.3 Unterrichtsintegrierte Förderung   22
         2.3.1 Unterrichtsintegrative Förderung im Spiegel mathematikdidaktischer Prinzipien   23
         2.3.2 Leitideen einer unterrichtsintegrierten mathematischen Förderung   24

3 Zählendes Rechnen in der Grundschule   43
     3.1 Verfestigte Zählstrategien   44
     3.2 Bedeutung des Zählens für die mathematische Entwicklung   49
     3.3 Ablösung vom zählenden Rechnen   51
         3.3.1 Vorstellungen über Zahlen   51
         3.3.2 Vorstellungen über Operationen   53

4 Bausteine   55
     4.1 Teil-Ganzes-Zerlegung erfahren   57
         4.1.1 Fachdidaktischer Hintergrund   57
         4.1.2 Bausteine Teil-Ganzes-Zerlegung erfahren   62
             Baustein 1: Immer 7   62
             Baustein 2: Mengen zusammensetzen   65
             Baustein 3: Zerlegen   69
             Baustein 4: Zahlenhäuser   73
             Baustein 5: Zahldarstellung am 20er-Feld   78
             Baustein 6: Kraft der Fünf   82
         4.1.3 Anregungen zur Reflexion   86

4.2 Zählkompetenzen erweitern ... 92
    4.2.1 Fachdidaktischer Hintergrund ... 92
    4.2.2 Bausteine zur Erweiterung der Zählkompetenz ... 95
        Baustein 7: Zähle in Schritten ... 95
        Baustein 8: Zahlenfolgen fortsetzen ... 99
        Baustein 9: Zahlen am leeren Zahlenstrahl ... 102
        Baustein 10: Zahlbeziehungen am leeren Zahlenstrahl ... 105
    4.2.3 Anregungen zur Reflexion ... 108

4.3 Grundvorstellungen aufgreifen ... 114
    4.3.1 Fachdidaktischer Hintergrund ... 114
    4.3.2 Bausteine zum Aufgreifen von Grundvorstellungen ... 117
        Baustein 11: Ergänzen zum Zehner ... 117
        Baustein 12: Vermindern zum Zehner ... 121
        Baustein 13: Verdoppeln mit dem Spiegel ... 124
        Baustein 14: Verdoppeln mit dem Fünfertrick ... 127
    4.3.3 Anregungen zur Reflexion ... 131

4.4 Rechnen mit Zahlbeziehungen ... 137
    4.4.1 Fachdidaktischer Hintergrund ... 137
    4.4.2 Bausteine zum Rechnen mit Zahlbeziehungen ... 142
        Baustein 15: Einfache Additionsaufgaben verändern ... 142
        Baustein 16: Verwandte Additionsaufgaben ... 146
        Baustein 17: Einfache Subtraktionsaufgaben ... 150
        Baustein 18: Verwandte Subtraktionsaufgaben ... 154
        Baustein 19: Verwandte Additionsaufgaben am Rechenstrich ... 158
        Baustein 20: Verwandte Subtraktionsaufgaben am Rechenstrich ... 162
    4.4.3 Anregungen zur Reflexion ... 166

Literatur ... 173

Einführung

Die Ablösung vom zählenden Rechnen stellt für Kinder in der Grundschule einen entscheidenden Schritt für ein erfolgreiches Mathematiklernen dar. Allerdings reicht es in der Regel nicht aus, Kinder lediglich dazu aufzufordern, nicht mehr zu zählen oder ihre Finger nicht zu nutzen. Denn die Entwicklung vom Zählen zu alternativen Strategien ist ein komplexer Prozess, der auf ausgebauten Zahl- und Operationsvorstellungen beruht und Zahlbeziehungen nutzt. Dieser Prozess benötigt bei Kindern unterschiedlich viel Zeit und Aufmerksamkeit, sodass nicht immer alle Kinder am Ende des 1. Schuljahres diese Fähigkeiten entwickelt haben können. Verfestigen sich jedoch Abzählstrategien bei der Bearbeitung von Rechenaufgaben, kann dies zu mathematischen Lernschwächen führen. Deshalb sind viele Lehrkräfte auf der Suche nach Ideen, Unterstützung und Hilfe für einen adäquaten Umgang mit dieser kritischen Phase.

Anliegen: Ablösung vom zählenden Rechnen

Wir machen in diesem Buch einen Vorschlag, wie Ablöseprozesse angestoßen und Vorstellungen weiterentwickelt werden können. Hierzu bietet es Hintergrundinformationen zu den Herausforderungen der Ablösung vom zählenden Rechnen, gibt konkrete Einblicke in didaktische Schwerpunkte und vermittelt Ansätze zur Förderung. Bereits an dieser Stelle sei darauf hingewiesen, dass eine Übernahme der Unterrichtsvorschläge Ablöseprozesse bei Kindern begünstigen, aber keinesfalls garantieren kann.

Schon lange vor der Schulzeit beginnen die meisten Kinder, gerade beim Erwerb von Zählkompetenzen, mathematisches Verständnis zu entwickeln. Das Zählen ist einer der zentralen entwicklungsgemäßen Motoren des Zahlbegriffserwerbs und beruht auf dem mathematischen Grundprinzip, eine Menge in Einzelmengen zu zerlegen und sukzessiv miteinander zu verbinden. Es eröffnet den Kindern Möglichkeiten, ihre Umgebung mathematisch zu erschließen, indem sie beispielsweise (kleine) Mengen bestimmen und vergleichen oder Reihenfolgen und Abläufe nummerisch kennzeichnen. Während solche frühen Zahlwort- und Zählkenntnisse das mathematische Verständnis langfristig stützen können, können Zählaktivitäten ebenso eine Gefahr für dasselbe darstellen – und zwar dann, wenn Kinder im Erstunterricht Rechenaufgaben ausschließlich zählend lösen und keine alternativen mathematischen Zugänge erwerben und nutzen können. Das verfestigte Verwenden von Abzählstrategien bei der Bearbeitung von Rechenaufgaben wird so zu einem zentralen Merkmal von mathematischen Lernschwierigkeiten.

In dem vom Bundesministerium für Bildung und Forschung geförderten Forschungsprojekt ZebrA (*Zusammenhänge erkennen und beschreiben – rechnen ohne Abzählen*), in dessen Rahmen die Bausteine entwickelt wurden, zeigte sich, wie vielfältig und auch schwierig die Ablöseprozesse für verfestigt zählende

Rechnerinnen und Rechner sind. Gerade eine kommunikativ-kooperative Strukturierung (im Vergleich zu einer eher individuellen Ausrichtung der Förderung) scheint dazu beizutragen, dass verfestigt zählende Kinder im Laufe der Förderung strukturelle Zusammenhänge als Alternative zum zählenden Rechnen erkennen und nutzen lernen (vgl. Wittich/Nührenbörger/Moser Opitz 2010; Häsel-Weide 2013b).

Der Weg, den wir zur Ablösung vom zählenden Rechnen vorschlagen, wird gemeinsam von allen Kindern im regulären Mathematikunterricht beschritten. Es werden Angebote für eine unterrichtsintegrierte Förderung gemacht, die einerseits die Möglichkeit bieten, basale Kompetenzen aufzuarbeiten. Andererseits werden zusätzliche Anregungen zur Vertiefung und Weiterführung für die Kinder gegeben, die sich bereits frühzeitig vom zählenden Rechnen gelöst haben. Wir stellen also vielfältige Möglichkeiten vor, die alle Kinder herausfordern, mathematische Objekte über Operationen zu strukturieren, neu zu strukturieren, die Veränderungen zu beobachten und mit Blick auf weitere Rechentätigkeiten zu beachten. Von den Anregungen zu strukturfokussierenden Deutungen und dem Anwenden von strukturellen Umdeutungen versprechen wir uns, dass gerade die mathematisch leistungsschwächeren Kinder den „Mehr-Wert" operativer Strategien gegenüber dem vermeintlich einfachen Zählen erkennen und somit ein mentales Werkzeug gewinnen, das langfristig effektiv ist (auch wenn es anfangs wesentlich mehr Zeit und Anstrengung braucht als das Zählen). Dabei ist wichtig, dass diese Förderung in kooperativen Lernsituationen stattfindet.

Neue Erkenntnisse ergeben sich gerade dann, wenn vertraute Sichtweisen mit Blick auf andere, möglicherweise irritierende, aber gar nicht so fremde Ideen gedeutet und erläutert bzw. begründet werden müssen. Daher sollen die Aktivitäten der Kinder in interaktive Unterrichtsprozesse eingebettet werden. Gerade in der Begegnung mit anderen Kindern erfahren und erkunden die Kinder die Effektivität der operativen Strategien in den Handlungen der mit ihnen kooperierenden Lernenden.

Aufbau des Buches

Für die Gestaltung des Buches sind zwei Perspektiven auf die Ablösung vom zählenden Rechnen prägend:

▸ Die eher *theoriegeleitete Auseinandersetzung* mit mathematischen Lernschwierigkeiten, dem verfestigten Zählen und den Möglichkeiten der Förderung mathematischen Verständnisses bietet Hintergrundwissen zur Thematik. Dazu wird in einem ersten Abschnitt der Blick auf die Facetten eines inklusiv gestalteten Mathematikunterrichts gelenkt, in dem sich stets die Frage stellt, wie Kinder mit sehr unterschiedlichen Lernbedürfnissen miteinander Mathematik lernen können (Kapitel 1). Die Diskussion um Faktoren für gelingende Inklusion mündet in die Erörterung unterschiedlicher Fördermaßnahmen, bevor die besonderen Charakteristika der unterrichtsintegrierten Förderung aufgezeigt werden (Kapitel 2). Im Anschluss daran wird auf die zentralen Merkmale des zählenden Rechnens und auf die Prozesse und Inhalte zur Ablösung vom zählenden Rechnen eingegangen (Kapitel 3).

▸ Die *praxisorientierte Darstellung* der Unterrichtsbausteine nimmt Bezug auf die zuvor genannten kritischen Stellen bei der Ablösung vom zählenden Rechnen. Dieser „Kern" des Buches enthält 20 Bausteine, die dazu beitragen sollen, mathematische Lernprozesse zur Ablösung vom zählenden Rechnen zu unterstützen und zugleich auch die nichtzählend rechnenden Kinder zur vertieften Auseinandersetzung mit mathematischen Beziehungen anzuregen.

Im ersten Themenblock der praxisorientierten Darstellung wird in 6 Bausteinen auf die Fähigkeit eingegangen, eine Menge in strukturierte Teilmengen zu zerlegen sowie aus den Teilmengen heraus eine Menge zu bilden (Kapitel 4.1). Der zweite Themenblock umfasst Bausteine zur Flexibilisierung des Zählens (Kapitel 4.2). Dies mag überraschen. Aber der Weg von der Ablösung des zählenden Rechnens führt unter anderem auch über die Verbesserung der Zählkompetenzen, damit diese als Strategien in der Kombination mit entsprechenden Zahl- und Operationsvorstellungen zum Rechnen genutzt werden können. Letztere werden mit Blick auf die Addition und Subtraktion im dritten Themenblock in 4 Bausteinen aufgegriffen (Kapitel 4.3). Die Fördermaßnahmen enden mit Bausteinen zum Rechnen mit Zahlbeziehungen, die die Kinder dahingehend unterstützen sollen, die zuvor aufgebauten Vorstellungen über Zahlen beim Vergleichen und Ableiten von Rechentermen anzuwenden (Kapitel 4.4).

Die Förderbausteine können lehrgangsbegleitend oder kompakt mit der gesamten Klasse durchgeführt werden. Sie ermöglichen einen hohen Grad an Differenzierung und sind so konzipiert, dass zählend rechnende Kinder fundamentale Erkenntnisse erlangen können, während andere Kinder gleichzeitig ihre Sicht auf mathematische Strukturen vertiefen. Passend zu den Bausteinen finden sich nähere Erläuterungen zu Unterrichtsleitfäden, Arbeitsmaterialien und didaktisches Hintergrundwissen. Zudem sollen ausgewählte Dokumente von Kindern und Förderepisoden die Planung und Reflexion der Fördereinheiten unterstützen.

Die Arbeitsblätter, die zur Durchführung der Förderbausteine benötigt werden, sind im Download-Material zu diesem Buch verfügbar (Hinweise zum Download siehe S. 184).

An der Entwicklung, Überarbeitung und Erforschung der Bausteine hat eine Vielzahl an Personen mitgewirkt. Insbesondere sei den Schülerinnen und Schülern sowie den Lehrkräften der ZebrA-Klassen an dieser Stelle ganz herzlich gedankt. Die Kinder gaben uns Einblicke in ihre Vorstellungen, Strategien und Argumentationen. Den Lehrkräften danken wir für ihre intensive Mitarbeit und ihre konstruktiven Rückmeldungen zu den Förderbausteinen. Wir sind ihrer Offenheit gegenüber neuen Ideen, ihrem Engagement bei der Durchführung und ihrem Vertrauen, uns an der Umsetzung teilhaben zu lassen, sehr verbunden.

Dortmund und Zürich im Mai 2013
Uta Häsel-Weide
Marcus Nührenbörger
Elisabeth Moser Opitz
Claudia Wittich

1 Mathematische Förderung im Kontext inklusiver Bestrebungen

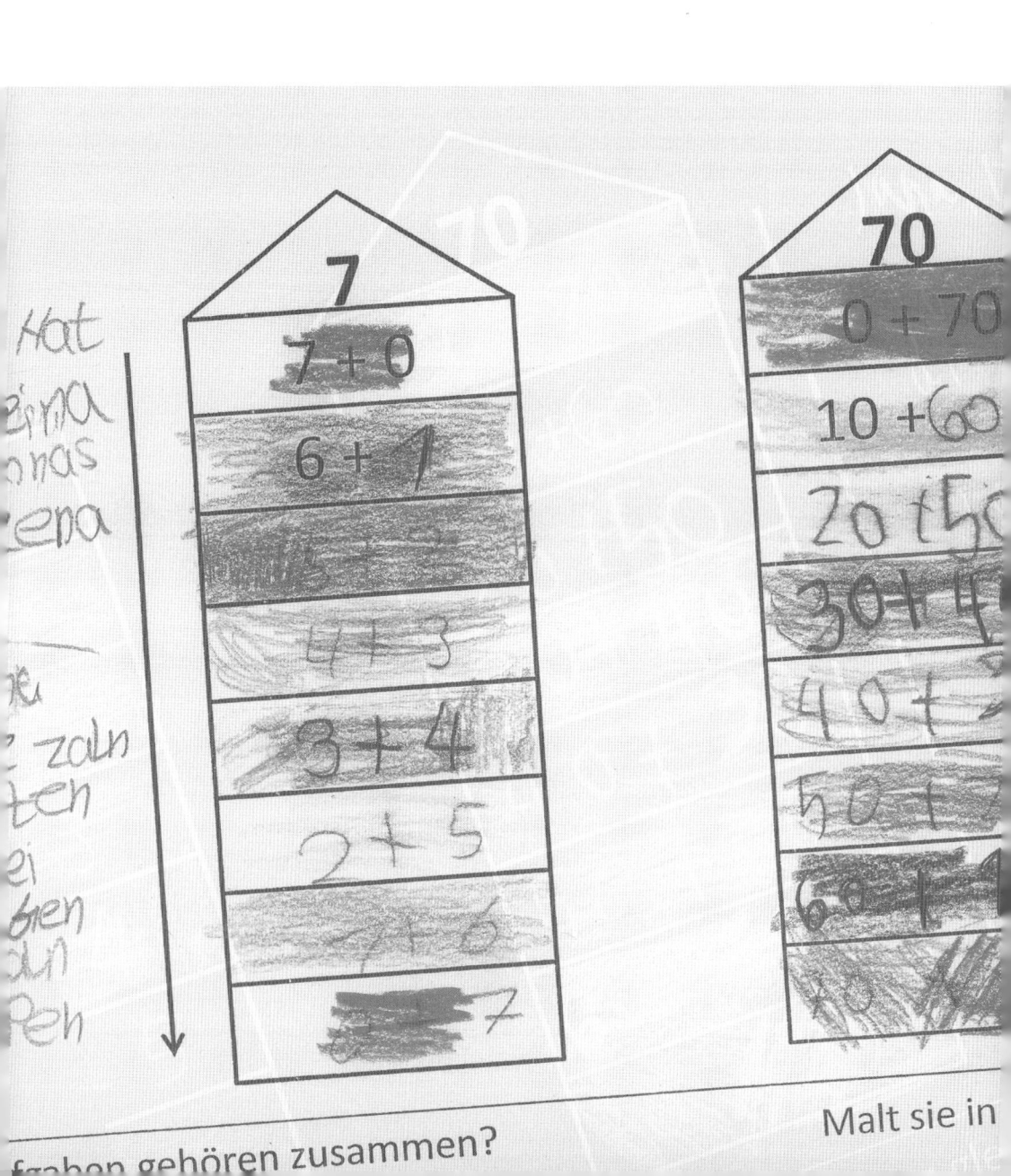

1 Mathematische Förderung im Kontext inklusiver Bestrebungen

Die mathematische Förderung von Schülerinnen und Schülern mit unterschiedlichen Voraussetzungen stellt für Lehrpersonen seit jeher eine Herausforderung dar. In diesem Kapitel werden zentrale Forschungsergebnisse zum Thema „Inklusion" allgemein berichtet, um anschließend Möglichkeiten der unterrichtsintegrierten Förderung vorzustellen, die unter anderem in Klassen mit Kindern mit und ohne Förderbedarf im Schwerpunkt Lernen erprobt und evaluiert worden sind (kurz angemerkt sei hier, dass die Verwendung der Begriffe „Integration" und „Inklusion" kontrovers diskutiert wird, z. B. Feuser 2006, Hinz 2009, Lee 2010 und Reiser 2007). In diesem Text wird in Anlehnung an die Begriffsverwendung in den meisten offiziellen Dokumenten der Begriff der Inklusion verwendet, obwohl wir in Anlehnung an Muth (1986) den Begriff „Integration" vorziehen würden.

Im Kontext von integrativer beziehungsweise inklusiver Schulung stellt sich die Herausforderung des Umgangs mit Kindern mit heterogenen Lernvoraussetzungen in noch größerem Maß und wirft viele Fragen auf. Beispielsweise wird befürchtet, dass Kinder und Jugendliche mit Lernschwächen oder im Förderschwerpunkt Lernen in Regelklassen ungenügend gefördert und somit nicht optimal auf die gesellschaftliche Integration vorbereitet werden. Weiter wird die Sorge geäußert, dass durch Inklusion das Leistungsniveau der Regelklassen sinkt und dies zu negativen Folgen für Lernende ohne besonderen Förderbedarf führt. Auch wird vor einer zu großen Belastung der Lehrpersonen gewarnt; vor allem auch, weil geeignete Unterrichtskonzeptionen und Fördermaterialien noch „Mangelware" sind. Zudem wird die Frage gestellt, warum das gut ausgebaute Förderschulsystem aufgegeben werden soll (Moser Opitz 2011). Und schließlich stellen Lehrpersonen die Frage, wie sie mit der großen Leistungsheterogenität umgehen sollen.

Zu den aktuell verstärkten Bemühungen um Inklusion hat in Deutschland die Ratifizierung der UN-Behindertenrechtskonvention – ein internationales Abkommen, das die Rechte der Menschen mit Behinderungen und die entsprechenden Pflichten der Staaten festlegt – geführt (Übereinkommen über die Rechte von Behinderten, Artikel 24). Die Vertragsstaaten verpflichten sich, inklusive Bildung auf allen Ebenen des Bildungssystems zu gewährleisten. Es gibt aber auch eine Reihe von Forschungsergebnissen, die für inklusive Schulung sprechen und dazu geführt haben, dass Inklusion angestrebt wird.

1.1 Forschungsergebnisse zu inklusiver Schulung

Leistung. Die Befürchtung, dass das Niveau der Regelklassen durch inklusive Schulung sinkt und den Kindern mit oder ohne Förderbedarf zum Nachteil reicht, kann zerstreut werden. In fast alle Studien zeigten die inklusiven und nichtinklusiven Klassen gleich gute Leistungen oder es zeigte sich ein Vorteil für die Inklusionsklassen (für einen internationalen Forschungsüberblick siehe Ruijs/Peetsma 2009). Eine Untersuchung aus der Schweiz bestätigt dies auch für Klassen, in denen Kinder mit Förderbedarf im Bereich der geistigen Entwicklung inklusiv geschult werden (Sermier Dessemontet/Benoit/Bless 2011). Für die Kinder mit Förderbedarf im Lernen wirkt sich Inklusion auf der Leistungsebene in den Fächern Deutsch und Mathematik positiv aus und zwar kurz- und langfristig: Sie machen also größere Leistungsfortschritte, wenn sie inklusiv und innerhalb des Regelunterrichts von einer Lehrperson mit einer sonderpädagogischen Ausbildung geschult werden (Bless 2007; siehe auch Haeberlin u. a. 2003). Neu liegen auch Untersuchungsergebnisse zu den Langzeitwirkungen von inklusiver Schulung vor (Eckhart/Haeberlin/Sahli Lozano/Blanc 2011). Ehemals separierte und integrierte Lernende, die während der Schulzeit als lernbehindert galten, konnten im Alter von 20 Jahren zu ihrer Ausbildung und zu ihrer aktuellen beruflichen Situation befragt werden. Die Ergebnisse zeigen, dass Schülerinnen und Schüler, die in der Schweiz eine Sonderklasse für Lernbehinderte (entspricht dem Förderschwerpunkt Lernen) besucht hatten, im Alter von 20 Jahren einen geringeren Ausbildungsstatus haben als vergleichbare Lernende, die inklusiv geschult wurden. „Das heißt, dass die integrativ geschulten Personen einen Beruf mit einem höheren Anspruchsniveau erlernen bzw. erlernt haben und deshalb längerfristig bessere Chancen für ihre berufliche Zukunft haben als junge Erwachsene, die eine Klein- oder Sonderklasse besucht hatten" (Moser Opitz 2011, S. 144). Diese positiven Ergebnisse bezüglich der Leistungsentwicklung lassen sich insbesondere mit dem höheren Anspruchsniveau in Regelklassen und mit den kognitiven Anregungen erklären, die durch den Austausch mit Lernenden ohne Schwierigkeiten möglich sind. In Förderschulklassen mit dem Förderschwerpunkt Lernen ist das Anspruchsniveau in der Regel geringer und es gibt weniger Lernanregungen als in größeren Regelklassen, die auch von leistungsstarken Kindern besucht werden. Das ist teilweise auch durch Schulbücher bestimmt, die für Schülerinnen und Schüler im Förderschwerpunkt Lernen ein kleinschrittiges Vorgehen vorschlagen. Moser Opitz (2007a) hat aufgezeigt, dass Kinder im 1. Schuljahr, die von Anfang an Erfahrungen mit dem Zahlenraum bis 20 machen konnten, am Ende von Klasse 1 mehr Zahlen benennen und schreiben konnten als Kinder, mit denen der Zahlenraum schrittweise erarbeitet worden ist.

Wohlbefinden in der Klasse. Zum Thema „Wohlbefinden in der Klasse" sind die Forschungsergebnisse weniger eindeutig als im Leistungsbereich. Studien zeigen, dass Kinder mit Förderbedarf im Lernen, die inklusiv geschult werden, ein niedrigeres Selbstkonzept aufweisen, das heißt eine negativere Einstellung zu sich selbst haben als vergleichbare Lernende einer Förderschule (Haeberlin u. a. 2003). Dieses Ergebnis kann mit dem Vergleich zur Bezugsgruppe der Kinder ohne Schwierigkeiten erklärt werden. „Die integrierten Kinder und Jugendlichen vergleichen sich mit den Regelschülerinnen und -schülern und werden sich somit ihrer Schwierigkeiten deutlicher bewusst als Lernende in Sonderklassen, die sich mit anderen schwachen Mitschülerinnen und Mitschülern vergleichen. Dieses Ergebnis kann einerseits als eine negative Folge von integrativer Schulung gedeutet werden und die Frage aufwerfen, ob die Schulung im Schonraum nicht doch vorzuziehen sei. Andererseits kann auch argumentiert werden, dass das niedrigere Selbstkonzept auf eine realistischere Einschätzung der eigenen Leistungen hinweist" (Moser Opitz 2011, S. 145). Noch nicht untersucht worden ist, ob im Unterricht auf das Selbstkonzept Einfluss genommen werden könnte, zum Beispiel durch ein bewusstes Thematisieren von individuellen Stärken und Entwicklungspotenzialen.

Positive Ergebnisse haben Untersuchungen zum Klassenklima ergeben (z. B. Preuss-Lausitz 1998). Es hat sich gezeigt, dass das allgemeine Klassenklima und die Schulzufriedenheit in inklusiven Klassen positiver sind als in anderen Klassen und dass sich Kinder mit und ohne besonderen Förderbedarf in den inklusiven Klassen wohler fühlten. Das trifft insbesondere für Klassen zu, in denen Kinder mit schwereren Behinderungen geschult werden (Nakken/Pijl 2002). Bezüglich der Beliebtheit in der Klasse zeigt sich jedoch deutlich, dass Lernende mit besonderem Förderbedarf häufiger zu den unbeliebten und abgelehnten Kindern gehören als ihre Mitschülerinnen und Mitschüler und dass sie sich selbst auch als weniger gut integriert einschätzen. Allerdings hängt diese soziale Akzeptanz auch mit dem Sozialverhalten zusammen. Vor allem Kinder, die den Unterricht stören und sogenannt verhaltensauffällig sind, sind sozial schlecht akzeptiert (z. B. Frostad/Pijl 2007). Es gibt aber auch eine Gruppe von Kindern mit Förderbedarf Lernen, die durchschnittlich integriert sind (Huber 2006). Das bedeutet, dass nicht alle Kinder mit besonderem Förderbedarf sozial schlecht integriert sind und dass diese Integration von verschiedenen Faktoren abhängt. Huber (2011) hat beispielsweise aufgezeigt, dass es einen Zusammenhang gibt zwischen der Sympathie, die eine Lehrperson den Lernenden entgegenbringt und deren tatsächlicher sozialen Integration. Das heißt, dass das Verhalten und das Wertesystem der Lehrperson die soziale Position in der Klasse beeinflussen kann. Bedeutsam ist auch, in welcher Form inklusiver Unterricht stattfindet. Insbesondere spielt hier das Feedbackverhalten der Lehrperson gegenüber den Schülerinnen und Schülern eine Rolle. Die Kinder scheinen sich an Werten der Lehrperson zu orientieren und diese bei ihrer eigenen Einschätzung ihrer Mitschülerinnen und Mitschüler aufzugreifen. Dieser Aspekt ist darum besonders interessant, weil er auf Handlungsmöglichkeiten für die Lehrperson zur besseren sozialen Integration der Kinder hinweist, indem sich diese bewusst sind, dass ihre Reaktionen gegenüber Kindern deren soziale Integration beeinflussen können. Wiener und Tardif (2004) fanden zudem empirische Hinweise, dass Kinder mit besonderem Förderbedarf, die vor allem innerhalb des Klassenverbandes gefördert wurden, sozial besser integriert waren als Kinder, die schwerpunktmäßig in Gruppen außerhalb des Klassenzimmers gefördert wurden.

Es scheint also, dass sich Unterrichtsformen, in denen die Kinder regelmäßig außerhalb des Klassenzimmers arbeiten, negativ auf die soziale Integration auswirken können.

1.2 Faktoren für gelingende Inklusion

Damit Inklusion gelingen kann, spielen verschiedene Faktoren eine Rolle – besonders wichtig sind die Lehrpersonen und die Rahmenbedingungen. In mehreren Studien wurde nachgewiesen, dass eine enge Beziehung zwischen der Bereitschaft zum inklusiven Unterricht und der Verfügbarkeit von Ressourcen – im Sinn der vorhandenen Unterstützung durch die Sonderpädagoginnen und Sonderpädagogen – besteht (Dumke/Eberl 2002; Joller-Graf/Tanner/Buholzer 2010). Es zeigte sich auch, dass die Zufriedenheit mit den Ressourcen mit der Einschätzung der eigenen Kompetenz zusammenhängt. Je erfolgreicher und kompetenter sich Lehrpersonen einschätzen, desto zufriedener sind sie mit den Ressourcen. Zudem verändert sich diese Einschätzung und damit auch die Einstellung zur Integration mit zunehmender Integrationserfahrung (Dumke/Eberl 2002; zusammenfassend Moser Opitz 2012). Angemessene Ressourcen sind somit ein wichtiger Faktor für das Gelingen von inklusiver Schulung. In dieser Hinsicht stellt Stähling (2010) anhand von konkreten Praxiserfahrungen wesentliche Faktoren dar, die einer Entwicklung zur Inklusion förderlich sind: die Zufriedenheit der Lehrkräfte, die Teamfähigkeit derselben, aber auch die Bereitschaft, den Unterricht zu öffnen. Allerdings scheinen auch weitere Aspekte eine Rolle zu spielen: Bless (2007) hat aufgezeigt, dass eine abgeschlossene Ausbildung der Sonderpädagoginnen und Sonderpädagogen, die Möglichkeit des fachbezogenen Austausches für diese, ein positives Klassenklima sowie eine heterogene Klassenzusammensetzung bezüglich der kognitiven Grundfähigkeiten für inklusive Prozesse förderlich sind.

Noch wenig erforscht ist, ob und inwiefern geeignete Unterrichtskonzepte inklusive Prozesse fördern können – hier besteht eine große Forschungslücke. Zudem fehlen auch konkrete Materialien und Anregungen für den Unterricht. Mit den in diesem Buch vorliegenden Förderbausteinen, die im Rahmen der Unterrichtsstudie ZebrA (*Zusammenhänge erkennen und besprechen, rechnen ohne Abzählen*) entwickelt und erprobt wurden, und den Überlegungen zur unterrichtsintegrierten Förderung im Mathematikunterricht soll ein Beitrag zum letztgenannten Aspekt gemacht werden. Am Beispiel der Thematik „Ablösung vom zählenden Rechnen" werden Möglichkeiten zur unterrichtsintegrierten Förderung von Schülerinnen und Schülern mit (mathematischen) Lernschwächen vorgestellt. Damit sind Kinder im Förderschwerpunkt Lernen, aber auch rechenschwache Lernende, wie sie in jeder Regelklasse anzutreffen sind, gemeint. Zentral an den Fördereinheiten ist, dass Kinder mit unterschiedlichen Voraussetzungen an einem gemeinsamen Gegenstand (vgl. Freudenthal 1974, Feuser 2008) lernen und kooperieren. Unsere Ausführungen und die Förderbausteine beziehen sich nur auf einen Themenbereich und auf bestimmte Personengruppen – haben also nicht den Anspruch einer umfassenden Didaktikkonzeption für alle. Gleichwohl sollen sie dazu anregen zu überlegen, wie gemeinsames Lernen im inklusiven (Mathematik-)Unterricht verwirklicht werden könnte.

2 Unterrichtsintegrierte mathematische Förderung in der Grundschule

Name _____ Datum _____

unsere Aufgabe:

10 + 10 = 20

unsere Partneraufgaben:

11 + 9 = 20
11 + 10 = 21
9 + 10 = 19
12 + 10 = 22
10 + 5 = 15

Im folgenden Kapitel wenden wir uns der Fragestellung zu, wie Kinder mit (mathematischen) Lernschwächen – an der spezifischen Struktur des mathematischen Gegenstandes ausgerichtet – gefördert werden können. Überlegungen zur individuellen Förderung im Fach Mathematik orientieren sich stets an bewährten Formaten produktiven Unterrichts, verlaufen aber in der Regel auf zwei Ebenen: Einerseits geht es um die ganze Klasse, das heißt um Kinder, die unter Berücksichtigung von Heterogenität im alltäglichen Mathematikunterricht eine an ihren individuellen Kompetenzen und Lernvoraussetzungen ansetzende Förderung erfahren sollen. Andererseits geht es um einige Kinder, die unter den Bedingungen des alltäglichen Unterrichts „zu wenig zu langsam lernen" (Wember 2009a, S. 231) und unterrichtsergänzend oder -ersetzend in einer Kleingruppe oder einzeln nicht erworbene grundlegende Inhalte aufarbeiten sollen. Im Folgenden werden beide Ebenen kurz erläutert und anschließend die unterrichtsintegrierte Förderung vorgestellt, die in einem komplementären Verhältnis zu weiteren Fördermaßnahmen innerhalb und außerhalb des Mathematikunterrichts steht.

2.1 Individuelle Förderung innerhalb des Mathematikunterrichts

In Anbetracht der Heterogenität von kindlichen Lernvoraussetzungen, -bedürfnissen und auch -möglichkeiten in einer Klasse (vgl. Krauthausen/Scherer 2010; Nührenbörger 2010) erweist sich „individuelle Förderung" als eine anspruchsvolle Aufgabe, da unterschiedliche Kinder womöglich auch unterschiedlicher Herausforderungen und Lernanreize bedürfen. Ein Unterricht, der alle Kinder mit dem Gleichen und auf gleiche Weise ansprechen will oder aber in Gruppen unterteilt (zum Beispiel: stark, mittel, schwach), ignoriert das vielfältige Potenzial heterogener Zugangsweisen und nimmt eine stete Über- oder Unterforderung der Kinder in Kauf. Gefordert wird daher eine differenzierte Entwicklungsdiagnostik und eine adaptive, individuumsbezogene Förderung. Diese ist im Hinblick auf die heterogenen Lernstände und unterschiedlichen Fächer für alle Kinder kaum zu leisten – gleichwohl ist sie für einige Kinder wesentlich, um gezielte Förderprozesse anzustoßen. Eine von Lehrkräften vorbereitete individuelle Förderung kann deshalb nur schwerlich die dynamischen Lernprozesse und spezifischen Ausprägungen von Lernständen eines jeden Kindes treffen. So folgert auch Selter (2006, S. 133): „Es ist schwer möglich, kontinuierlich jedem einzelnen Kind seinem individuellen Lernstand angepasste Aufgaben zuzuweisen, die dessen Lernentwicklung optimal anregen."

Radikale Öffnung des Mathematikunterrichts? Als Königsweg zum Umgang mit Heterogenität wird vielfach eine radikale Öffnung des Unterrichts hin zur Individualisierung des kindlichen Lernens vorgeschlagen. Damit ist weniger die von der Lehrkraft aus organisierte Öffnung des Unterrichts – zum Beispiel durch Wochenpläne oder Freiarbeit – gemeint, sondern vielmehr die konsequente Selbstorganisation des Lernens aus der Perspektive der Lernenden (z. B. Zehnpfennig/ Zehnpfennig 1992, 2008; Peschel 2012). Die Organisation des Lernens von den Lernenden aus (und nicht für die Lernenden) befreit die Lehrkraft von einer nicht zu bewältigenden Anpassung des Lernangebots an den exakten Lernstand eines jeden Kindes.

Aber auch einer radikal konsequenten Öffnung des Unterrichts hin zum selbstorganisierten Lernen durch die Schülerinnen und Schüler muss aus mathematikdidaktischer Sicht kritisch begegnet werden. Diese Kritik bezieht sich vor allem auf zwei Aspekte: Die Struktur der Aufgaben und das Verstehen von Mathematik.

Mit Blick auf die Aufgabenkultur kann grob unterschieden werden zwischen unstrukturierten Aufgabenstellungen, mit denen ein Verfahren (zum Beispiel der Zehnerübergang) trainiert oder spezifische Fakten (zum Beispiel das Einmaleins) auswendig gelernt werden sollen, und produktiven Übungen, mit denen Mathematik nachhaltig gelernt und verstanden wird. Erstere dominieren als reproduktive, kleinschrittig konzipierte Aufgaben im offenen Unterricht, denn sie können ohne Absprachen, Besprechungen oder Diskussionen von den Schülerinnen und Schülern „still" und „isoliert" – im scheinbar eigenen Tempo und in unterschiedlicher Reihenfolge – bearbeitet werden (vgl. zusammenfassend Scherer/Moser Opitz 2010). In diesem Sinne verläuft mancherorts

> äußerlich offener Unterricht weitgehend in den inhaltlichen und methodisch geschlossenen Bahnen der herkömmlichen Aufgabendidaktik. Lehrerzentrierung, die man bei den Aktionsformen zu vermeiden trachtet, wird verlegt: ins Aufgabenmaterial und – vor allem – in die meist vorgeschriebenen Lösungswege. (Wielpütz 1998, S. 115)

Die Lehrkraft kann sich zwar dann der Organisation und Begleitung des Lernens widmen, ebenso wie sie auf Einzelfälle fördernd eingehen kann, indem sie Extra-Erklärungen und -Unterstützungen am Tisch der Lernenden vornimmt. Allerdings wird mathematisches Wissen nicht (inter-)aktiv von den Schülerinnen und Schülern erworben und durchdacht, sondern lediglich mechanisch reproduziert (siehe hierzu v. a. Wittmann 1995). Zu beachten ist auch, dass offener Unterricht – insbesondere für Kinder mit (mathematischen) Lernschwächen – nur unter bestimmten Bedingungen geeignet ist (zusammenfassend siehe Eckhart 2008), und zwar dann, wenn Strukturierungsmaßnahmen auf verschiedenen Ebenen angeboten werden (siehe hierzu auch Kapitel 1).

Da die Aufgabenstellungen in der Regel keine zu veröffentlichenden und auszutauschenden Erkenntnisse aufseiten der Schülerinnen und Schüler einfordern, entfallen auch der sozial-interaktive Diskurs unter den Kindern während der Arbeitsphase und die gemeinsame Reflexion aller danach. Das Verstehen von Mathematik ist aber im hohen Grade vom aktiven Erkennen mathematischer Zusammenhänge und der Ausdifferenzierung und Verallgemeinerung derselben durch interaktive Verständigungsprozesse abhängig. In diesem Sinne sind mathematische Lernprozesse in besonderer Weise an verstehensorientierte Aushandlungs- und Deutungsprozesse – das heißt an Gespräche der Kinder miteinander – gebunden. Eine Förderung, die auf das einzelne Kind allein ausgerichtet wird, isoliert aber den Lernprozess des Einzelnen von dem anderer Kinder. Dadurch erfährt das Kind weder die Notwendigkeit, eigene mathematische Ideen zu verbalisieren, für andere zu dokumentieren oder sich über diese zu verständigen, noch sind die Ideen in kollektive Lernprozesse integriert. Wenn Kinder individualisiert arbeiten und gemeinsame Erarbeitungs- und Reflexionsphasen in den Hintergrund rücken, besteht die Gefahr, dass Gespräche über verschiedene, ähnliche oder aber auch konträre Lösungswege und Sichtweisen kaum noch stattfinden. Diese sind jedoch von zentraler Bedeutung für die Entwicklung mathematischen Wissens und für die allmähliche Entwicklung mathematischen Argumentierens (vgl. Nührenbörger/Schwarzkopf 2010; Steinbring 2000).

Darüber hinaus werden oftmals gerade Kinder mit besonderen Lernschwierigkeiten oder Förderbedarf im Lernen von kooperativen und kommunikativen Phasen des Mathematiklernens ausgeschlossen, da ihnen nicht zugetraut wird, an Klassengesprächen gewinnbringend teilzunehmen und sie stattdessen eher – unter anderem begleitet von einer Förderschullehrkraft – elementare Inhalte aufarbeiten oder nachholen sollen (vgl. Moser Opitz 2009a). Feuser (2008) fordert deshalb eine Kooperation am gemeinsamen Gegenstand und eine entwicklungsniveaubezogene Individualisierung.

Substanzielle Aufgabenformate im Mathematikunterricht. Substanzielle Aufgabenformate (zuweilen auch Lernumgebungen genannt) können dieser Forderung entgegenkommen. Sie bieten Raum für individuelle Entwicklungs- und Lernverläufe, die zugleich in sozial-interaktive Auseinandersetzungen mit den Kindern der Klasse eingebettet sind. Hierbei ist zentral, dass die mathematischen Tätigkeiten und Erkenntnisprozesse auf unterschiedlichen Ebenen in der aktiven und produktiven Auseinandersetzung mit den Aufgaben erwachsen und von den Kindern im Sinne der natürlichen Differenzierung (Wittmann 2010) eigenständig und flexibel zum Erkunden, Darstellen und Erörtern mathematischer Zusammenhänge genutzt werden können (vgl. Hirt/Wälti 2007; Nührenbörger/Pust 2011; Wittmann/Müller 1990).

> Anders als ein von der Lehrperson mehr oder weniger eng geführter Unterricht ermöglichen Lernumgebungen einen Ausgleich zwischen fachlichen Anforderungen und Vorgaben sowie den vom Fach her bestehenden Spielräumen einerseits, und den individuellen Möglichkeiten und Präferenzen der Lernenden andererseits. (Ratz/Wittmann 2011, S. 147)

Somit nimmt die Arbeit an substanziellen Aufgabenformaten niemals ein generelles Ziel in den Blick, das alle Kinder zur gleichen Zeit oder auf gleiche Weise zu erreichen haben. Sie ist vielmehr stets so angelegt, dass die Kinder an differenten, aber inhaltlich aufeinander bezogenen Zielsetzungen arbeiten können.

2.2 Individuelle Förderung außerhalb des Mathematikunterrichts

Förderunterricht hat zum Ziel, dass Kinder mit (mathematischen) Lernschwächen (angeleitet durch eine Lehrperson) alleine oder mit einigen anderen Kindern des Jahrgangs in einer Kleingruppe, die ebenso schwache Mathematikleistungen zeigen, den schulischen Lernstoff nachholen und aufarbeiten können (vgl. Wielpütz 2010). Eine separate, exklusive Förderung, die an die mathematischen Kompetenzen des einzelnen Kindes angepasst sind, besitzt in bestimmten Lehr- und Lernsituationen ihre Berechtigung. So kann dem einzelnen Kind mehr Zeit für die inhaltliche Erkundung eröffnet werden, sodass es begriffliche Weiterentwicklungsprozesse vornehmen kann. Zudem kann sich die Lehrkraft dem einzelnen Kind – ohne sich zugleich der Gefahr auszusetzen, andere Kinder aus dem Blick zu verlieren – intensiver zuwenden. Ein Blick in die Alltagspraxis der unterrichtsergänzenden oder -ersetzenden Lernzeiten für einzelne Gruppen von Kindern zur Aufarbeitung von Lernschwierigkeiten zeigt indes, dass die Lehrkräfte eher selten einem bestimmten Trainingskonzept folgen oder die mathematischen Lehr- und Lernangebote an das Denken des einzelnen Kindes anpassen. „Der beobachtbare Förderunterricht wiederholt jedoch, auch in Kleinstgruppen, mit weiteren Aufgaben jenen Unterricht, der bereits wenig erfolgreich war. Der Modus der ‚Beschäftigung' lässt einen verstehenden Zugang zu Schwierigkeiten und ihren möglichen Ursachen außer Acht. Die Frage der Passung stellt sich auf diese Weise gar nicht" (Wielpütz 2010, S. 111). Entsprechend betonen auch Lorenz und Radatz, dass gerade die Schwierigkeiten der Kinder ein Spiegelbild der besonderen Schwierigkeiten des Mathematikunterrichts darstellen können:

> Die aktuellen Forschungsansätze sehen in rechenschwachen Schülern keine Gruppe, die sich in ihrem Lernverhalten qualitativ von ihren Klassenkameraden unterscheidet. Allerdings ist an ihnen in pointierter Weise zu beobachten, welche kognitiven Fähigkeiten der Mathematikunterricht fordert beziehungsweise welche Defizite zu Störungen im mathematischen Begriffserwerb führen und welche methodisch-didaktischen Fallstricke möglich sind, auch wenn ihnen die meisten Schüler nicht zum Opfer fallen. (Lorenz/Radatz 1993, S. 29)

Doch auch wenn sich Lehrkräfte im Mathematikunterricht an dem Unterrichtsprinzip des aktiv-entdeckenden Lernens orientieren, ist häufig zu beobachten, dass die Förderung von Kindern mit (mathematischen) Lernschwächen eher reproduktiven und kleinschrittigen Charakter hat. „Diese [die Förderstrategien] münden in die curriculare Feinschrittigkeit, deren striktes Durchlaufen hilfreich sein soll, oder trainieren, zum Teil von mathematischen Inhalten abgehoben, die defizitären kognitiven Fähigkeiten" (Lorenz/Radatz 1993, S. 29). Daher weist Scherer (2008, S. 278) mit Blick auf Kinder im Förderschwerpunkt Lernen auf die Paradoxie im unterrichtlichen Handeln von Lehrkräften hin: „Während Eigentätigkeit und allgemein die Förderung zur Selbstständigkeit für viele Lehrpersonen ein wichtiges Unterrichtsprinzip darstellen, kehren sie bei auftretenden Lernschwierigkeiten dennoch zu tradierten Prinzipien zurück. In wohlgemeinter Absicht wird Hilfe [...] in bedenkenswerter Form [eingesetzt], indem zu viel geholfen wird und Anforderungen eher vermieden werden, mit langfristigen negativen Konsequenzen" (siehe auch Sundermann/Selter 2006). Während offensichtlich lernstarken Schülerinnen und Schülern aktiv-entdeckende Lernprozesse zugetraut werden, wird den lernschwächeren Kindern eher unterstellt, dass sie dadurch überfordert seien und stattdessen klar vorbestimmte Lernhilfen benötigen.

2.3 Unterrichtsintegrierte Förderung

Die Integration von Fördermaßnahmen im *regulären* Unterricht zielt auf die Auseinandersetzung mit spezifischen mathematischen Inhaltsbereichen, die für alle Kinder wesentlich sind und für einzelne Kinder besondere Herausforderungen darstellen, ohne zugleich kommunikative Fachbegegnungen zwischen den Kindern aufzugeben. Somit werden im Unterricht komplementär zu weiteren Fördermaßnahmen stetige Anknüpfungsmöglichkeiten für individuelle Lernschwerpunkte gesetzt (vgl. Häsel-Weide/Nührenbörger 2012).

Grundansatz der unterrichtsintegrierten Förderung von Kindern mit (mathematischen) Lernschwächen ist, dass nicht in der Art und Weise, wie die Kinder Mathematik lernen, unterschieden wird. Damit ist gemeint, dass es für diese Kinder nicht eines besonderen beziehungsweise grundsätzlich anderen Mathematikunterrichts bedarf (vgl. Scherer/Moser Opitz 2010). Vielmehr stellen aktiv-entdeckende Lernprozesse gerade auch für Kinder mit (mathematischen) Lernschwächen die zentrale Grundlage für mathematische Verstehensprozesse dar, auch wenn die Erkenntnisprozesse nicht geradlinig oder sehr langsam verlaufen oder aber im Unterrichtsprozess nicht immer vollständig abgeschlossen werden können. „Es gilt, das aktive Lernen und ggf. anspruchsvolle, nicht ausschließlich reproduktive Aktivitäten zu ermöglichen und dabei zunächst auch unfertige Lernprozesse auszuhalten. Das bedeutet bspw., auch unvollständige Schülerdokumente und Lösungen zu akzeptieren und an diesen weiterzuarbeiten" (Moser Opitz 2008, S. 20; vgl. auch Scherer 1995; Scherer/Moser Opitz 2010). Anstatt für einige wenige Kinder inhaltlich eingeschränkte und festgelegte Anforderungen zu setzen, werden also erfolgreiche Lernprozesse bei allen Kindern erzielt, indem mathematische Themen (ganzheitlich in fachlich sinnvollen Zusammenhängen strukturiert) aktiv erkundet, eigene mathematische Zugänge entwickelt und schließlich auch eigene Lösungswege produziert werden können. Entsprechend verweisen auch Ratz und Wittmann (2011, S. 137) mit Blick auf Schülerinnen und Schüler des Förderschwerpunkts „Geistige Entwicklung", dass diese „zunächst von den für das gleiche Alter vorgesehenen Themengebieten" aus unterrichtet werden sollten. Erst im Zuge der Auseinandersetzung sollte dann „über notwendige Reduktionen und über die Möglichkeit, persönliche, biografische und subjektive Erfahrungen einzubringen, nachgedacht werden".

2.3.1 Unterrichtsintegrative Förderung im Spiegel mathematikdidaktischer Prinzipien

Förderanregungen, die sich an inhaltlich-mathematischen Differenzierungen orientieren, benötigen für alle Kinder ein Lernangebot in einem der sensiblen Kompetenzschwerpunkte. „Dieses Angebot muss dem Kriterium der (inhaltlichen) *Ganzheitlichkeit* genügen und darf damit auch eine gewisse Komplexität nicht unterschreiten" (Krauthausen/Scherer 2007, S. 228). Für die unterrichtsintegrierte Förderung ist somit zentral, dass die ganzheitlichen Zugänge sowohl elementare Zugänge und aktive Erkundungen erlauben als auch vertiefte mathematische Entdeckungen und Reflexionen. Die Öffnung der Inhalte – ganzheitlich und parallelisiert strukturiert – ermöglicht insbesondere den Kindern im Zuge ihres Ablöseprozesses vom zählenden Rechnen, grundlegende Strukturen in kleineren Zahlenräumen aufzubauen und zu sichern. Das kann geschehen, ohne sofort differenzierte Vorstellungen über den gesamten ganzheitlich geöffneten Zahlenraum entwickeln zu müssen. Gleichwohl stellt die strukturierte Offenheit des Inhalts ein Angebot dar, auf das die Kinder entsprechend ihrer individuellen Fähigkeiten zugreifen können und das in unterschiedlicher Komplexität durchdrungen werden kann. Während einige Kinder hier ihr erweitertes mathematisches Wissen anwenden, können andere erste antizipierende Erkenntnisse erkunden und reflektieren. Scherer (2009, S. 6) weist auf den Unterschied „zwischen dem Verstehen des Wesens eines Systems einerseits und dem Beherrschen aller innerhalb dieses Systems gegebenen Einzelbeziehungen andererseits [hin]. Es ist unvermeidlich, dass Kinder geraume Zeit benötigen, um alle möglichen Entsprechungen zu lernen; es stellt sich jedoch die Frage, ob ihnen dies möglicherweise leichter fällt, wenn sie über die Aufgabe, die sie erwartet, richtig informiert sind."

Das aus der Didaktik des jahrgangsgemischten Mathematikunterrichts entstammende Prinzip der Parallelisierung (Nührenbörger/Pust 2011) schafft hierbei eine Grundlage, individuelle Zugänge für einzelne Kinder zu gewährleisten, sodass Kinder auf einem selbstgewählten Niveau unterschiedliche Erkenntnisse gewinnen und diese auch im Plenum vorstellen können. Aufgrund der analogen Aufgabenstruktur können von allen Kindern Beziehungen zwischen den unterschiedlichen mathematischen Herangehensweisen und Entdeckungen mit in den Blick genommen und fachlich reflektiert werden: „Hieraus ergeben sich vielfältige Möglichkeiten eines substanziell fachlichen Austausches zwischen Kindern. Dabei weist die Konstruktion mathematischen Wissens über ein linear bzw. kooperativ gedachtes ‚die Großen helfen den Kleinen' hinaus, indem die Interaktion aller bei der Lösung eines Problems Beteiligten in den Mittelpunkt der Betrachtung gerückt wird" (Nührenbörger/Pust 2011, S. 23).

Im Zentrum einer unterrichtsintegrierten Förderung steht somit die aktiv-entdeckende und produktive Auseinandersetzung mit Mathematik unter Beachtung der spezifischen Schwierigkeiten und den individuellen Ausprägungen an

Zugangsweisen, Facetten, Eigenheiten begrifflichen Denkens. „Unterricht ist […] eine subsidiäre Aktivität, Eigenständigkeit der Lernenden ist Priorität einzuräumen vor der Hilfe durch die Lehrenden. In jedem Falle soll gelten: Durchgängig ist anspruchsvolles Lernen zu fördern, das heißt es werden von den Lernenden aktiv und möglichst eigenständig Probleme gelöst und es wird im Unterricht immer wieder reflektiert, gemeinsam in der Lerngruppe oder Lehrer und Schüler bzw. Schüler und Schüler miteinander" (Wember 2009a, S. 235). In diesem Sinne ist jeder entsprechend konzipierte Mathematikunterricht auch ein fördernder Unterricht.

Unterrichtsintegrierte Förderung zielt zwar auf das einzelne Kind; aber mit Aktivitäten, die von allen Kindern als verstehensorientierte Lernanregungen passend zu ihrem jeweiligen Lernstand genutzt werden können. Die Verknüpfung produktiver Ansätze der Förderung von Kindern (in Anbetracht von Heterogenität) im und außerhalb vom Unterricht schafft eine Grundlage dafür, dass Kinder mit (mathematischen) Lernschwächen den Alltag des Unterrichts nicht mehr allein mithilfe der Kenntnis spezifischer Verfahrensregeln bewältigen, sondern vielmehr während der Arbeit an Lernumgebungen in strukturiert-offenen Lernsituationen grundlegende mathematische Strukturen und Muster verstehen lernen. So weisen auch Trickett und Sulke (1993) auf die Möglichkeiten und Chancen eines fördernd geprägten Mathematikunterrichts hin:

> Im Gegensatz dazu wurden bei allen, insbesondere den lernschwachen Kindern bemerkenswerte Leistungen beobachtet, wenn der Mathematikunterricht in der Form offener wurde, dass man die Schüler aufforderte, ihre eigenen Lösungen zu Aufgaben zu finden und dabei ihre eigenen Wege zu gehen. Die Lehrer haben beobachtet, dass ihre Schüler sehr wohl mit Frustration und dem mit einer mathematischen Herausforderung unabdingbar verbundenen „Stolpern" zurechtkommen können, vorausgesetzt, dass der Unterricht in einer Atmosphäre stattfindet, in der der Prozess positiv bewertet und ermutigend begleitet wird.
>
> (Trickett/Sulke 1993, S. 37)

Darüber hinaus erlaubt die Auseinandersetzung der Kinder mit produktiven Aufgaben, die zugleich informativen Charakter besitzen – das heißt, dass die Kinder ihre Überlegungen schriftlich oder bildlich aufzeigen können (vgl. Sundermann/Selter 2006) –, den Lehrkräften bereits im Unterricht gezielte diagnostische Analysen vorzunehmen, um gegebenenfalls individuelle Förderhinweise zu be- und zu überdenken.

2.3.2 Leitideen einer unterrichtsintegrierten mathematischen Förderung

Unterrichtsintegrierte Förderung ist einerseits als eine inhaltlich spezifische, das System des Mathematikunterrichts reflektierende und das einzelne Kind stärker in den Blick nehmende Förderung im regulären Unterricht zu verstehen. Dabei werden die individuellen Lernpotenziale und -bedürfnisse der Kinder aufgegriffen und Mathematiklernen als die (inter-)aktive und produktive Auseinandersetzung mit reichhaltigen Aufgaben strukturiert. Andererseits nimmt das Konzept der unterrichtsintegrierten Förderung in besonderer Weise Kinder mit (mathematischen) Lernschwächen in den Blick, indem es auf zentrale mathematische Inhaltsbereiche (z. B. Gaidoschik 2009a; Ratz/Wittmann 2011; Scherer 2009; Scherer/Moser Opitz 2010) fokussiert. Hierzu können drei didaktische Leitideen formuliert werden (vgl. auch Selter/Prediger/Nührenbörger/Hußmann 2014, in Vorb.):

- Der differenzierte und diagnosegeleitete Zugang zum Unterricht nimmt die jeweils individuellen Fähigkeiten wie auch Schwierigkeiten der einzelnen Kindern unter dem Aspekt ihrer Heterogenität in den Blick und sorgt für inhaltlich konzentrierte Arbeit an subjektiv-sensiblen Themenfeldern. Mit dem Begriff „diagnosegeleitet" soll hier zum Ausdruck kommen, dass Fördermaßnahmen nicht ohne diagnostische Erkenntnisse durchzuführen sind, sondern auf diese unter anderem eben bezogen sind. Das heißt, es wird hierunter nicht verstanden, dass aus der Diagnose mögliche Fördermaßnahmen gezogen werden können.
- Die beziehungsreiche und verstehensorientierte Auseinandersetzung mit Mathematik gewährleistet eine nachhaltige und zielgerichtete Förderung der mathematischen Kompetenzen aller Kinder.
- Die kooperativ und kommunikativ angelegten Lernumgebungen ermöglichen ein gemeinsames, von gegenseitiger Bereicherung geprägtes Arbeiten. Alle Kinder können und sollen ihr mathematisches Verständnis im Austausch mit anderen Kindern und der Lehrerperson artikulieren sowie weiterentwickeln.

Im Folgenden werden die mathematikspezifischen Charakteristika der drei Leitideen und ihre Bedeutung für die Förderung näher erläutert. Dazu werden sie mit den didaktisch etablierten und den Mathematikunterricht im Allgemeinen kennzeichnenden Prinzipien verknüpft, wie sie beispielsweise von Wittmann (1995) herausgestellt werden: aktiv-entdeckendes Lernen, produktives Üben, natürliche Differenzierung und Konzentration auf grundlegende Inhalte und Anschauungsmittel. An konkreten Aufgabenstellungen aus den Förderbausteinen wird exemplarisch aufgezeigt, wie die drei Leitideen die Förderung durchdringen und Antworten auf Fragen der methodisch-didaktischen Strukturierung der Förderung („Wie findet die Förderung statt?") gegeben werden können – wie zum Beispiel:

- Wie kann das einzelne Kind mit seinem bisherigen Wissen und seinen bisherigen Zugangsweisen zur Mathematik weiterführende und tragfähige mathematische Vorstellungen und Vorgehensweisen eigenständig auf- und umbauen?
- Wie findet es Gelegenheiten, neue Sichtweisen auf mathematische Probleme einzunehmen, die einerseits mit den alten vertrauten begrifflichen Vorstellungen verbunden werden können, andererseits aber fehlerhafte oder nicht tragfähige Vorstellungen korrigieren, ergänzen oder gar ersetzen?
- Wie kann es – in der Auseinandersetzung mit mathematischen Inhalten – alternative Zugänge zum zählenden Rechnen einnehmen?

▸ Wie kann es durch die Verständigung mit anderen Kindern und der Lehrkraft neues Verstehen der mathematischen Zusammenhänge entwickeln?

1. Leitidee: diagnosegeleitet und differenziert

Diagnostische Erkenntnisse: Grundsätzlich dienen Diagnosen der Erhebung und auch Bewertung von kindlichen Leistungen und Lernprozessen (vgl. Moser Opitz 2010; Moser Opitz/Nührenbörger 2013). Sie sind eine notwendige Voraussetzung, um Kinder individuell fördern zu können – denn „ohne diagnostische Daten lässt sich im konkreten Fall eine bestimmte Intervention nicht indizieren […]. Ohne differentielle diagnostische Daten ist auch nicht zu entscheiden, in welchen spezifischen Bereichen ein Kind gefördert werden soll und in welchen nicht" (Wember 1998, S. 116).

Das Verhältnis von Diagnose und Förderung erscheint somit auf den ersten Blick einfach: Eine Diagnose steht einer Förderung voran und liefert Hinweise auf bestimmte Fördermaßnahmen. Dem ist nicht so, denn es gilt zu bedenken, dass bei der Diagnose selbst bereits durch die Auswahl der diagnostischen Aufgaben und Situationen Vorentscheidungen getroffen werden, die „handlungsleitend" (Wollring 1999) und für die Planung weiterer Fördersitzungen zwingend notwendig sind. In diesem Sinne sind stets zuerst grundlegende Überlegungen anzustellen, welche Voraussetzungen zum Erwerb von Zahl- und Operationsvorstellungen notwendig sind, welche Grundvorstellungen und Bereiche für eine Ablösung vom zählenden Rechnen zentral sind, welche Veranschaulichungen welche Anforderungen für die Kinder beinhalten und welche Aufgaben didaktischen Grundprinzipien entsprechen (vgl. Moser Opitz/Nührenbörger 2013). Erst so wird es auch möglich, einerseits diagnostische Fragen zu formulieren beziehungsweise Diagnoseaufgaben zu erstellen und andererseits Fördermaßnahmen zu planen.

Als Leitlinien jeden diagnostischen Handelns gelten die aufgezeigten Aspekte wie Kompetenz-, Subjekt- und Prozessorientierung (vgl. Sundermann/Selter 2006). Mittels schriftlicher oder mündlicher Standortbestimmungen (vgl. Hengartner 1999; Sundermann/Selter 2006), gesondert ausgewählter Tests zur Erhebung von Rechenschwierigkeiten (z. B. Moser Opitz u. a. 2009c) sowie auch durch gezielte Analysen von Unterrichtsdiskursen oder Dokumenten von Kindern im Rahmen der unterrichtlichen Arbeit an produktiven Übungen kann die Lehrkraft diagnosegeleitet einzelne individuelle Kompetenzen und auch Schwierigkeiten erkennen. Hierbei obliegt der Lehrperson die Aufgabe, die Hintergründe für Schwierigkeiten oder Fehler der Kinder zu untersuchen und Missverständnisse zwischen dem Denken der Lernenden und den angebotenen Unterrichtsmaterialien beziehungsweise Aufgabenstellungen zu beschreiben. Die kindliche Leistung sollte nicht allein im Vergleich mit den anderen Kindern gesehen werden, sondern vor dem Hintergrund des Spektrums an mathematischen Lösungsmöglichkeiten, Denkweisen und auch Entwicklungsprozessen.

Bei der diagnostischen Auseinandersetzung mit mathematischen Bearbeitungen und Äußerungen von Kindern geht es – wie oben schon angedeutet – stets um weitaus mehr als um eine produktorientierte Einschätzung in „richtig", „fast richtig" oder „falsch". Vielmehr sind im Fach Mathematik die Dokumente und Mitteilungen der Kinder diagnostisch „mehrdeutig". Damit ist gemeint, dass die Ideen und Vorgehensweisen der Kinder nicht eindimensional interpretiert werden können. Damit steht die Lehrkraft im Unterrichtsgeschehen stets auch vor der Herausforderung, vor dem Hintergrund ihres Wissens um individuelle mathematische Entwicklungsprozesse, fachliche Anforderungen und Erwartungen zielgerichtet und differenziert kindliche Verstehensprozesse zu analysieren. Entsprechend betonen auch Scherer und Moser Opitz (2010, S. 23), dass eine mathematikdidaktisch geprägte Diagnose „eine differenzierte Analyse von Lernprozessen und Überlegungen der Lernenden sowie von auftretenden Fehlern und möglichen Fehlerursachen" voraussetzt. Somit kann letztlich jede Lernaktivität auch zur Erfassung von kindlichen Leistungen und zur Dokumentation von Lernentwicklungen und -ergebnissen herangezogen werden (vgl. auch Moser Opitz/ Nührenbörger 2013).

Zu berücksichtigen ist hierbei, dass Kinder mit (mathematischen) Lernschwächen „in vielen Bereichen [...] sehr viele Frustrationen erlebt [haben], in deren Folge nicht selten Entmutigung, mangelndes Selbstvertrauen und Versagensängste anzutreffen sind" (Scherer 2009, S. 7). Wenn sich Kinder an unbekannte Aufgabenstellungen heranwagen oder aber bekannte Aufgaben mit neuen Zugängen bearbeiten, werden sie diese nicht immer fehlerfrei bearbeiten. Die Fehler sind aber nicht einfach ein Hinweis auf ein Versagen des Kindes, sondern gehören ebenso wie korrekte Lösungen zum Lernprozess der Kinder dazu. Sie besitzen ein hohes diagnostisches Erkenntnispotenzial für die Lehrkraft, aber ebenso für die einzelnen, ihren Fehler reflektierenden Kinder.

> **B**
>
> Am Beispiel der Aufgabe 15 + 9 wird deutlich, wie etwa fehlerhafte Lösungen (wie 15 + 9 = 23 oder 15 + 9 = 105), die im Unterrichtsgeschehen entstehen, mit Blick auf unterschiedliche Lösungswege, Vorstellungen oder spezifischen Schwierigkeiten gedeutet werden können:
> - Lösung 15 + 9 = 23: Das Ergebnis 23 kann auf einen +/−1 Zählfehler hinweisen. Es könnte sein, dass das Kind die Aufgabe über das Weiterzählen gelöst hat und dabei den ersten Summanden mitgezählt hat. Zu überprüfen wäre, ob dieser Fehler häufiger auftaucht, und – wenn ja – bei welchen Aufgaben, sowie welches Verständnis das Kind von der Operation hat.
> - Lösung 15 + 9 = 105: Das Ergebnis deutet auf ein eingeschränktes Verständnis des Stellenwertprinzips hin: 9 wird der ersten Stelle des ersten Summanden zugerechnet (1 + 9 = 10), die hintere Stelle wird angehängt. Zu überprüfen wäre, ob dieser Fehler auf schriftlich gegebene Aufgaben begrenzt ist, bei welchen Aufgaben er vorkommt und über welche Zahlvorstellung das Kind verfügt.

2 Unterrichtsintegrierte mathematische Förderung in der Grundschule

Die im Praxisteil vorgestellten Bausteine enthalten informative Aufgaben, die eine unterrichtsimmanente Diagnose ermöglichen. Dazu sind die Aufgaben so konzipiert, dass es den Kindern möglich ist,
- ihre Ideen schriftlich festzuhalten,
- ihre Erkenntnisse anhand von Zeichnungen oder mithilfe von Pfeilen darzustellen,
- ihre Vorgehensweisen konkret mit Materialien aufzuzeigen oder aber
- ihre Erkenntnisse in Form von Eigen- oder Koproduktionen konstruktiv anzuwenden.

B

In der untenstehenden Abbildung sind beispielsweise die Ideen von Kindern zu sehen, die aufgefordert waren, Zahlen auszuwählen und auf der Skala zwischen 0 und 20 einzuordnen. Die Dokumente sind insofern „informativ", als sie nicht allein Hinweise über die Anzahl der gewählten Zahlen, sondern insbesondere über die genutzten und dargestellten strukturellen Zahlbeziehungen erlauben: So können Kai und Pia die Zahl 10 als Mitte zwischen 0 und 20 festhalten (zum Teil können sie sogar noch zu weiteren kleineren Abschnitten die Mittelzahl bestimmen). Hingegen ermittelt Marvin die Zahlen durch das Zählen in Einerschritten, beginnend bei den vorgegebenen Zahlen. Diese Zählstrategie scheint auch leitend für die Notation der Zahl 8 im Dokument von Kai zu sein, auf dem einzelne Punkte von 0 an zu sehen sind.

Differenzierte Zugänge: Eine konsequente Differenzierung aus der Perspektive der Lernenden sollte sich nicht auf methodische und soziale Aspekte beziehen, sondern auf die fachlichen Inhalte: *Offene Aufgaben* bieten hier einen möglichen mathematischen Handlungsrahmen, in dem sich die Lernenden bewegen können. Somit ist auch gewährleistet, dass die Arbeit an offenen Aufgaben nicht zu einer „beliebigen" Auseinandersetzung mit Mathematik führt, sondern stets zielgerichtet und strukturiert erfolgt. Letztlich erlauben sie den Lernenden, sich eigeninitiativ mit einem (neuen) Lerninhalt auseinanderzusetzen und dabei ei-

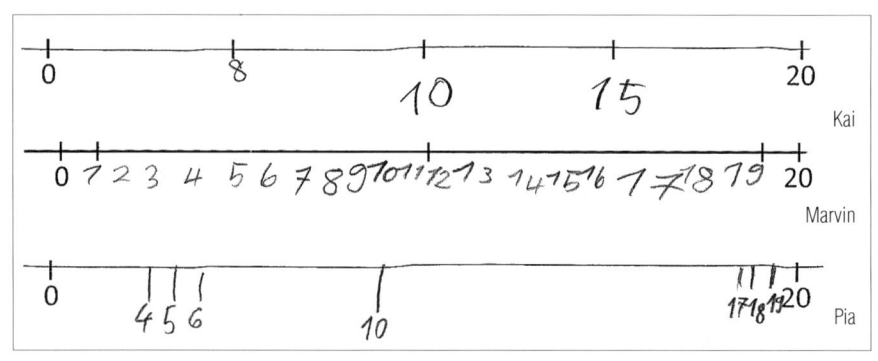

Informative Aufgaben über lineare Zahlvorstellungen – eingeschränkter Aufgabenrahmen

2.3 Unterrichtsintegrierte Förderung

gene mathematische Ideen zu entfalten, die eigenen Grenzen ausprobierend zu überschreiten oder aber bereits Erarbeitetes im Rahmen eigener Möglichkeiten verweilend zu vertiefen (vgl. auch Rasch 2007). Offene Aufgaben können zu unterschiedlichen *Eigenproduktionen* herausfordern. In idealtypischer Weise lassen sich 4 verschiedene Formen von Eigenproduktionen unterscheiden: „Lerner können dazu angeregt werden, selbst Aufgaben zu erfinden (Erfindungen), Aufgaben mit eigenen Vorgehensweisen zu lösen (Rechenwege), Auffälligkeiten zu beschreiben und zu begründen (Forscheraufgaben) oder sich über den Lehr-/Lernprozess zu äußern (Rückschau bzw. Ausblick)" (Sundermann/Selter 2006, S. 127).

Je nachdem, wie der mathematische Rahmen vorgegeben ist, bewegen sich die Aufgabenstellungen auf einem Kontinuum zwischen offen und geöffnet. So schlagen Scherer und Moser Opitz (2010, S. 60) vor, offene Aufgaben für Kinder mit (mathematischen) Lernschwächen anzupassen, um diese „an den Umgang mit offenen Aufgaben heranzuführen".

> **B**
>
> In der Abbildung auf S. 28 wird ein Rahmen vorgegeben, der einerseits die Auswahl der Zahlen einschränkt, andererseits die Konstruktion von Zahlbeziehungen stützen kann. Hingegen bieten offene Skalierungen den Kindern „mehr" Freiraum zur Auswahl von Zahlen und zur Dokumentation ihrer Zahlvorstellungen und ihres Wissens um Zahlbeziehungen. In den drei Eigenproduktionen der Abbildung unten zeigen sich die von den Kindern unterschiedlich genutzten Zahlenräume und dargestellten Zahlbeziehungen.

Um den Kindern beim Erkunden von operativen Zusammenhängen die Gelegenheit zu bieten, eigene mathematische Ideen aufeinander zu beziehen, kann es sinnvoll sein, Aufgaben zu parallelisieren. Mit dem Begriff *Parallelisierung* ist gemeint, „dass analoge mathematische Strukturen parallel und ganzheitlich zu schuljahresübergreifenden thematischen Modulen ausgebaut werden, die ei-

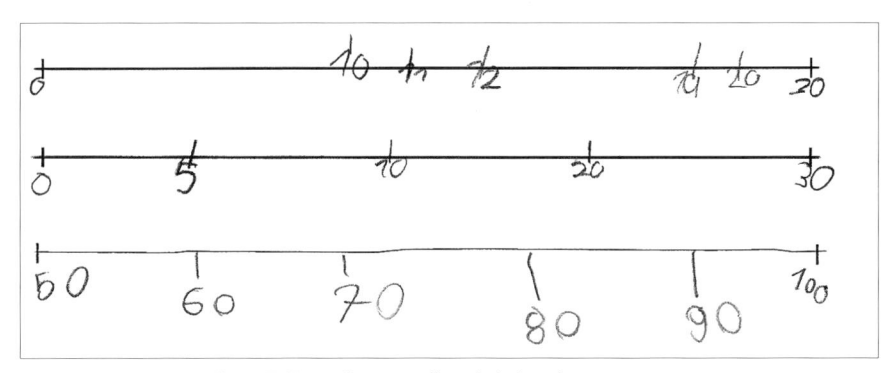

Informative Aufgaben über lineare Zahlvorstellungen – offener Aufgabenrahmen

nen inhaltlichen Rahmen für den Austausch im Spannungsfeld zwischen antizipierender Vorausschau und reflexiver Betrachtung mathematischer Strukturen bieten" (Nührenbörger 2011, S. 117). Genauer gesagt: Es geht einerseits darum, dass Kinder auf individuelle Weise an einer produktiven Übung mathematische Zusammenhänge erkunden und darstellen; andererseits sollen die Kinder im Anschluss an die individuelle Bearbeitung die gleichen beziehungsweise analogen Zusammenhänge zwischen den verschiedenen Aufgaben in den Blick nehmen und aufeinander beziehen. Die fachmathematischen Beziehungsmöglichkeiten sind hierbei mehrdeutig und können aus differenzierter Perspektive ausgelotet werden (siehe hierzu auch Leitidee 2).

Insofern gibt eine parallelisierte Form der Aufgabenstellung eine produktive Bearbeitungsstruktur vor; denn die Kinder lösen eine produktive Serie an Übungen im vorgegebenen Bereich. Allerdings bieten die Erkundungen und Erläuterungen der Beziehungen zwischen den analogen Aufgabenstellungen Raum, diese auf differenzierte Weise zu entdecken und zu erklären. Somit spielt hier weniger die Zuweisung der Kinder zu einem Aufgabentyp (zum Beispiel kleinerer oder größerer Zahlenraum) eine zentrale Rolle als vielmehr die unterschiedlichen Möglichkeiten der Erkundung analoger Beziehungen.

> **B**
>
> Dieser didaktische Mehrwert parallelisierter Aufgaben wird in der Abbildung auf der folgenden Seite an den gewählten Zahlenräumen deutlich: Einerseits sind die Kinder aufgefordert, innerhalb eines analog gestuften Zahlenraums einzelne Zahlen einzuordnen und die jeweiligen Zuordnungen bestenfalls auch aufeinander zu beziehen. Andererseits eröffnet der Vergleich der Aufgabenstellungen den Kindern die Möglichkeit, Beziehungen zwischen den Zahlen in ähnlichen Zahlausschnitten zu erkennen und somit auch in unterschiedlicher Weise zu erklären und zu verallgemeinern. So können beispielsweise zum Zahlabschnitt „0 bis 20" unterschiedliche Analogien erkundet werden, die nicht allein den gleich großen Ausschnitt (zum Beispiel 20 bis 40) thematisieren, sondern auch die Relationen zu einem verdoppelten oder verfünffachten beziehungsweise verzehnfachten Ausschnitt hervorheben (also 0 bis 40, 0 bis 100 beziehungsweise 0 bis 200).

Die Erkundung der Beziehungen zwischen den Aufgaben ist hier – allgemeiner formuliert – offen hinsichtlich der Kompetenzen der Kinder und erfolgt auf selbstgewählt-differenzierte Weise: So sieht sich womöglich das eine Kind aufgefordert, die eigene mathematische Idee vorzustellen und antizipierend die Bedeutung seines aktuellen Wissens für zukünftige Lernsituationen zu erkennen. Hierbei kann es durch den Vergleich zwischen den Aufgaben eine über das Zählen hinausgehende Perspektive auf mathematische Strukturen einnehmen, die eine Verbindung zwischen den Zahlen und Aufgaben schafft, sodass nicht jede Aufgabe für sich allein betrachtet werden muss. In diesem Sinne kann die antizipierende Vorausschau einen Zugang zur „Zone der nächsten Entwicklung" (vgl.

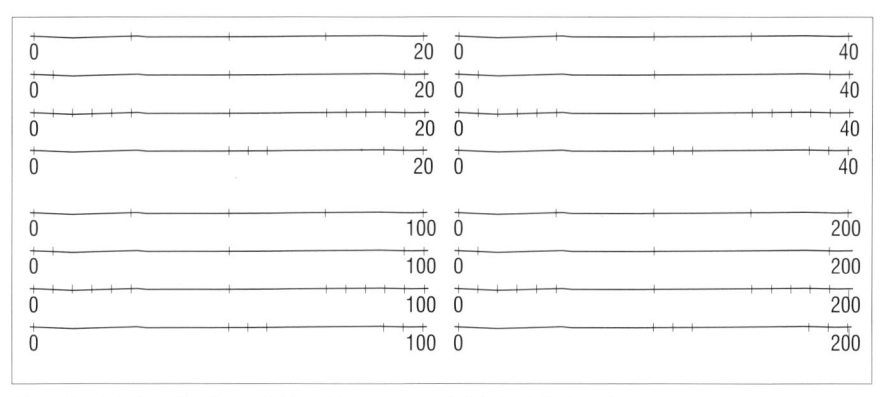

0	20	0	40
0	20	0	40
0	20	0	40
0	20	0	40
0	100	0	200
0	100	0	200
0	100	0	200
0	100	0	200

Informative Aufgaben über lineare Zahlvorstellungen – parallelisierter Aufgabenrahmen

Vygotsky 1969), zum Gebiet der nicht ausgereiften, jedoch noch reifenden Lernprozesse schaffen.

Hingegen ist das Kind, das sich im größeren Zahlenraum mathematisch erprobt, auf inhaltlicher Ebene herausgefordert, Zahlbeziehungen neu zu durchdenken und zu verstehen, Gesetzmäßigkeiten in operativen Serien zu erkennen, zu beschreiben und darzustellen. Mit anderen Worten, das vertiefende, reflektierende Durchdringen von Lerninhalten kann die Möglichkeit bieten, mathematische Ideen in der Rückschau zu „betrachten" und Beziehungen zwischen alten und neuen Denkvorgängen zu schaffen. Mit dem Begriff der „betrachteten Mathematik" umschreibt Freudenthal (1978, S. 64) die Form der Reflexion, mit der „die auf niederer Stufe betätigte Mathematik auf höherer Stufe zur betrachteten Mathematik wird". Die Gelegenheit, die mathematische Struktur in analogen Aufgabenstellungen zu sehen und auszudrücken, ist von besonderer Bedeutung für den Erwerb neuen mathematischen Wissens. Denn hierzu muss „der Lernende aktiv eine Umstrukturierung des bekannten Wissens vornehmen und eine neue Beziehungsstruktur selbständig konstruieren" (Steinbring 1993, S. 116). In diesem Sinne löst die Betrachtung von Mathematik reflexive Prozesse der Um- und Neudeutung mathematischer Beziehungen aus, die vom Erinnern an spezifische Fakten oder Verfahren unterschieden werden können.

2. Leitidee: beziehungsreich und verstehensorientiert

Die mathematischen Anforderungen für Kinder mit (mathematischen) Lernschwächen werden oftmals auf die Kenntnis und Anwendung von ausgewählten Rechenverfahren und das mechanische Aufsagen von mathematischen Fakten reduziert. Die gute Absicht der Lehrkräfte, die Kinder nicht zu überfordern, führt dazu, diesen einerseits das eigenständige Erarbeiten und Verstehen von Mathematik abzunehmen und andererseits die inhaltlichen Basisanforderungen auf Regeln und Einzelkenntnisse zu beschränken. Allerdings sind diese Lernenden – wie oben bereits angemerkt – nicht nur in der Lage, eigene mathematische Ideen zu entwickeln. Es ist gerade für sie notwendig, Zusammenhänge zwischen Zahlen und Termen zu erfassen, um überhaupt nachhaltig mathematisch lernen zu können. Ziel der Förderung muss daher stets der langfristige, verstehensorientierte Aufbau eines Wissens sein, das sich auf das Verständnis mathematischer Zusammenhänge stützt. Eine Stütze für Kinder mit (mathematischen) Lernschwächen können hierbei sicherlich unterrichtsregulierende Maßnahmen sein wie „geregelte Unterrichtsstruktur", „Organisation von Selbstlernprozessen", „Kooperation von Lernenden", „transparente Erwartungen an die Kinder" etc. (z. B. Scherer/Moser Opitz 2010). Für das Fach Mathematik ist es aber wichtig, dass die Kinder eine „Unterstützung durch Strukturen ‚von der Sache her'" (Scherer/Moser Opitz 2010, S. 10) erhalten. Eine solche Stütze stellt sich ein über die Konzentration auf basale mathematische Inhalte, mathematische Zusammenhänge im Zuge produktiver Übungen und die Verwendung grundlegender Veranschaulichungen.

Konzentration auf zentrale Inhalte. Der Erwerb basaler Inhaltsbereiche ist im Fach Mathematik in der Grundschule oftmals unabdingbar für weitere mathematische Lernprozesse. „Fehlende Kompetenzen bezüglich spezifischer Elemente der Grundschulmathematik scheinen verantwortlich zu sein für die Schwierigkeiten beim Erwerb des aktuellen Schulstoffes. Wenn der basale Lernstoff der ersten vier Schuljahre erworben ist, gelingt [...] der Erwerb von weiterführenden mathematischen Inhalten in höherem Maß" (Lorenz/Radatz 1993, S. 224).

Inhaltlich ist die im vorliegenden Buch beschriebene Förderung mathematischer Lernprozesse auf die Ablösung vom zählenden Rechnen bei den Kindern gerichtet, die am Ende des 1. Schuljahres arithmetische Aufgabenstellungen primär beziehungsweise ausschließlich über zählende Strategien lösen (siehe hierzu Kapitel 3.1). Die Fördermaßnahmen stellen produktive Übungen dar, die einerseits basale Lerninhalte (Zahlvorstellungen, Operationsvorstellungen) des 1. Schuljahres am Ende der ersten oder zu Beginn der 2. Klasse auf operative Weise aufgreifen, andererseits diese zugleich mit den zu erweiternden Inhalten des 2. Schulbesuchsjahres (zum Beispiel im größeren Zahlenraum, komplexere operative Zusammenhänge) verbinden. Die Inhalte greifen stets die im Laufe des 1. Schuljahres thematisierten Erkenntnisse auf und verknüpfen diese mit neu zu erwerbenden mathematischen Einsichten. Bekannte mathematische Strukturen und Zugangsweisen werden vertieft und verinnerlicht, um somit flexible, über das Zählen hinausgehende Strategien der Bearbeitung von Aufgaben in neueren Kontexten abzuleiten.

Somit bewegt sich die Förderung im additiven Kontext des Anfangsunterrichts in einem Spannungsfeld zwischen

- der Sicherung elementarer Rechenfertigkeiten, die vor allem die Automatisierung einzelner Fakten des Einspluseins und Einsminuseins umfasst, und
- der Sicherung mathematischer Basiskompetenzen, die auf die Erkenntnis elementarer mathematischer Beziehungen und den Aufbau grundlegender Vorstellungen über Zahlen und Operationen abzielen.

Im Praxisteil des Buches werden wir uns auf ausgewählte „fördersensible" Bereiche der inhaltsbezogenen Kompetenzen „Zahl und Operationen", verbunden mit „Muster und Strukturen", beschränken und diese vor allem mit den prozessbezogenen Kompetenzen „Kommunizieren", „Darstellen" und „Argumentieren" verschränken. Diese Einschränkung dient der Präzisierung; gleichwohl sollte beachtet werden,
- dass die weiteren Inhalte der Mathematik wie Geometrie, Größen, Daten, Häufigkeiten und Wahrscheinlichkeit ebenso wie die Prozesse des Problemlösens und Modellierens eine bedeutsame Rolle für der Entwicklung mathematischen Denkens und im alltäglichen Mathematikunterricht spielen und
- dass somit die skizzierten Aufgabenstellungen lediglich exemplarischen Charakter für die analoge Übertragung auf die weiteren mathematischen Gebiete besitzen.

Konzentration auf mathematische Zusammenhänge. Es ist für den Mathematikunterricht an sich wichtig, dass Inhalte vernetzt und spiralig miteinander verwoben thematisiert werden und alle Kinder operative Beziehungen zwischen Aufgaben entdecken und nutzen lernen. Hier gilt insbesondere auch für Kinder mit (mathematischen) Lernschwächen, dass sie ihr mathematisches Wissen auf Einsichten in mathematische Zusammenhänge gründen können müssen (vgl. Gaidoschik 2009a; Gerster 2009; Moser Opitz 2008; Scherer 2008). Die Einsicht in elementare mathematische Strukturen sichert das Fundament, auf dem spezifische Inhalte automatisiert werden können, ohne dass hohe Anforderungen an die Gedächtnisleistung gestellt werden. Zugleich basiert das Verstehen zentraler Zahlbeziehungen auch auf der Automatisierung von Kernaufgaben wie Verdopplungen, Zerlegungen von Zahlen kleiner 10 oder Ergänzungen zum nächsten Zehner (vgl. Moser Opitz 2007b) (siehe hierzu auch Abbildung S. 35).

2 Unterrichtsintegrierte mathematische Förderung in der Grundschule

> **B**
>
> So stellt beispielsweise die Aufgabe 15 + 9 nicht allein eine Rechenanforderung für die Kinder dar, zur Zahl 15 9 hinzuzuaddieren, sondern zugleich diesen Term in Beziehung zu anderen Zahlen – vor allem mit Blick auf die dezimale Struktur unseres Zahlensystems, also mit Blick auf Fünfer und Zehner – und auch Operationen zu sehen. Beispielsweise beträgt der Abstand vom 1. Summanden 15 bis zum nächsten Zehner 5, und diese können zugleich als Teil im 2. Summanden gedeutet werden: 15 + 9 = 15 + (5 + 4) = (15 + 5) + 4 = 20 + 4 = 24. Eine andere Sichtweise verknüpft den 2. Summanden mit einem Zehner und sieht die Differenz 1: 15 + 9 = 15 + (10 − 1) = (15 + 10) − 1 = 25 − 1 = 24.

Wenn Zahlen nicht mehr allein zum Rechnen genutzt werden, ergeben sich vielfältige Formen der Differenzierung bei der Auseinandersetzung mit den operativen Beziehungen zwischen Zahlen (vgl. Steinbring 1995). Jedoch weist Radatz (1990) darauf hin, dass insbesondere Kinder mit (mathematischen) Lernschwächen aufgrund ihres gering entwickelten strukturellen Wissens in der Elementarmathematik und ihrer eingeschränkten Vorstellungen über kein strategisches Wissen verfügen, das sie flexibel zum Lösen arithmetischer Aufgaben einsetzen könnten. Das bedeutet jedoch nicht, dass im Unterricht darauf verzichtet werden kann, sondern dass gerade die Förderung dieses strukturellen Wissens im Vordergrund stehen sollte. Somit rückt die operative Struktur des Faches in das Zentrum der mathematischen Tätigkeit aller Kinder. Damit dies gelingen kann, muss an deren individuellen Sichtweisen angesetzt werden. „Nur wenn eine tragfähige Verbindung zwischen eigenen Strategien und Konventionen geschaffen wird, besteht die Chance, Flexibilität im Mathematikunterricht zu entwickeln und zu erhalten, und konventionelle Verfahren werden erfolgreicher verwendet, wenn sie mit dem Wissen und den Erfahrungen der Kinder verbunden werden" (Scherer 2008, S. 279). Hierzu bieten sich produktive Übungen ebenso an wie offene Aufgaben und Eigenproduktionen (siehe Leitidee 1).

Bei der Auseinandersetzung mit mathematischen Zusammenhängen können grundlegende Darstellungen am Punktefeld oder am Rechenstrich das Verständnis der operativen und nummerischen Beziehungen stützen und zum Aufbau flexibler Vorstellungen beitragen (vgl. Lorenz 2009a).

Konzentration auf grundlegende Anschauungsmittel und Arbeitsmaterialien.
Die produktive Auseinandersetzung mit Veranschaulichungen erschöpft sich niemals in der konkreten Tätigkeit bzw. im handelnden Umgang mit Materialien. Denn die Handlung selbst kann keinen Lernprozess garantieren – dieser hängt immer entscheidend davon ab, wie die Kinder das Material in Relation zur mathematischen Idee deuten. Kurzum, erst das eigenständige und im Gespräch mit anderen gefestigte Erkennen von mathematischen Zusammenhängen in der Auseinandersetzung mit Anschauungsmittel und Arbeitsmaterialien schafft die Basis für mentale Operationen und sichert zugleich den weiteren Umgang mit denselben.

2.3 Unterrichtsintegrierte Förderung

Im mathematischen Anfangsunterricht dienen Anschauungsmittel und Arbeitsmaterialien konkreter und bildlicher Art gerade (aber nicht allein) dazu, Zahlen und Operationen darzustellen und Kinder beim Erkennen von mathematischen Zusammenhängen zu unterstützen. Dadurch sollen die Kinder allmählich abstrakte Sichtweisen auf Zahlen und Operationen zur Entfaltung und zum Ausdruck bringen.

> **B**
>
> Beispielsweise sollen die Kinder, die Beziehung zwischen der wiederholten Addition eines Summanden (Verdoppeln), der jeweils um 5 erhöht wird, „sehen" und dadurch einen Erklärungskontext erhalten, warum die Erhöhung eines Summanden um +5 bei Verdopplungsaufgaben die Wirkung +10 auf die Summe hat (siehe Abbildung unten).

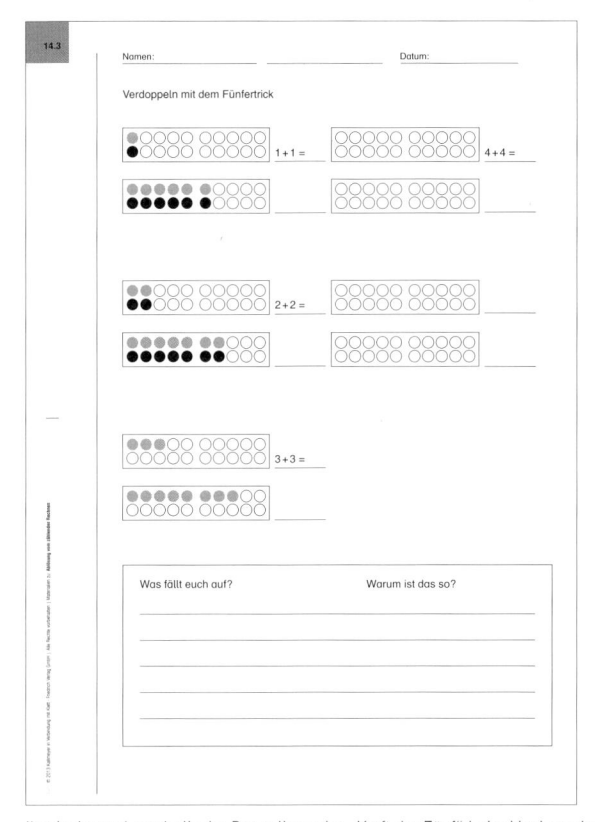

Ikonische und symbolische Darstellung der „Kraft der Fünf" beim Verdoppeln

Allerdings muss beachtet werden, dass die mathematische Struktur nicht von den Kindern „einfach" durch die Handlung mit dem oder der Betrachtung am Material abgelesen werden kann, sondern stets konstruktiv in das Material hineingelesen werden muss (vgl. Nührenbörger/Steinbring 2008). Die Art und Weise der Deutung von Darstellungen ist ebenso wie die eigene mathematische Handlung ein aktiver Prozess, der von den Kindern selbst vollzogen werden muss (vgl. Lorenz 1998; Söbbeke/Steinbring 2007). Entsprechend betont auch Lorenz, dass

> die mathematische Struktur nicht schlicht ablesbar ist, sondern es bedarf einer zündenden Fragestellung, die zu einer mathematischen Interpretation des Sachverhaltes führt. Die Aufmerksamkeit der Schüler muss auf diesen Aspekt gelenkt werden, damit die numerischen Veränderungen, die bei der Handlung ablaufen, in den Focus der Analyse rücken [...]. Erst durch diese Aufmerksamkeitsfokussierung gelingt es den Schülern, ein (abstrakteres) Vorstellungsbild [...] zu entwickeln, das andere Details der Handlung zurückdrängt.
>
> (Lorenz 1995, S. 10)

Anschauungsmittel und Arbeitsmaterialien sind mathematisch nicht eindeutig, sondern mehrdeutig – sie lassen in der Regel stets mehrere sinnvolle mathematische Deutungen zu (vgl. Steinbring 1994; 1997). Diese Mehrdeutigkeit bietet die Grundlage dafür, unterschiedliche mathematische Strukturen in der Darstellung zu erkennen und zugleich anhand der Darstellung Beziehungen zwischen Zahlen und Operationen in ein und dieselbe Darstellung flexibel hineinzulesen. Eine zu formalisierte Verwendung von Anschauungsmitteln und Arbeitsmaterialien behindert daher mehr die Entwicklung von Einsichten, als dass diese unterstützt würden. Die standardisierte Übersetzung von einer Ebene oder auf eine andere Ebene (handelnde auf bildliche oder bildliche auf sprachliche) führt gerade bei Kindern mit (mathematischen) Lernschwächen zu Schwierigkeiten, da ihnen nicht der Freiraum gegeben wird, Materialien so zu nutzen, dass diese sowohl an ihre eigenen Denkprozesse anknüpfen als auch diese wiederum erweitern (vgl. Lorenz 1995; Voigt 1993). In diesem Sinne sind Anschauungsmittel und Arbeitsmaterialien nicht nur Lernstoff. Schon gar nicht vermitteln sie rezeptartig eine spezifische Strategie, die von den Kindern bloß gut genug memoriert werden müsste. Vielmehr sind sie „Kommunikationsmittel" (Lorenz 2007a), und ein Medium und Erklärungskontext, mit dem Kinder ihre Sichtweisen und Erkenntnisse auf unterschiedliche Weise auszudrücken und mit ihren Handlungen am Material oder ihren Darstellungen in den Diskurs mit anderen Kindern treten können.

2.3 Unterrichtsintegrierte Förderung

B

Das Beispiel in der untenstehenden Abbildung zeigt, wie die ähnlich fortgeführte Struktur im Punktefeld von den Kindern auf unterschiedliche Weise interpretiert wird: Während Linus und Jakob Verdopplungsaufgaben und die regelmäßige Veränderung der Summenanden „sehen" und nutzen, fokussieren Kolja und Medima die dekadische Struktur der Felder. Sie deuten die dargestellten Summanden in den 20er-Feldern in Relation zur dezimalen Zerlegung in Zehner und Einer.

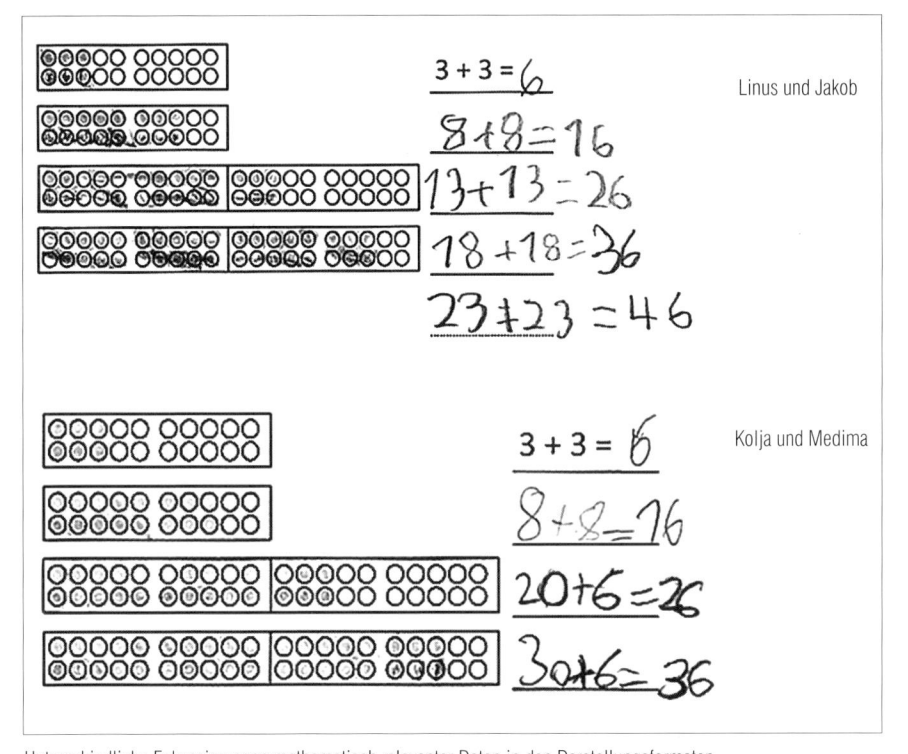

Linus und Jakob:
- 3 + 3 = 6
- 8 + 8 = 16
- 13 + 13 = 26
- 18 + 18 = 36
- 23 + 23 = 46

Kolja und Medima:
- 3 + 3 = 6
- 8 + 8 = 16
- 20 + 6 = 26
- 30 + 6 = 36

Unterschiedliche Fokussierungen mathematisch relevanter Daten in den Darstellungsformaten

Im Unterricht ist es hier gegebenenfalls auch wichtig, spezifische Deutungsweisen oder Strategien zeitweise festzulegen, wenn diese zu einer Unterrichtsthematik gezielt reflektiert werden sollen. „Dennoch sollten Lehrerinnen oder Lehrer den Kindern deutlich machen, dass es sich bei einer solchen Festlegung um eine gemeinsame zeitlich bedingte Konvention handelt, und nicht um eine Eindeutigkeit, die im Material angelegt oder festgeschrieben ist" (Söbbeke/Steinbring 2007, S. 67).

3. Leitidee: kommunikativ und kooperativ

Die Entwicklung mathematischen Denkens ist stark geprägt von interaktiven Prozessen der gemeinsamen Erkundung von Mathematik im Unterricht und an diese gebunden (vgl. Bruner 1970; Krummheuer 1997). Gerade bei der Konstruktion neuen Wissens spielt die Kommunikation zwischen den Kindern ebenso eine Rolle wie die mit der Lehrperson (vgl. Nührenbörger/Schwarzkopf 2010; Steinbring 2000). Wesentlicher Garant dafür ist die produktive Konfrontation der Kinder mit unterschiedlichen Ideen, die diese zu ein und demselben oder aber ähnlichen Gegenstand entwickeln. In diesem Sinne sollte eine unterrichtsintegrierte Förderung die Anlässe zu Eigentätigkeiten mit diskursiven Erörterungen verzahnen. Damit werden Anlässe geschaffen zur Auseinandersetzung mit Problemen und Verknüpfung von Ideen sowie zum Erkennen mathematischer Zusammenhänge. So trägt der Austausch über Ideen und die Aushandlung von verschiedenen oder ähnlichen Ideen dazu bei, unterschiedliche Deutungen auf mathematische Strukturen Raum zu geben, was sich anregend auf die Bereitschaft und Fähigkeit der Kinder mit (mathematischen) Lernschwächen auswirken kann, eigene Deutungen alternativ zum zählenden Rechnen zu entwickeln und zu verfestigen (vgl. z. B. Jenkins/O'Connor 2003).

Zudem können gerade kognitive Konflikte, die im Diskurs entstehen, bei den am Gespräch beteiligten Kindern Erkenntnisprozesse auslösen. Denn wenn sich zwei oder mehrere Kinder inhaltlich nicht einig sind, dann erfahren sie nicht nur, dass andere Kinder eine andere Sichtweise auf ein und denselben Gegenstand einnehmen, sondern sie lernen auch, ihre eigene Sichtweise zu untersuchen und argumentativ in die Kommunikation einzubringen. Kognitive Konflikte können somit ein Katalysator für die Förderung sein, da sie Kinder herausfordern, ihre alten Vorstellungen aufzugeben oder aber zu verändern (siehe Abbildung S. 28: zu einem Bild zwei unterschiedliche sinnvolle Terme, die zum Ausgangspunkt einer Erörterung von mathematisch sinnstiftenden Interpretationen sein könnte).

Damit die Vielfalt an und Differenz zwischen den Ideen der Kinder produktiv für jedes einzelne Kind aufgegriffen werden kann, müssen die Aufgaben in der unterrichtsintegrierten Förderung explizit auch zur Verständigung über Mathematik anregen und die *Kooperation* der an der Bearbeitung der Aufgabe beteiligten Kinder auf differenzierte Weise ansprechen. Solche diskursiv-kooperativen Lernumgebungen (Brandt/Nührenbörger 2009) lassen auf der einen Seite unterschiedliche Zugänge zu und bieten Auseinandersetzungen auf individuell unterschiedlichem Niveau. Die Struktur der Aufgabenstellungen erfordert aber auf der anderen Seite zu einem bestimmten Zeitpunkt eine gemeinsame Bearbeitung beziehungsweise die gemeinsame Kommunikation – unter anderem auch auf der Grundlage strukturierter Kooperationsformen. Wesentliche Charakteristika der diskursiv ausgerichteten Lernumgebungen sind:

- Sie enthalten verschiedene Aufgabenstellungen, die zugleich in einer spezifischen mathematischen Beziehung zueinander stehen (zum Beispiel dekadische Zahlbeziehungen zwischen Aufgaben im 10er- und 100er-Raum oder im 100er- und 1000er-Raum, operative Beziehungen zwischen Addition und Multiplikation oder zwischen Addition und Subtraktion), die zum Gegenstand der gemeinsamen Erkundung genutzt werden kann.
- Sie besitzen Spielraum für individuelle und gemeinsam zu bewältigende Aktivitäten.
- Sie können leicht an die verschiedenen Gegebenheiten des kooperativen und kommunikativen Arbeitens der Kinder angepasst werden.
- Sie lassen wechselseitige Verantwortlichkeit für das Lernen aller Gruppenmitglieder zu.
- Sie fordern explizit zur Verständigung über Mathematik – zum Kommunizieren, Darstellen und Argumentieren – heraus.
- Sie können offen, problemstrukturiert oder operativ strukturiert sein und weisen letztlich eine Vielfalt an Lösungswegen, Ergebnissen, Ordnungen und Sortierungen, Darstellungsinterpretation auf.

Die initiierten Gespräche beschränken sich somit nicht auf die Mitteilung von Lösungsprozeduren oder Ergebnissen, sondern haben vielmehr die Begründungskontexte für mathematische Zusammenhänge als Kern. Ebenso wie Unterricht an sich sollte auch die Förderung die „aktive Auseinandersetzung mit dem Lerngegenstand durch gemeinsame Reflexionen und Reflexionen eigener Lernprozesse" (Ricken 2008, S. 80) auslösen. Hierbei sollte der Anlass für gemeinsame Gespräche stets die eigene mathematische Entdeckung sein, die letztlich mitteilungsrelevant ist (vgl. zusammenfassend Brandt/Nührenbörger 2009).

Mit anderen Worten: Eine anregende Kommunikationskultur erfolgt im Zuge einer eher offenen und zur Argumentation herausfordernden Gesprächsführung. Hierzu finden sich in den Bausteinen stets Aufträge zum

- *Erzählen* und Berichten über die eigenen Vorstellungen und Vorgehensweisen (Was passt zusammen? Wie gehst du vor? Wie bist du darauf gekommen? Wie siehst du es? ...),
- *Vergleichen* und Hinterfragen von verschiedenen Dokumenten, Bildern und Äußerungen (Was ist gleich? Was ist ähnlich? Warum hast du das so gemacht? ...)
- *Begründen* spezifischer mathematischer Zusammenhänge in der eigenen Aufgabenbearbeitung oder zwischen den parallelen Aufgabenstellungen (Warum passen die Aufgaben zusammen? Warum seid ihr der Ansicht? ...).

Dabei muss stets bedacht werden, dass Kinder erst lernen müssen, mathematische Entdeckungen zu notieren und zu begründen. Gerade in der Schuleingangsphase sind die schriftsprachlichen Herausforderungen nicht zu unterschätzen, deshalb sollten die Ansprüche an die Dokumentation nicht zu hoch sein.

> **B**
> Wie die in der folgenden Abbildung stehenden Notationen der Kinder zu den Auffälligkeiten des „Verdoppelns mit dem Fünfertricks" zeigen, lohnt sich allerdings die Präsentation und Diskussion der Dokumente, denn die Kinder drücken sich nicht nur schriftsprachlich unterschiedlich ausgeprägt aus, sondern fokussieren auch auf unterschiedliche Aspekte des Verdoppelns und der „Kraft der Fünf".

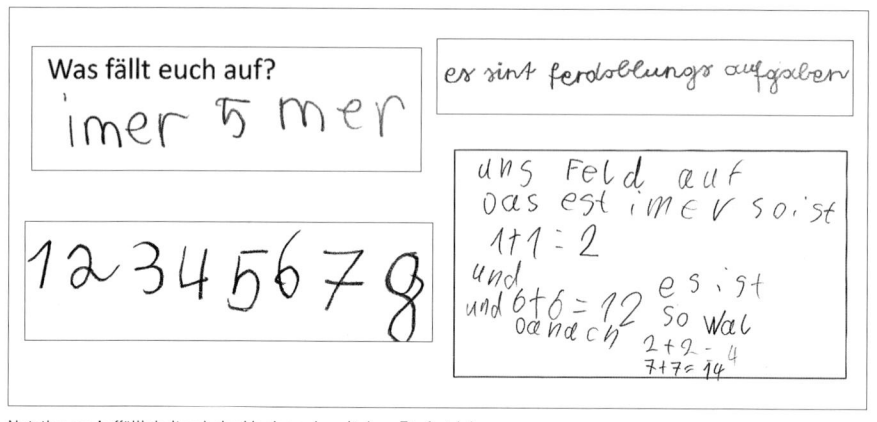

Notation zu Auffälligkeiten beim Verdoppeln mit dem Fünfertrick

Die Lehrkraft kann diesen Prozess begleiten, indem diese Impulse gibt und neue Fragen aufwirft, Materialien und Darstellungen einbringt, Kinder gezielt anspricht oder aber irritierende und herausfordernde Behauptungen aufstellt. Damit sich Kinder mit (mathematischen) Lernschwächen nicht per se aus einem Gespräch über Mathematik herausziehen oder aber von einem mathematisch stärkeren Kind belehren lassen, ist es wichtig, die kooperativ arbeitenden Kinder gezielt zusammenzusetzen. So weisen zwar die Studien zur Effektivität kooperativ-strukturierter Lernformen und peergestützten Lernens in der Grundschule im Vergleich zu traditionellen Unterrichtsformen auf Effekte bezüglich fachlicher Leistungen bei den Kindern hin, die kooperativ gearbeitet haben (vgl. Rohrbeck u. a. 2003). Allerdings ist bei der Interpretation der Studien mitzubedenken, dass die Effekte von der Zusammenstellung der Lerntandems auch vom Strukturierungsgrad des kooperativen Lernsettings abhängig sind.

In den Bausteinen wird daher die kooperative Gruppe anfangs (wenn möglich) auf die Partnerarbeit reduziert. Zudem sollen spezifische Absprachen über die kooperative Bearbeitung und auch die Gesprächsführung den Strukturierungsgrad der Lernsettings erhöhen, sodass sich beide Kinder über Ziele, Prozesse und Produkte untereinander verständigen müssen und zugleich diese auch gemeinsam gegenüber der Lehrperson und der Klasse (zum Beispiel in der Reflexion) verantworten müssen.

In den Bausteinen wird hierzu vor allem auf zwei unterschiedliche kooperative Methoden zurückgegriffen, die sicherstellen sollen, dass möglichst viele unterschiedliche Ideen und Vorstellungen ins Gespräch zwischen den Kindern unter Beteiligung beider Kinder generiert werden können (vgl. Häsel-Weide 2013a).

- „Wippe": Wie auf einer Wippe arbeiten beide Kinder an einer Aufgabenstellung mit wechselnden Aktivitäten (zum Beispiel zieht das eine Kind eine Karte, das andere bearbeitet diese und anschließend wechseln sich beide ab oder das eine Kind löst die erste Aufgabe, das andere Kind korrigiert gegebenenfalls und löst die zweite Aufgabe). Das kooperative Format ist davon geprägt, dass die Kinder abwechselnd Lösungen produzieren beziehungsweise abwechselnd aktiv bei der Darstellung und mathematischen Bearbeitung sind. Anschließend kann eine Phase, in der beide Kinder – wie in einer reflexiven Übung – gemeinsam Ideen für die Erklärung der erkannten Zusammenhänge entwickeln. Ebenso können sie die erkannten Beziehungen nutzen für die weitere Bearbeitung von Aufgaben.
- „Weggabelung": Wie an einer Weggabelung treffen sich zwei Kinder nach ihren individuellen Bearbeitungen, um diese miteinander zu vergleichen und anschließend für eine weitere Problembearbeitung gemeinsam zu nutzen. Die Phase 1 ist somit dadurch gekennzeichnet, dass jedes Kind eine individuelle Bearbeitung oder Eigenproduktion entwirft. Da die gewählten Aufgabenstellungen zugleich mathematisch kohärent sind, stellen sich die Kinder in Phase 2 ihre entwickelten Ideen gegenseitig vor. Es geht hierbei also weniger um den Abgleich von Lösungen, sondern um die Diskussion der analogen oder womöglich gar gleichen Lösungen, die durch ähnliche oder unterschiedliche Rechnungen und Zahlenwerte erzielt worden sind. Die erzielten Erkenntnisse können gemeinsam festgehalten werden. Anschließen kann sich ein weiterer Arbeitsschritt, indem die Kinder ihre mathematischen Überlegungen auf die Bearbeitung eines ähnlichen Problems anwenden oder aber gemeinsam eine Koproduktion entwerfen, die die strukturellen Beziehungen zwischen den Aufgabenstellungen aufgreift.

Die kooperativen Tätigkeiten in der Arbeitsphase sind im Unterrichtsgeschehen eingebettet in eine klassenintegrierte Reflexion, in der die Kinder gemeinsam ihre Aufgabenstellungen und Erkenntnisse vorstellen beziehungsweise zur Diskussion stellen sollen.

3 Zählendes Rechnen in der Grundschule

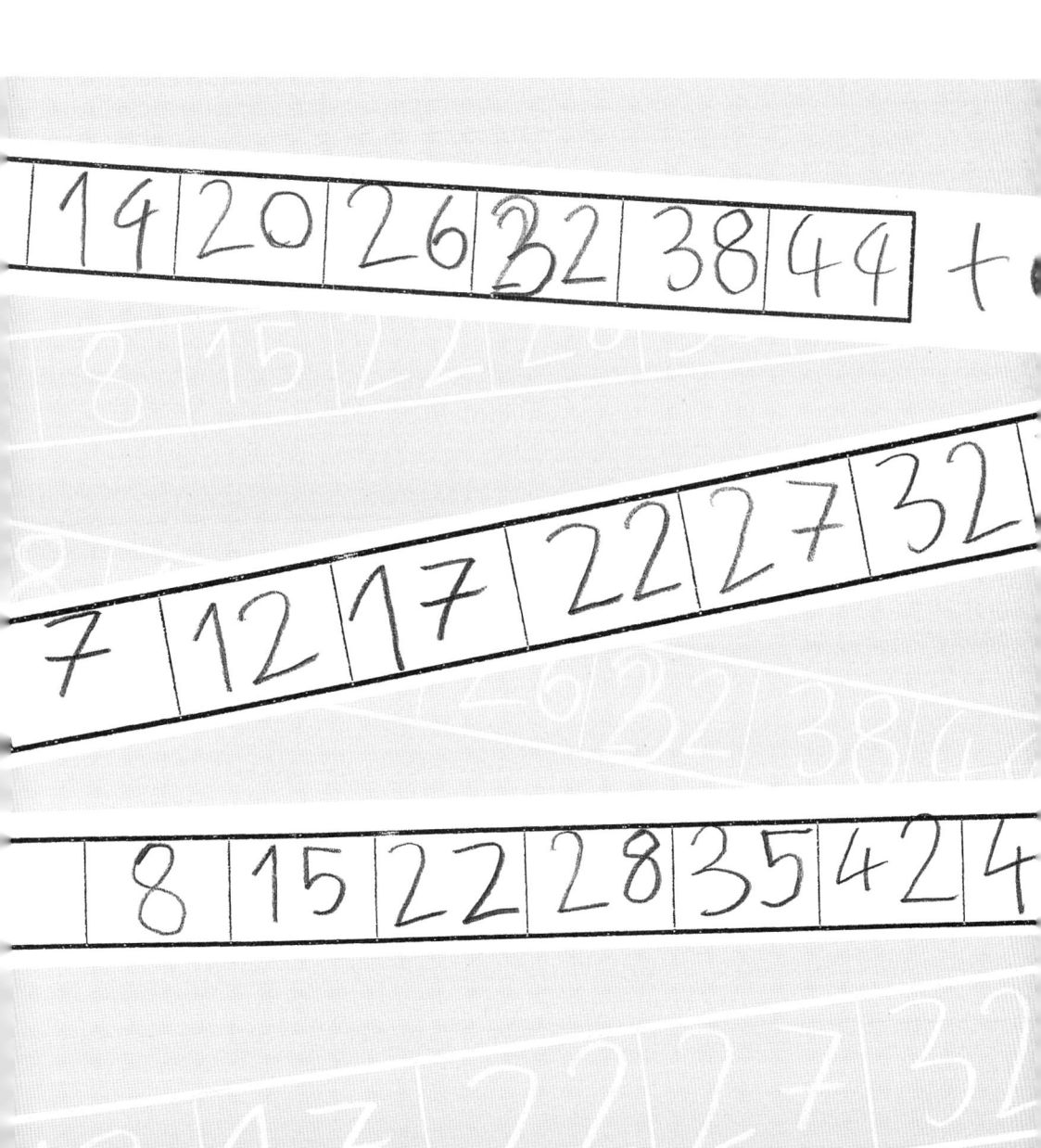

Wenn Kinder in der Grundschule beim Lösen von Rechenaufgaben an den Fingern oder an einem Arbeitsmittel wie einem Rechenschiffchen oder Rechenschieber abzählen, lassen sich – pointiert ausgedrückt – zwei unterschiedliche Reaktionen feststellen. Einerseits wird zählendes Rechnen oft als ein entwicklungsgemäßes Vorgehen betrachtet und die Kinder werden sogar zur Verwendung der Finger aufgefordert. Letzteres geschieht mit dem Argument, dass die Finger ein günstiges Arbeitsmittel zum Rechnen seien, weil „man sie immer zur Hand" hat und weil die Hände zudem die sogenannte „Kraft der Fünf" abbilden können. Andererseits kommt es auch vor, dass den Kindern die Verwendung der Finger verboten wird, und mit dem Verbot wird angestrebt, die Kinder möglichst rasch zum Rechnen ohne konkrete Hilfsmittel zu führen (Schmassmann/Moser Opitz 2007).

Beide beschriebenen Vorgehensweisen blenden wichtige Erkenntnisse zum Mathematiklernen aus: Erstens hat sich in vielen Untersuchungen gezeigt, dass zum einen verfestigtes zählendes Rechnen ein charakteristisches Merkmal von rechenschwachen Kindern und von Kindern im Förderschwerpunkt Lernen ist, das sich bis weit in die höheren Schuljahre zeigt (vgl. Ostad 1997; Geary 2004; Moser Opitz 2007a). Zweitens zeigen Untersuchungen, dass die Entwicklung von nichtzählenden Strategien ein komplexer Prozess ist, der sich nicht mit einfachen Mitteln wie mit einem Verbot erreichen lässt (z. B. Gaidoschik 2010). Und drittens gilt es zu beachten, dass die ersten Strategien, die Kinder zum Lösen von Additions- und Subtraktionsaufgaben verwenden, Abzählstrategien sind und auch die vier Grundoperationen auf dem Zählen aufbauen. Allerdings beinhaltet eine auf das Zählen reduzierte Sicht auf Mathematik vielfältige Probleme für die Entwicklung mathematischen Wissens (vgl. Kapitel 3.1).

Das vorliegende Kapitel erörtert daher auf der einen Seite, welche Schwierigkeiten durch ein verfestigtes zählendes Rechnen entstehen können, zeigt aber auf der anderen Seite die Bedeutung des Zählens als Zugang zu den ersten Rechenoperationen und zum Vergleich von Zahlen auf. Abschließend werden Folgerungen für die Ablösung vom zählenden Rechnen gezogen, die in die Konzeption der Bausteine für eine unterrichtsintegrierte Förderung münden (Kapitel 4).

3.1 Verfestigte Zählstrategien

Gaidoschik (2009b, S. 170) macht deutlich: „Ein Kind, das Ende der ersten Schulstufe vorwiegend zählend rechnet, ist nicht deshalb schon ‚rechenschwach'; aber es läuft Gefahr, unter dem Druck kommender schulischer Anforderungen ‚rechenschwach' zu werden". Problematisch und wenig tragfähig werden verfestigte zählende Rechenstrategien besonders im erweiterten Zahlenraum ab 20, da sie für die Entwicklung eines strukturell umfassenden mathematischen Verständnisses hinderlich werden können (Krauthausen 1995; Gerster 1996; Gaidoschik 2003, 2009b; Padberg 2005; Scherer/Moser Opitz 2010). Für Kinder, die verfestigt zählend rechnen, gilt in der Regel:

▶ Sie operieren meistens in Einerschritten. Sie fassen Zahlen nicht zu größeren Einheiten zusammen, sodass schließlich Anzahlen nicht strukturiert erfasst werden.
▶ Sie verstehen Zahlen zumeist nicht oder nicht in erster Linie kardinal als eine Menge (verknüpft mit der Frage nach Anzahl), sondern vornehmlich ordinal als Punkt in einer Reihe, als eine Station in einer auswendig gelernten Folge von Zahlennamen. Diese eingeschränkte, ordinal geprägte Vorstellung von Zahlen ist mit Blick auf ein relationales Zahlverständnis und auch auf die Ausbildung operativer Strategien problematisch.
▶ Sie konzentrieren sich darauf, Rechenaufgaben nacheinander und isoliert voneinander nach einem bestimmten Vorgehen schnell zu lösen. Somit beachten sie keine Beziehungen zwischen Zahlen in Termen und können Strukturen, Muster und Zusammenhänge zwischen Zahlen und Operationen nicht erkennen.
▶ Sie haben oft keine Vorstellungen von den Rechenoperationen. Ohne grundlegende Vorstellungen können aber kaum Einsichten in operative Zusammenhänge gewonnen werden, sodass letztlich mathematische Operationen nur über regelgeleitete Schemata (wie ein „Regelwerk" [Lorenz 2003]; siehe vorherigen Punkt) gelöst werden können.
▶ Sie zählen in der Regel nur in Einerschritten und können größere Einheiten, wie zum Beispiel Zehnerbündel, nicht erkennen. Somit erschwert zählendes Rechnen die Einsicht in die dezimalen Strukturen unseres Zahlsystems. Umgekehrt können mangelnde Einsichten ins Stellenwertsystem dazu führen, dass in erster Linie zählende Rechenstrategien verwendet werden.
▶ Sie machen häufig Fehler; vor allem im erweiterten Zahlenraum ab 20 und benötigen bei schriftlichen Rechenvorgängen, bei denen Teilergebnisse schnell ermittelt werden müssen, viel Zeit zum Berechnen der Zwischenergebnisse.

Gerade im Anfangsunterricht, wenn im kleinen Zahlenraum addiert oder subtrahiert wird, erzielen Kinder über das zählende Rechnen oftmals zügig korrekte Ergebnisse, sodass es nicht verwundert, dass zählende Verfahren von ihnen als erfolgreiche Strategie angesehen werden. Sie können jedoch nicht abschätzen, dass dieses Vorgehen im größeren Zahlenraum schwierig und ineffizient wird.

Ursachen für verfestigtes zählendes Rechnen. Verfestigtes zählendes Rechnen kann unterschiedliche Ursachen haben. Verschiedene Untersuchungen haben gezeigt, dass rechenschwache Kinder Probleme mit dem Arbeitsgedächtnis (vgl. Grube 2006; Thomas et al. 2006; Krajewski 2008) und in der Folge Schwierigkeiten beim Automatisieren des Einspluseins und des Einmaleins haben. Sie greifen dann auf Abzählstrategien (mit und an Fingern zählen, leises verbales Zählen, an Arbeitsmitteln zählen) zurück. Ebenso können aber auch unterrichtliche Faktoren – auch in Kombination mit Problemen mit dem Arbeitsgedächtnis –

eine Rolle spielen. So weist etwa Gaidoschik (2009b) darauf hin, dass spezifische Unterrichtsmaterialien oder bestimmte Vorgehensweisen (intensives Auswendiglernen des Einspluseins, Gewichtung von Weiterzählen vom größeren Summanden aus, keine Verwendung von Ableitungsstrategien) verfestigte Abzählstrategien fördern können. Ebenso kann die Verwendung von ungeeigneten Arbeitsmitteln zur Verfestigung des zählenden Rechnens führen. Hierbei handelt es sich um Arbeitsmittel ohne Fünfer- und Zehnerstruktur oder lineare Darstellungen an der Zahlenreihe, bei denen es nicht möglich ist, größere Einheiten „in den Blick" zu nehmen. Während also der Gebrauch von unstrukturierten Materialien zählende Rechenstrategien stützt, kann hingegen der Einsatz strukturierter Arbeitsmittel und Veranschaulichungsmittel eine Verfestigung verhindern. Moser Opitz (2008) wies in einer Studie nach, dass Kinder mit (mathematischen) Lernschwächen im 1. Schuljahr, die mit strukturierten Mengenbildern arbeiteten und mit denen Zahlbeziehungen erarbeitet wurden, beim Addieren und Subtrahieren signifikant weniger abzählten als Kinder, bei denen diese Förderung nicht beziehungsweise nicht im selben Maß durchgeführt worden war.

Strategien verfestigt zählender Rechnerinnen und Rechner im Anfangsunterricht. Beim zählenden Rechnen lassen sich zunächst vier unterschiedliche Formen beobachten, die auch im Sinne eines Entwicklungsprozesses unterschiedliche Phasen der Ausdifferenzierung des Zählens abbilden und auf der zunehmenden Koordination unterschiedlicher Zählabläufe und -schritte fußen (vgl. Moser Opitz 2007a; Gaidoschik 2010; Padberg/Benz 2011; Hess 2012):

- *Alleszählen*: Die erste Form des Abzählens ist das Alleszählen. Die Kinder greifen auf die erlernte Zahlwortreihe und das Zahlenverständnis zurück, dass die Zahlen in einer festen Reihe angeordnet sind. Bei einer einfachen Addition werden die beiden Summanden einzeln ausgezählt (sum-Strategie), beginnend bei 1. Beispielsweise werden 4 Plättchen und 5 Plättchen (4 + 5) hingelegt und jeweils für sich ausgezählt (also 1, 2, 3, 4; 1, 2, 3, 4, 5); erst anschließend werden beide Mengen durchgezählt. Häufig wird das Alleszählen durch die Finger begleitet, das heißt, bei jedem Zahlwort wird ein Finger ausgestreckt. Diese Variante des Alleszählens erfordert erhöhte Konzentration und stellt besondere Anforderungen an das Arbeitsgedächtnis, da zwei Zählprozesse synchronisiert werden müssen. Besonders anspruchsvoll wird diese Zählstrategie, wenn es sich um größere 2. Summanden handelt.
- *Weiterzählen vom ersten Summanden aus*: Diese Strategie ist eine Weiterentwicklung des „Alleszählen". Für die Aufgabe 4 + 5 wird nicht mehr von 1 bis 9 gezählt, sondern nur noch ab 5 weitergezählt (5, 6, 7, 8, 9). Der 1. Summand dient als Startpunkt des Zählprozesses. Weiterzählen ist aber anspruchsvoll, denn die Kinder müssen parallel zwei Zahlenreihen im Kopf koordinieren, um herauszufinden, wann der 2. Summand zu Ende gezählt ist. Beispielsweise muss bei 8 + 7 um 7 weitergezählt werden, sodass das Kind gleichzeitig beim Weiterzählen darauf achten muss, wo es beginnt (bei 9 und nicht bei 8)

und wann die Anzahl 7 – das heißt das Ende des 2. Summanden – erreicht ist. Ein damit häufig verbundener Fehler ist der sogenannte Minuseins- oder Pluseins-Fehler. Beim Addieren oder Subtrahieren wird die Ausgangszahl mitgezählt, sodass bei der Addition das Ergebnis um 1 kleiner wird (zum Beispiel 8 + 7 = 14, weil bei der 8 mit dem Zählen begonnen wird) und bei der Subtraktion um 1 größer (zum Beispiel 14 – 7 = 8, weil bei 14 mit dem Zählen begonnen wird; vgl. auch Hasemann 2007, Schmassmann/Moser Opitz 2008). Besonders schwierig bei der Subtraktion ist, dass die beiden Zahlenreihen gegenläufig sind (Gaidoschik 2010, S. 105). Damit ist gemeint, dass die Kinder einerseits beginnend mit der 14 rückwärts zählen und andererseits zugleich vorwärts die Anzahl der Rückwärtsschritte mitzählen (hier mit mitgezähltem Minuenden: 14 / 1 Schritt, 13 / 2 Schritte, 12 / 3 Schritte … ; 8 / 7 Schritte).

- *Weiterzählen vom größeren Summanden aus*: Bei dieser Strategie (auch min-Strategie genannt) wird stets vom größeren Summanden aus weitergezählt; das heißt, bei der Aufgabe 4 + 5 wird nicht mehr von 4 aus, sondern von 5 aus gezählt. Hinter dieser Strategie steht das Kommutativgesetz der Addition (4 + 5 = 5 + 4; a + b = b + a), das die Kinder bereits hier implizit anwenden. Diese Mischstrategie des Weiterzählens deutet auf einen wichtigen Entwicklungsschritt hin, bei dem die Kinder Summanden zumindest teilweise als solche wahrnehmen und deren Größenrelation beachten.
- *Weiterzählen vom größeren Summanden aus in größeren Schritten*: Nun wird nicht mehr in Einerschritten gezählt, sondern in größeren (in der Regel auch gleichgroßen) Schritten. Beispielsweise wird die Aufgabe 4 + 5 ausgehend vom größeren Summanden mittels Zweierschritten (7, 9) gelöst. Bei Aufgaben im erweiterten Zahlenraum zählen die Kinder auch in größeren Schritten; zum Beispiel mit Bezug zum Dezimalsystem (zum Beispiel 15 + 25: 25, 30, 35, 40 oder 24 + 32: 32, 42, 52, 54, 56) oder mit Bezug auf multiplikative Reihen (zum Beispiel in Viererschritten). Allerdings setzt diese Zählstrategie eine hohe Zählkompetenz voraus.

Hinsichtlich dieser Entwicklung der Zählstrategien fasst Hess (2012) zusammen, dass viele Kinder (eben auch die Kinder, die im Laufe der Schulzeit nicht verfestigt zählen) die Zählstrategien in der beschriebenen Richtung „durchlaufen", allerdings nicht linear und vollständig. Dabei wechseln die Kinder manchmal zwischen verschiedenen Varianten, jeweils abhängig von der konkreten Aufgabe. Zwar werden erste Rechenoperationen durch diese Zählstrategien durchgeführt, allerdings ist es wichtig, dass die Kinder im Verlauf der ersten Schuljahre weiterführende Strategien entwickeln können, damit sich das zählende Rechnen nicht verfestigt (vgl. Gerster/Schultz 2004).

Finger als Hilfsmittel des Zählens? Unterstützend zum Zählen oder auch ersten Rechnen nutzen Kinder verschiedene Materialien; aber insbesondere auch ihre

Finger als Repräsentanten. Einige zählen auch mit versteckten Fingern, tippenden Füßen, zählen leise vor sich hin oder nicken mit dem Kopf.

Ob das Fingerrechnen als Hilfsmittel beim Rechnen legitim ist oder unterbunden werden soll, wird vielfach unterschiedlich diskutiert (vgl. Gaidoschik 2007, 2009a; Steinweg 2009; Scherer/Moser Opitz 2010). Um diese Frage zu beantworten, müssen Vor- und Nachteile zwischen dynamischem und statischem Fingerzählen differenziert betrachtet werden (Lorenz 1996). Beim Abzählen in Einerschritten mithilfe des dynamischen Zählens werden die Finger den Summanden entsprechend nacheinander ausgestreckt, um den ersten Summanden zu zeigen und anschließend den zweiten Summanden zu addieren. Diese Vorgehensweisen sind äußerst fehleranfällig, da die Summanden nicht dargestellt werden und sich die Kinder merken müssen, wie viele Finger schon gezählt wurden.

Beim statischen Einsatz der Finger stellen die Kinder die Anzahl direkt mit einem einmalig ausgestreckten „Fingerbild" dar und können somit das Ergebnis an ihren Fingern ablesen. Gaidoschik (2010, S. 244) bezeichnet diese Strategie auch als nichtzählenden Fingergebrauch. Zudem erweitert er die Fingerzählstrategien um den Begriff „Finger-Teilzählen", als Mischform zwischen statischen und noch teilweise dynamischen Gebrauch der Finger. Hierbei stellt das Kind die Ausgangszahl nichtzählend mit den Fingern dar, führt aber die Operation zählend durch, indem die entsprechende Anzahl von Fingern ausgestreckt, umgeklappt und bei 1 beginnend gezählt wird, bis die dem zweiten Summanden oder Subtrahenden entsprechende Zahl erreicht ist. Das Ergebnis wird beim Finger-Teilzählen am Fingerbild abgelesen und nicht abgezählt.

Insbesondere der statische Gebrauch der Finger kann den Kindern eine Stütze für das Erkennen und Verstehen der Zehnerzerlegung und der „Kraft der Fünf" (Krauthausen 1995, S. 87) beziehungsweise der Beziehung Teil-Ganzes sein, wenn zum Beispiel erkannt wird, dass sich 8 Finger aus 5 und 3 Fingern zusammensetzen oder 10 Finger aus 6 und 4 Fingern (vgl. Steinweg 2009; Hess 2012). Die Strukturierung der Fingerbilder in eine Fünfer- oder Zehnerstruktur ist für viele Kinder eine wichtige Erkenntnis, um auch Beziehungen der anderen Zahlen zur 5 oder 10 herstellen zu können, wie zum Beispiel 9 als 1 weniger von 10 (vgl. Gaidoschik 2007, S. 46).

Bei der Arbeit mit statischen Fingerbildern ist erstens wichtig, dass die strukturierten Fingermuster flexibel genutzt und uminterpretiert werden können. Zweitens müssen sie zunehmend auf eine allgemeiner und operativer nutzbare Veranschaulichung von Mengenbildern übertragen werden, damit die Kinder sich vom ineffektiver werdenden Fingerzählen lösen (vgl. Gaidoschik 2007; Schmassmann/Moser Opitz 2008; Scherer/Moser Opitz 2010). Zu beachten ist auch, dass sich der statische Gebrauch der Finger eher auf kleinere Zahlen (≤ 10) beschränkt, da sich größere nur noch über kombinierte Fingerbilder darstellen lassen. Auch ist der statische Einsatz für das Rechnen eher ungünstig, da zum Beispiel bei der Darstellung von 3 + 6 = 9 die beiden Summanden nicht mehr ersichtlich sind.

3.2 Bedeutung des Zählens für die mathematische Entwicklung

Es wurde dargestellt, dass verfestigtes zählendes Rechnen die mathematische Entwicklung beeinträchtigen kann. Dabei muss jedoch beachtet werden, dass – auf den ersten Blick vielleicht paradoxerweise – gerade das Zählen eine wichtige Kompetenz hinsichtlich der Ablösung vom zählenden Rechnen ist. Einerseits ist Zählkompetenz ein wichtiger Aspekt der mathematischen Entwicklung, insbesondere für den Aufbau des Anzahlbegriffs, andererseits erfolgt der erste Zugang zu den Rechenoperationen über Zählstrategien.

Die Entwicklung des Zählens ist eine sehr komplexe Aufgabe, die nicht mit dem Eintritt in die Schule oder am Ende des 1. Schuljahres abgeschlossen ist. Obwohl die Kinder bereits im Vorschulalter in alltäglichen Situationen und im Austausch mit Eltern und anderen Kindern erste Erfahrungen mit Zahlen und Zählprozeduren machen, ist das Zählen in der gesamten Grundschulzeit immer wieder bedeutsam. Beispielsweise wird bei jeder Erweiterung des Zahlenraums auf Zählverfahren zurückgegriffen; und zwar indem nach dem nächsten beziehungsweise vorhergegangenen Zahlwort gesucht oder in Schritten vorwärts und rückwärts gezählt wird.

Wichtig ist dabei die Einsicht in die Zählprinzipien (Gelman/Gallistel 1978), die Kinder durch vielfältige Erfahrungen erwerben. Die drei ersten Prinzipien sind die sogenannten *„how-to-count*-Prinzipien" und beschreiben den eigentlichen Zählakt (wobei das dritte weniger das Zählverfahren als mehr den Ertrag des Zählens festlegt).

- *Eindeutigkeitsprinzip*: Jedem der zu zählenden Objekte wird genau ein Zahlwort zugeordnet. Wenn das Prinzip noch nicht erworben ist, zeigt sich das zum Beispiel dadurch, dass Objekte doppelt gezählt oder übersprungen werden oder dass auf ein Objekt gezeigt wird, ohne ein Zahlwort zu sagen.
- *Prinzip der stabilen Ordnung*: Bei diesem Prinzip geht es um den Erwerb der Zahlwortreihe, und es beinhaltet die Einsicht, dass die Zahlwörter eine feste Ordnung haben.
- *Kardinalprinzip oder Kardinalwort-Prinzip*: Bei diesem Prinzip geht es darum, dass eine Anzahl durch Zählen bestimmt werden kann und das zuletzt genannte Zahlwort die Anzahl der Objekte in einer Menge angibt. Wenn Kinder dieses Prinzip noch nicht erworben haben, neigen sie dazu, Mengen wiederholt auszuzählen.

Die zwei letzten Prinzipien sind die sogenannten *„what-to-count*-Prinzipien". Sie erlauben den Kindern die Einsicht in die Generalisierung des Zählprozesses.
- *Abstraktionsprinzip*: Es kann jede beliebige Menge ausgezählt werden, das heißt unabhängig davon, welche Art von Objekten gezählt wird.
- *Prinzip der Irrelevanz der Anordnung*: Die jeweilige Anordnung der zu zählenden Objekte ist für das Zählergebnis nicht von Bedeutung.

Wenn Kinder diese Prinzipien implizit verstanden haben, wenden sie sie an, ohne sie jedoch explizit auseinanderhalten oder beschreiben zu können. Grundlegend für die mathematischen Aktivitäten in der Grundschule ist daher nicht, dass die Kinder die Prinzipien verbalisieren oder benennen können, sondern deren Erwerb durch vielfältige Zählaktivitäten erfahren und verstehen lernen. Dabei geht es einerseits um den ordinalen, andererseits um den kardinalen Zahlapsekt. Das ordinale Zahlverständnis – das heißt die Einsicht in den Reihenaspekt der Zahlen – umfasst hierbei einerseits die Zählzahl (die Zahlwortreihe), andererseits die Ordnungszahl (der zweite, der dritte usw.). Je flexibler die Zahlwortreihe erlernt wird, desto besser kann das Verständnis der Ordinalzahl aufgebaut werden und desto mehr gelingt auch das Zählen in Schritten. Indem die Kinder in Zweier- und vor allem Fünfer- und Zehnerschritten zählen können, erweitert sich das Verständnis für den Zahlenraum und die dekadische Struktur des Zahlensystems, was wiederum grundlegend für das Verständnis des Stellenwertsystems ist (vgl. Krauthausen/Scherer 2007; Schmassmann/Moser Opitz 2007; Steinweg 2009).

Für den Aufbau des ordinalen Zahlverständnisses sind als Anschauungsmittel sowohl die Zahlenreihe (zum Beispiel die Zwanziger- oder Hunderterreihe) als auch die Anordnung von Zahlen am Zahlenstrahl wichtig. Einerseits können Zahlen linear angeordnet, andererseits deren Position in einer Zahlenreihe abgebildet und bestimmt werden.

Neben dem ordinalen Verständnis ist der sogenannte „Mengenaspekt" *(Kardinalzahl)* von zentraler Bedeutung für die Entwicklung mathematischer Einsichten. Auch wenn kleine Anzahlen bereits von Kleinkindern „auf einen Blick", das heißt simultan und ohne Abzählen, erfasst werden können, müssen größere Anzahlen über Zählprozeduren ermittelt werden; es sei denn, die Anzahlen sind strukturiert und erlauben auch eine „quasi-simultane Anzahlerfassung" (vgl. Kapitel 4.3; Gerster 2009, S. 51). Die Einsicht, dass gezählt werden muss, um eine Anzahl zu bestimmen, ist ein erster Erkenntnisschritt zum kardinalen Verständnis. Für den Aufbau des Anzahlbegriffs ist es wichtig, dass die Kinder vielfältige Zählerfahrungen machen und in verschiedenen Kontexten zur Anzahlbestimmung aufgefordert werden. Über die Auseinandersetzung mit strukturierten Mengendarstellungen können die Kinder zudem ihre Zählstrategien flexibilisieren und weiterentwickeln.

Wenn die Kinder ihre Zählfertigkeiten mit dem kardinalen Verständnis – einer Anzahl als Menge – verknüpfen, dann „werden die anfänglichen Zählstrategien als Mittel zur Manipulation von Mengenanzahlen begriffen..." (Krajewski 2005, S. 155). Die Kinder vergleichen Mengen, zum Beispiel „mehr", „weniger", „gleich viel", und verändern diese durch Hinzuzählen und Wegnehmen.

3.3 Ablösung vom zählenden Rechnen

Zählende Rechnerinnen und Rechner lösen sich in unterschiedlichen Schritten und unterschiedlich schnell vom zählenden Rechnen. Um Ablöseprozesse vom zählenden Rechnen am Ende des 1. Schuljahres beziehungsweise zu Beginn des 2. Schuljahres zu initiieren, ist es nach Gerster (2009) zentral, dass grundlegende Vorstellungen von und Einsichten über Zahlen und Rechenoperationen (weiter-) entwickelt werden, die den Kindern einen Zugang zu nichtzählenden Rechenstrategien ermöglichen und somit mathematischen Lernschwierigkeiten vorbeugen.

3.3.1 Vorstellungen über Zahlen

Hiermit ist gemeint, dass sich Kinder einzelne Zahlen nicht nur kardinal oder ordinal vorstellen, sondern vor allem Zahlen in Relation zueinander deuten lernen (Steinbring 1995; Stern 1998). Letzteres ist wesentlich, um Nachbarschaftsbeziehungen oder aber Teil-Ganzes-Beziehungen verstehen und nutzen zu lernen. Es weist auf die Zusammensetzung und das Zerlegen von Anzahlen wie auch auf die Differenz zwischen Anzahlen hin (vgl. Resnick 1983). Die Relationalzahl kann sowohl mit Plättchen (der Unterschied zwischen 3 Plättchen und 7 Plättchen ist 4 Plättchen) als auch am Zahlenstrahl als Differenz zwischen zwei Zahlen dargestellt werden (vgl. Lorenz 2007a).

Teil-Ganzes-Zerlegungen erfahren. Das Verständnis der Beziehung Teil-Ganzes ist ein wichtiges Konzept, um Zahlen zu verstehen, aber es gilt auch als Grundlage für den Erwerb von flexiblen Rechenstrategien (vgl. zusammenfassend Langhorst/Ehlert/Fritz 2012). Resnick (1992) bezeichnete das Konzept Teil-Ganzes als die wahrscheinlich wichtigste konzeptuelle Einsicht in den ersten Schuljahren. In einer Längsschnittuntersuchung mit Kindern mit schwachen Mathematikleistungen wiesen Ennemoser und Krajewski (2007) nach, dass eine Förderung des Verständnisses Teil-Ganzes zu einer Verbesserung der Mathematikleistung führt.

Kindern mit (mathematischen) Lernschwächen fehlt einerseits oft die Erkenntnis, dass sich Zahlen wiederum aus anderen Zahlen zusammensetzen. Beispielsweise erkennen sie nicht, dass 30 + 5 eine Zahl bedeutet, die aus 30 und 5 zusammengesetzt wird beziehungsweise in diese Zahlen zerlegt werden kann, sondern sie ermitteln das Ergebnis, indem sie von 30 aus 5 weiterzählen (vgl. Gerster 2009). Andererseits verhindert zählendes Rechnen auch die Einsicht in das Teil-Ganzes-Prinzip (vgl. Gaidoschik 2010, S. 176), weil beim Zählen immer nur mit einzelnen Einheiten operiert wird. Bei Kindern, die verfestigt zählend rechnen, muss überprüft werden, inwieweit sie über ein Teil-Ganzes-Konzept verfügen. Auch wenn sie in der Lage sind, Additions- und Subtraktionsaufgaben zählend zu lösen, kann dies ohne Bezug auf Mengen geschehen. Kinder müssen diese

Einsicht in die Beziehung des Ganzen und seinen Teilen somit verstehen, um vom Zählen und Bestimmen von Mengen zu einem arithmetischen Verständnis von Zahlen zu gelangen. „Demnach ist der zentrale Aspekt in der Entwicklung mathematischer Kompetenzen von Kindern und entsprechend im Mathematikunterricht das Erkennen von Beziehungen zwischen Zahlen – also das ‚Sehen' mathematischer Strukturen" (Häsel-Weide 2013b, S. 23). Ebenso stellt das Stellenwertverständnis eine Besonderheit des Teil-Ganzes-Verständnisses dar, da eine Zerlegung einer Zahl in ihre Stellenwerte (zum Beispiel 134 = 100 + 30 + 4) nur auf der Grundlage Teil-Ganzes-Verständnis möglich ist.

Eine wichtige Einsicht bezüglich des Konzepts Teil-Ganzes besteht darin, dass die Kinder verstehen, dass ein Ganzes aus verschiedenen Teilen zusammengesetzt werden kann und sich nicht verändert, solange nichts weggenommen und nichts dazugetan wird. Darüber hinaus geht es auch darum, dass die Kinder verstehen, dass Teile gegensinnig oder gleichsinnig verändert werden können (Konstanz der Summe und der Differenz); das heißt, wenn ein Teil weggenommen wird, kann dieser Teil – im Sinne des operativen Prinzips – auch wieder zurückgegeben werden, um das Ganze wiederherzustellen. Zudem können die Kinder hierbei erkennen, dass sich auch das Ganze vermehrt, wenn ein Teil vermehrt und nicht durch das Vermindern des anderen Teils ausgeglichen wird (vgl. Resnick 1992).

Für zählend rechnende Kinder ist deshalb zweierlei entscheidend: Zum einen braucht es Aufgabenstellungen, die Kinder anregen, Mengen explizit zu zerlegen und Grunderfahrungen zur Teil-Ganzes-Zerlegung zu machen. Die Aufgaben zur Deutung von Mengen sollten für die Vorstellungen der Kinder offen sein, sodass diese auch für die Lehrkräfte sichtbar werden. Zum anderen braucht es einen Austausch über günstige und verlässliche strukturelle Deutungen, damit zählend rechnenden Kindern zentrale Darstellungen einer Menge von 5 oder 10 in strukturierten Anordnungen erkennen und automatisieren. In den Bausteinen werden beide Aktivitäten aufgegriffen.

Zählkompetenzen erweitern. Grundlegend für die Ablösung vom zählenden Rechnen ist eine sichere und flexible Zählkompetenz (Moser Opitz 2007a; Schmassmann/Moser Opitz 2008). Zunächst erscheint diese Anforderung etwas widersprüchlich – das Zählen fördern, obwohl die Kinder nicht mehr zählend rechnen sollen? Hierbei geht es darum, an den Zählkompetenzen der Kinder anzuknüpfen und diese zu erweitern, damit die Kinder das Anzahlkonzept verstehen lernen können. Insbesondere Kinder mit (mathematischen) Lernschwächen zählen noch fehler- und zum Teil lückenhaft, was dazu führt, dass sie sich verzählen, wenn Anzahlen bestimmt werden sollen.

Um über das Zählen in Einerschritten hinauszukommen, muss das (verbale) Zählen in größeren Schritten (Zweier-, Fünfer- und Zehnerschritte) gefördert werden. Das Zählen in Schritten größer als 1 ermöglicht erste Einsichten in Zahlbeziehungen, vor allem in die Fünfer- und Zehnerstruktur des Zahlensystems.

Diese Strukturen können in der Folge genutzt werden, um nichtzählend zu rechnen.

Das Zählen zur Anzahlbestimmung sollte vor allem durch strukturierte Zählaktivitäten unterstützt werden. Strukturierte Anzahlen verhindern, dass Kinder immer wieder beginnen, die Elemente oder Plättchen einzeln abzuzählen.

Zu den Bereichen „Teil-Ganzes-Zerlegung erfahren" und zur „Zählkompetenzen erweitern" werden im Buch folgende Bausteine vorgestellt: Mengen zerlegen und zusammenfügen, Zerlegungen an der Punktreihe üben und im Zahlenhaus nutzen, Punktefelder deuten und mental verändern, in Schritten zählen und Zahlenfolgen fortsetzen, am Rechenstrich Zahlen ordnen und Zahlbeziehungen erkennen.

3.3.2 Vorstellungen über Operationen

Gerade bei Kindern mit (mathematischen) Lernschwächen zeigt sich häufig, dass sie Schwierigkeiten bezüglich der Vorstellung arithmetischer Operationen haben (vgl. Lorenz 2002). Addition und Subtraktion werden als „rauf" und „runter" beziehungsweise vorwärts und rückwärts auf der Zahlenreihe verstanden (vgl. Gaidoschik 2009c, S. 5). Außerdem konzentrieren sich die Kinder oft auf das schnelle Lösen der Aufgabe, sodass die Zusammenhänge zwischen Zahlen und Rechnungen weniger in den Blick genommen werden. Das erfordert, dass Zahlen als Zusammensetzungen verstanden werden (Teil-Ganzes-Konzept). Ausgehend von diesem Verständnis können Mengen verglichen und verändert werden, was die Grundvorstellungen von Addition und Subtraktion umfasst.

Somit geht es in den Förderbausteinen darum, dass die Kinder die operativen Tätigkeiten aufeinander beziehen lernen, um dekadische Strukturen und Rechenstrategien mit Blick auf die Kraft der Fünf oder auf das Verdoppeln und Zerlegen zu erfassen.

Grundvorstellungen aufgreifen. Im Zuge des Ablöseprozesses müssen die Kinder, die verfestigt zählen, verstehen, welche Handlung hinter einer Operation steckt (etwas von einer Gesamtmenge wegnehmen oder etwas zu ihr hinzufügen oder zwei Teilmengen zusammenzuführen). Hierbei ist von grundlegender Bedeutung, dass die Kinder lernen, Vorstellungen von einer Repräsentationsebene auf eine andere zu übertragen beziehungsweise Passungen zwischen Vorstellungen in unterschiedlichen Repräsentationsmodi zu konstruieren (vgl. Lorenz 1998; Lorenz 2007b). So können etwa Handlungen zunächst an konkreten Objekten (zum Beispiel Plättchen am 20er-Feld) durchgeführt werden, die in einem nächsten Schritt dann mental vorgestellt werden sollen. Das heißt, die Kinder stellen sich innerlich vor, was mit den Plättchen passieren würde, wenn sie die Handlung (Plättchen wegnehmen oder dazulegen) konkret ausführen würden. In einem weiteren Schritt werden dann die Operationen ohne Handlung und Bild mental auf der symbolischen Ebene durchgeführt und geübt (vgl. zum Beispiel

Scherer/Moser Opitz 2010; Wartha/Schulz 2011). Da zählende Rechnerinnen und Rechner oft ohne Grundvorstellungen operieren, ist es wichtig, Grundvorstellungen gestützt am geeigneten Material aufzubauen (vgl. hierzu Söbbeke/Steinbring 2007).

Rechnen mit Zahlbeziehungen. Zu Schulbeginn haben Kinder außer dem Auswendiglernen von Aufgaben oft noch wenig alternative Strategien zum Abzählen, da ihnen das erweiterte Verständnis von operativen Zusammenhängen noch fehlt. Hier kommt es darauf an, dass sie Beziehungen zwischen Aufgaben erkennen und schwierige Aufgaben von einfachen abzuleiten lernen (vgl. z. B. Wittmann 2011a). Dazu müssen herausfordernde Aufgaben angeboten werden, die das Erkennen und Nutzen von Zahl- und Operationsbeziehungen möglich, aber auch notwendig machen (vgl. Gaidoschik 2009c). Zum einen können Zahlbeziehungen, die sich aus dem Teil-Ganzes-Verständnis aufbauen, genutzt und zum anderen Beziehungen zwischen den Aufgaben hergestellt werden.

Für die Entwicklung nichtzählender Rechenstrategien ist die Erkenntnis grundlegender Zahl- und Operationsbeziehungen zentral, wie zum Beispiel Verdoppeln plus 1, Tauschaufgaben, Kraft der Fünf, Umkehraufgaben und Verdoppeln/Halbieren.

Zu den Bereichen „Grundvorstellungen aufgreifen" und „Rechnen mit Zahlbeziehungen" werden im Buch folgende Bausteine vorgestellt: Zum Zehner ergänzen und vermindern, mit dem Spiegel verdoppeln und Verdoppelungen nutzen, grundlegende Additionsaufgaben verändern und in Beziehung zueinander setzen, grundlegende Subtraktionsaufgaben verändern und in Beziehung zueinander setzen, verwandte Additions- und Subtraktionsaufgaben am Rechenstrich darstellen und bearbeiten.

4 Bausteine

10+5   5+5+5

10+4   5+5+4

10+3   5+5+3

6+6 12-6   5+5+2

Die im Folgenden vorgestellten Fördereinheiten greifen die Aspekte auf, die bei der Ablösung vom zählenden Rechnen als zentral herausgestellt worden sind (vgl. Kapitel 3.3): Teil-Ganzes-Zerlegungen erfahren, Zählkompetenzen erweitern, Grundvorstellungen aufgreifen, Rechnen mit Zahlbeziehungen. Zu jedem inhaltlichen Schwerpunkt wird zunächst eine fachdidaktische Einführung gegeben. In dieser werden die wesentlichen fachlichen Begriffe und Grundannahmen erläutert, sodass die Leserin und der Leser Hintergrundwissen erwerben kann, um bei der Förderung kompetent auf Vorstellungen der Kinder reagieren sowie sensible Punkte beachten zu können. Die Fördereinheiten beinhalten ausführliche Unterrichtsskizzen mit Tafelbildern, Hinweisen für die Einführungs- und Reflexionsphasen sowie methodischen Hinweisen für die kooperativen Arbeitsphasen und Abbildungen der Arbeitsmaterialien. Jede Fördereinheit beginnt mit einer kurzen fachdidaktischen Analyse und schließt mit weiteren Förderideen. In den Anregungen zur Reflexion werden Vorgehensweisen der Schülerinnen und Schüler beschrieben, sodass die Lehrkräfte diese mit ihren eigenen Erfahrungen abgleichen können. Die bei der Erprobung und Erforschung der Bausteine beobachteten Vorgehensweisen einzelner Kinder oder ganzer Gruppen werden dazu exemplarisch mit Bezug auf die Leitideen des Unterrichts in heterogenen Settings dargestellt. Auch wenn die einzelnen Episoden im Hinblick auf je eine Leitidee erörtert werden, ist zu beachten, dass die gleiche Szene auch mit Blick auf eine andere Leitidee betrachtet werden könnte.

Die konzipierten Fördereinheiten sind sowohl modular, ergänzend oder ersetzend zum Schulbuch einzusetzen und geben für Kinder mit (mathematischen) Lernschwächen wichtige Anregungen. Als Zeitpunkt eignet sich ein Einsatz im Verlauf des 1. Schuljahres, sodass einem verfestigten zählenden Rechnen präventiv begegnet werden kann. Es ist aber auch möglich, die Fördereinheiten zu Beginn des 2. Schuljahres durchzuführen, zum Beispiel kompakt im Rahmen der Wiederholung zu Schulbeginn. In beiden Fällen können die Fördereinheiten einzelne Themen/Seiten im Schulbuch ersetzen, sodass nicht 20 zusätzliche Stunden zur Ablösung vom zählenden Rechnen gehalten werden müssen. Die Themenschwerpunkte, wie zum Beispiel das Erfahren der Teil-Ganzes-Beziehung, werden aber von den Fördereinheiten – unabhängig von der Art des Einsatzes – nicht vollständig abgedeckt, sondern bedürfen einer regulären Thematisierung im Mathematikunterricht. Durch die Einheiten erfolgt eine besondere Akzentuierung, und diese erlaubt eine Ausrichtung des Unterrichts auf die Kinder mit (mathematischen) Lernschwächen. Die Fördereinheiten sollen mit der gesamten Lerngruppe durchgeführt werden, da sie auf die Heterogenität der Kinder und ihre unterschiedlichen Deutungen ausgerichtet sind und von der Produktivität des Austausches leben.

4.1 Teil-Ganzes-Zerlegung erfahren

4.1.1 Fachdidaktischer Hintergrund

Das Zerlegen von Zahlen in kleinere Zahlen oder einfache Zusammensetzungen von Zahlen zu größeren Zahlen ist die Grundlage für die Konstruktion von Beziehungen zwischen Aufgaben in kleineren und größeren Zahlenräumen sowie auch zwischen Aufgaben und den sogenannten leichteren Aufgaben, wie Verdopplungsaufgaben, Zehneraufgaben (vgl. Wittmann 2011b). Insofern kann die Einsicht in die Teil-Ganzes-Zerlegung als Meilenstein in der Entwicklung der mathematischen Kompetenzen von Kindern gesehen werden (vgl. Fritz/Ricken/ Gerlach 2007; Krajewski 2005). Unterschiedliche Entwicklungsmodelle, die schwerpunktmäßig auf den Zeitraum der vorschulischen Entwicklung und des Schulanfangs fokussieren, betonen übereinstimmend die Bedeutung des Teil-Ganzes-Verständnisses für ein erfolgreiches mathematisches Lernen (vgl. Resnick 1983). Doch was genau meint das Teil-Ganzes-Verständnis und warum ist es auch in der Grundschulzeit von Bedeutung?

Das Teil-Ganzes-Verständnis beschreibt die Einsicht, dass eine (ganze) Menge in Teile zerlegt werden kann. Grundlegend dafür ist ein Verständnis von Zahlen als Mengen und ein operatives Durchdringen der Menge, die beliebig in Teilmengen zerlegt, umgeordnet und aufsummiert werden darf. Die mathematische Basis liefern dazu das Vertauschungs- und Verbindungsgesetz (Kommutativ- und Assoziativgesetz). Wittmann (2011b) weist auf drei verschiedene Interpretationen des Assoziativgesetzes hin:

- Eine Summe wird schrittweise (zum Beispiel mit Blick auf die dekadische Struktur) berechnet, indem der 2. Summand in 2 Teile zerlegt wird und zuerst der 1. Summand mit dem 1. Teilsummanden addiert wird, bevor der 2. Teilsummand hinzuaddiert wird: 8 + 6 = 8 + (2 + 4) = (8 + 2) + 4 = 10 + 4 = 14.
- Eine Summe erhöht sich um einen bestimmten Wert, wenn ein Summand um diesen Wert erhöht wird: 6 + 6 wird um 2 erhöht: (2 + 6) + 6 = 2 + (6 + 6) = 2 + 12 = 14; ebenso kann auch 8 + 6 um 2 erhöht werden: (8 + 6) + 2 = 8 + (6 + 2) = 8 + 8 = 16; 16 ist 2 größer als 8 + 6.
- Die Summe bleibt gleich, wenn die 2 Summanden gegensinnig verändert werden: 8 + 6 = (8 – 1) + (1 + 6) = 7 + 7 bzw. (7 + 1) + 6 = 7 + (1 + 6) = 7 + 7.

Das Verständnis der Teil-Ganzes-Zerlegung ermöglicht, die Beziehung zwischen dem Ganzen und seinen Teilen *numerisch* zu fassen. Die Anzahl der Elemente einer Menge wird mit den Anzahlen von Teilmengen verknüpft. Die Kinder sind nun in der Lage eine Menge von beispielsweise 8 Plättchen in Teilmengen von 3 und 5 Plättchen zu zerlegen und diese Teilmengen in ihrer Anzahl zu bestimmen. Ebenfalls ist es möglich, von einer vorgegebenen Menge eine Teilmenge wegzunehmen oder 2 oder mehr Teilmengen zu einer Gesamtmenge zusammenzufügen. Kinder können also Zahlen aus anderen Zahlen zusammensetzen und

4.1 Bausteine: Teil-Ganzes-Zerlegung erfahren

in andere Zahlen zerlegen. Hierzu betont Moser Opitz (2009b, S. 261), dass „diese Einsicht Voraussetzung ist, um später Fehler wie 4 – 6 = 2 zu vermeiden". Somit muss den Kindern deutlich werden, dass die gleiche Ausgangsmenge in unterschiedliche Teilmengen zerlegt werden kann, sich aber an der Gesamtanzahl nichts ändert (vgl. Abbildung).

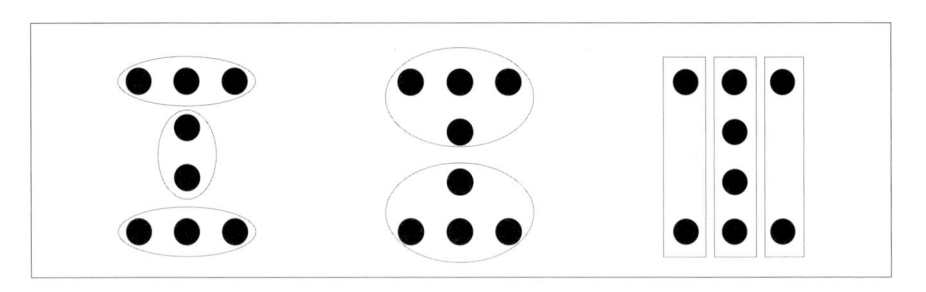

Unterschiedliche Zerlegungen einer Menge

Die häufig vorgenommene Zerlegung in 2 Teilmengen ist ein Sonderfall, der nicht allein die dominierende Zerlegungsweise sein sollte. Mengen können in unterschiedlich viele Teile zerlegt werden. So kann eine Menge von 16 nicht allein in 8 + 8 oder 10 + 6, sondern ebenso in 10 + 5 + 1 oder 2 + 2 + 2 + 2 + 2 + 2 + 2 + 2 zerlegt werden. Gerade im Hinblick auf die Multiplikation und Division ist die Zerlegung einer Zahl in eine Anzahl gleichmächtiger Teilmengen relevant. Für das flexible Rechnen und den Aufbau von operativen Zahlbeziehungen sind die Zerlegungen der Zahlen bis 20 zentral. Diese können als Stützpunktwissen das Rechnen mit größeren Zahlen erleichtern, indem die größeren Zahlen in Relation zu den kleineren gedeutet werden (15 + 26 wird zum Beispiel zerlegt in 10 + 20 und 5 + 5 + 1). „Um beim Rechnen mit größeren Zahlen nicht auf das Weiterzählen beschränkt zu bleiben, müssen die Kinder andere einfache Rechnungen lernen, um diese im Weiteren als Stützpunkte nutzen zu können" (Wittmann 2011b, S. 54).

Die Beziehungen, die durch den Zusammenhang der Teile mit dem Ganzen beschrieben werden, sind statischer Natur (vgl. Schmidt 2003). Einer Menge wird – obwohl Additions- und Subtraktionsaufgaben notiert werden – nichts hinzugefügt oder weggenommen. Stattdessen wird die vorhandene Menge zerlegt und die dabei entstehenden Teile werden betrachtet. Ein bekanntes Beispiel, das diese statische Beziehung veranschaulicht, sind die Zahlenhäuser (vgl. Wittmann/Müller 2012a). In den Häusern finden sich Zerlegungsaufgaben; zum Beispiel wird die Gesamtmenge 5 in 2 Teilmengen zerlegt (denkbar sind auch 3er- oder 4er-Zerlegungen). Um den Gedanken des Zerlegens einer Menge zu betonen, kann es – wie bei den Zahlenhäusern üblich – hilfreich sein, die Zerlegungsaufgaben ohne Ergebnis aufzuschreiben.

Gleichwohl kann die Beziehung zwischen den Zerlegungsaufgaben in einem Zahlenhaus auch dahingehend dynamisch interpretiert werden, dass einem Summanden eine Anzahl weggenommen und dem anderen Summanden diese wieder hinzugefügt wird. Ist eine Zerlegung zu einer Menge gefunden, ist es möglich, diese operativ zu verändern und auf diese Weise andere Zerlegungen zu erhalten. Wirksam ist hier das Gesetz von der Konstanz der Summe, welches besagt, dass eine Summe (hier die Ausgangsmenge – das Ganze) genau dann kontant bleibt, wenn die Summanden (hier die Teile) gegensinnig verändert werden. Mathematisch gesprochen: a + b = (a − x) + (b + x). Somit können über die systematische Variation der Summanden in 1er-Schritten alle möglichen Zerlegungen in 2 Teilmengen gewonnen werden. Zum Beispiel werden zur Zahl 7 ausgehend von der Zerlegung 7 + 0 alle weitere Zerlegungen gewonnen, indem die Summanden fortlaufend gegensinnig um 1 verändert werden (6 + 1, 5 + 2 usw.), bis der kommutative Term 0 + 7 erreicht wird.

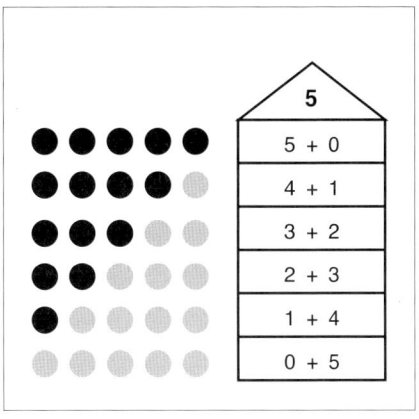

Zahlzerlegung im Zahlenhaus

Auch wenn die Entwicklung des Teil-Ganzes-Verständnisses bereits im Kindergartenalter beginnt, ist die Ausbildung in der Regel nicht bei Schulbeginn abgeschlossen ist, sondern erweitert und festigt sich bei allen Kindern gerade bei der systematischen Begegnung mit Zahlen im 1. Schuljahr (vgl. Kapitel 3). Wichtig ist deshalb, dass das Verständnis im regulären Mathematikunterricht zum Beispiel bei der Behandlung von Zahlenhäusern, Schüttelboxen oder dem Deuten von Mengen in Darstellungen vertieft wird, sodass zunehmend Aufgaben auf der Basis dieses Verständnisses gelöst werden können.

Bei der Thematisierung von Addition und Subtraktion ermöglicht die Einsicht in die Beziehung zwischen dem Ganzen und seinen Teilen, dass sich die Kinder diese Operationen als Handlungen an Mengen vorstellen. Dann erlaubt zum Beispiel die Einsicht, dass die Zahl 16 in die Teile 9 und 7 zerlegt werden kann, die operative Durchdringung der drei Mengen 16, 9 und 7: So kann etwa die Additionsaufgabe 9 + 7 = 16 oder die kommutative Aufgabe 7 + 9 = 16 berechnet werden. Ebenso ist es möglich, den fehlenden Teil zu bestimmen, wenn die Gesamtmenge 16 und die Teilmenge 9 bekannt ist. Hier muss entweder der fehlende Teil zu einer gegebenen Teilmenge ergänzt werden oder von einer Gesamtmenge ein Teil abgetrennt werden, um den zweiten Teil zu bestimmen. Formalisiert können allein mit dem Teil-Ganzes-Verständnis folgende Aufgabentypen gelöst werden (vgl. Langhorst/Ehlert/Fritz 2011):

4.1 Bausteine: Teil-Ganzes-Zerlegung erfahren

a + b = ☐   a + ☐ = c   ☐ + b = c
c − a = ☐   c − ☐ = a   ☐ − a = b

Mit dem Teil-Ganzes-Verständnis zu lösenden Aufgabentypen

Der Aufbau eines Teil-Ganzes-Verständnis ist eng verzahnt mit der Vorstellung von Zahlen als Mengen. Allein eine kardinale Vorstellung einer Zahl ermöglicht ihre Zerlegbarkeit. Kardinale Zahldarstellungen können auf unterschiedliche Art und Weise erfolgen. Die Mengen können unstrukturiert oder strukturiert vorgelegt werden. Bei der strukturierten Mengendarstellung kann zwischen linearen (zum Beispiel Punktreihe, Rechenkette) und feldartigen Mustern (zum Beispiel Zwanzigerpunktefeld, Rechenrahmen) unterschieden werden. Zudem können Mengen in Form von figuralen Mustern oder Würfelbildern angeordnet werden.

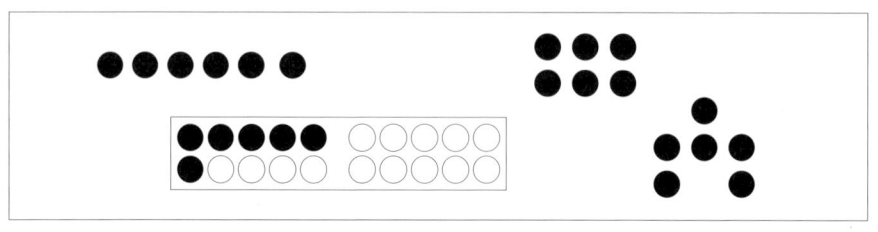

Unterschiedliche Darstellungsmöglichkeiten der Menge 6

Dabei kann in der Regel davon ausgegangen werden, dass die Kinder eine Menge mit bis zu 4 Objekten simultan erfassen können. Allerdings nimmt Scherer (2009) an, dass die simultan erfassbare Anzahl bei Kindern mit (mathematischen) Lernschwächen womöglich geringer ist. Um größere Mengen zu erfassen, müssen diese strukturiert werden. Eine Ausnahme sind Würfelbilder, die den Kindern häufig als „Bild" bekannt sind und sofort mit der entsprechenden Zahl assoziiert werden (ohne dass zugleich die Anzahl der Punkte in Relation zum genannten Zahlwort gesehen wird).

Bei allen anderen Darstellungen größerer Mengen werden diese mental strukturiert; das heißt, die Kinder zerlegen die vorgegebene Menge selbst in Teile, deren Anzahl dann bestimmt wird. Beim schnellen Erkennen von Anordnungen wird daher von einer quasi-simultanen Anzahlerfassung gesprochen.

Die Anordnung von Punkten in 10er-Reihen legt eine dekadische Struktur nahe, das bedeutet jedoch nicht, dass genau diese von den Kindern gesehen wird. Die Deutungen von Kindern können sich stark von den didaktisch intendierten Vorstellungen der Erwachsenen unterscheiden wie auch von den Vorstellungen anderer Kinder. So deuten Kinder auch die Anschauungsmittel, die ihnen aus dem Unterricht vertraut sind, nicht immer wie im Unterricht von der Lehrkraft angedacht, sondern anders als erwartet (vgl. Söbbeke/Steinbring 2007). Lehrkräfte müssen sich deshalb immer wieder vor Augen führen, dass die durch die Anordnung einer Menge intendierte Struktur nicht automatisch zum Erkennen dieser Struktur bei den Kindern führt und dass die Darstellungen mathematischer Beziehungen stets mehrdeutig sind (vgl. Kapitel 4.1.3).

4.1.2 Bausteine Teil-Ganzes-Zerlegung erfahren

BAUSTEIN 1   IMMER 7

Darum geht es

Bei diesem Aufgabenformat werden die Kinder in einer Partnerarbeit aufgefordert, zu einer Menge unterschiedliche Zerlegungen zu finden (vgl. Wittmann/Müller 2012a, S. 18; siehe Abbildung S. 58). Dabei geht es darum zu erkennen, dass eine Menge auf unterschiedliche Art und Weise zerlegt werden kann, wobei die Ausgangsmenge gleich bleibt. Durch drei identische Mengenbilder werden die Kinder herausgefordert, auch unkonventionellere Zerlegungen zu finden. Der Schwerpunkt liegt nicht auf dem schnellen Sehen von Zerlegungen, sondern auf der Deutung „ganzer" Mengen in unterschiedliche und unterschiedlich viele Teile. Bewusst ist der Zahlenraum so gehalten, dass die Mengen nicht mehr simultan erfasst werden können, aber im Zahlenraum bis 10 verbleiben. Allerdings können die Teilmengen in der Regel simultan gedeutet werden. Denn es wird angestrebt, dass diese Mengen auch von zählend rechnenden Kindern nicht abgezählt werden müssen.

Zudem geht es darum zu erkennen, dass ein und dieselbe Zerlegung auf verschiedene Weise dargestellt werden kann. Dies kann angeregt werden, indem in der Partnerarbeit ein Kind die Zerlegungsaufgabe nennt, die das andere Kind einkreisen soll. Kreist das Partnerkind nicht genau die Punkte ein, die das Zerlegungskind im Kopf hatte, kann es zu einer (fruchtbaren) Diskussion über unterschiedliche Darstellungsmöglichkeiten der gleichen Zerlegungsaufgaben kommen. Diese kann darin enden, dass beide Darstellungsmöglichkeiten eingekreist werden oder die Kinder sich für eine entscheiden. Zentral ist bei einer derartigen Auseinandersetzung gerade für die schwächeren Kinder die Erkenntnis, dass es nicht nur die eine festgelegte Darstellungs- und Deutungsmöglichkeit von Zahldarstellungen gibt und dass sie selbst angeregt werden, über die Zerlegungen und die Teil-Ganzes-Beziehungen zu reflektieren. Bei der Deutung und Darstellung von Zahlen im 20er-Feld kann diese Erkenntnis vertieft werden (vgl. Häsel-Weide/Nührenbörger 2010).

Die mathematische Komplexität ist durch den gewählten Zahlenraum im Baustein 1 bewusst geringgehalten, um zum einen zählend rechnenden Kindern einen erfolgreichen Zugang zu gewährleisten, zum anderen sollen die Kinder – falls die kooperativen Methoden noch nicht bekannt sind – in diesem Baustein in das methodische Kooperationssetting „Wippe" eingeführt werden.

Unterrichtsleitfaden

Einstieg. Die Lehrkraft hängt einige Wendeplättchen als Muster (siehe zum Beispiel Abbildung S. 63) an die Tafel (Stummer Impuls). Wenn sich die Kinder nicht spontan äußern, fordert die Lehrkraft sie auf: „Was seht ihr?"

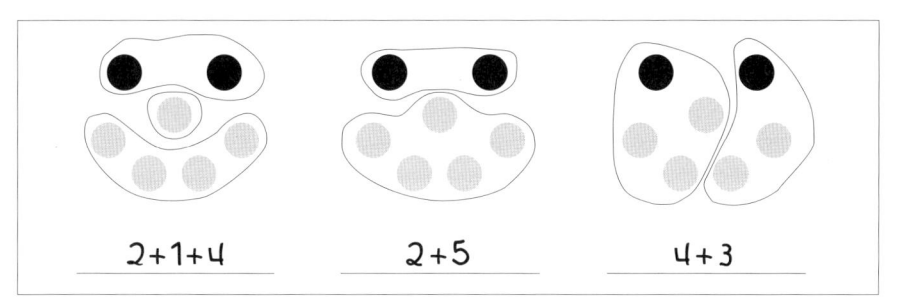

Material/Tafelbild zum Einstieg: Zerlegungen des Musters mit magnetischen Wendeplättchen in unterschiedliche Teilmengen

Die Kinder äußern sich (zum Beispiel „ein lachendes Gesicht", „Ich sehe 7", „2 blaue und 5 rote", „2 + 1 + 4"). Ein Kind wird zugleich aufgefordert, die Deutungen der Mitschülerinnen und -schüler einzukreisen.

Ein zweites und drittes (identisches) Plättchenmuster wird von der Lehrkraft aufgehängt. Wieder nennt ein Kind eine Deutung, ein anderes Kind kreist entsprechend ein.

Wenn die Kinder im Gespräch ausschließlich auf der figurativen Ebene die Bilder deuten (also „zwei Augen", „ein Gesicht"), gibt die Lehrkraft einen Hinweis: „Jetzt guckt mal, welche Plusaufgabe ihr in diesem Muster sehen könnt."

Möglicherweise kommt es bereits hier zu „Deutungskonflikten" zwischen den Kindern, wenn zum Beispiel das zeichnende Kind die Punkte nicht auf die Weise einkreist, wie sich es das äußernde Kind gedacht hat. Die Kinder werden so auf unterschiedliche Deutungen und mögliche Deutungsdifferenzen aufmerksam. Die Lehrkraft ermuntert in diesen Fällen die Kinder zu prüfen, ob die Einkreisung (ebenfalls) zur Beschreibung passt. Die interaktiven Deutungskonflikte sollen auch in der Arbeitsphase konstruktiv von den Kindern diskutiert werden. Diese sind gerade für den Weg zur Ablösung vom Zählen entscheidend, um das Zerlegen in Teile als Alternative zum Zerlegen in Einer zu erkennen und zu reflektieren. An dieser Stelle wird bereits die Methode „Wippe" der Arbeitsphase praktiziert.

Hinweis: Es sollte herausgestellt werden, dass es mehrere richtige Deutungen gibt.

Arbeitsphase. Die Kinder bekommen Streifen mit Punktdarstellungen. Die Lehrkraft weist mit Bezug auf die einführenden Aktivitäten an der Tafel darauf hin, dass Zerlegungen eingekreist werden sollen.

4.1 Bausteine: Teil-Ganzes-Zerlegung erfahren

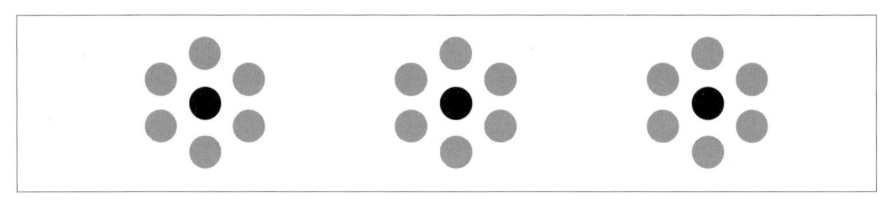

Streifen mit drei gleichen Mustern (AB 1.1/1.2: in Streifen schneiden)

In der Partnerarbeit beschreibt Kind 1 verbal seine Deutung bei allen 3 Zerlegungen des Musters: „Ich sehe 1 Punkt in der Mitte und 6 Punkte in einem Kreis darum herum." Kind 2 kreist daraufhin ein und notiert die Zerlegungsaufgabe.
Wechsel beim nächsten Muster.

Hinweis: Die Lehrkraft sollte während der gesamten Stunde darauf achten, dass die Kinder ihre Deutungen beschreiben und nicht zeigen.

Die Arbeit an den Streifen kann nach einer bestimmten Zeit abgebrochen werden, auch wenn nicht alle Paare alle Streifen bearbeitet haben.

Reflexion. Ein Punktmuster wird in 3-facher Ausführung an der Tafel angebracht. Zu einer Zerlegung werden drei unterschiedliche richtige Deutungen eingekreist, die bei den Paaren beobachtet wurden. Um die Kinder zum Begründen ihrer Lösung herauszufordern, fragt die Lehrkraft: „Welche Einkreisung stimmt nicht?" Kinderpaare werden gemeinsam oder nacheinander aufgefordert, ihre Deutung zu verbalisieren. Unterschiedliche Deutungen derselben Aufgabe werden sichtbar; eventuelle Konflikte aus der Partnerarbeit werden zudem aufgegriffen.

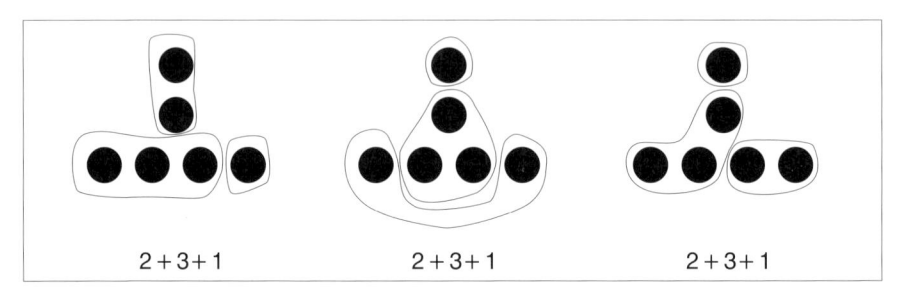

Tafelbild zur Reflexion: drei Lösungen zu einer Aufgabe

Weitere Förderideen
▸ Größere Mengen in strukturierter Anordnung (zum Beispiel im 20er-Feld) auf ähnliche Weise zerlegen.
▸ Zu vorgegebenen Zerlegungen unterschiedliche Mengenbilder zeichnen.

MENGEN ZUSAMMENSETZEN — BAUSTEIN 2

Darum geht es

Während im Baustein 1 das Ganze als Menge vorgegeben war und diese Menge zerlegt wurde, soll nun ein Ganzes aus Teilmengen entstehen. Dabei geht es nicht ausschließlich darum, vorgegebene Teilmengen additiv miteinander zu verknüpfen, sondern gemeinsam eine Ziel-Anzahl zu erreichen. Um zu vermeiden, dass die Kinder lediglich in 1er-Schritten abzählend einzelne Plättchen zu einer Gesamtmenge zusammenziehen, erhalten sie Mengenbilder (≥ 2), aus denen eine vorgegebene Anzahl zusammengesetzt werden soll (Nührenbörger/Pust 2011). Auf diese Weise machen die Kinder nicht nur die Erfahrung, dass eine Menge zerlegt werden kann, sondern auch dass eine Menge aus eben diesen Teilmengen zusammengesetzt werden kann. Das Teil-Ganzes-Verständnis wird somit aus zwei Richtungen angebahnt.

Die verwendeten Teilmengen sind Würfelbilder und lineare Anordnungen, die 4 nicht überschreiten. Somit wird gewährleistet, dass diese Anordnungen auch von zählend rechnenden Kindern bereits quasi-simultan erfasst werden können – denn in der Regel können die Kinder Mengen bis 4 simultan erkennen (vgl. Kapitel 4.1, Scherer 2009). Ob dies aber bei jedem einzelnen Kind tatsächlich der Fall ist, kann nur über einen diagnosegeleiteten Blick im Förderprozess erschlossen werden.

Während der Arbeitsphase, in der die Gesamtmenge zusammengesetzt wird, arbeiten die Kinder zu zweit im kooperativen Setting „Wippe"; das heißt, ein Kind gibt zunächst eine Teilmenge vor und das andere Kind muss diese Teilmenge zur vorgegebenen Ziel-Anzahl (oder einer weiteren Teilmenge) ergänzen. Die vorgegebenen Ziel-Anzahlen können jeweils durch eine Zerlegung in 2 Teile erreicht werden. Eine Zerlegung in mehrere Teile ist jedoch gleichermaßen möglich und korrekt. Je nachdem, welche „Ganzen" die Kinder in den freien Feldern selbst wählen, kann eine Zerlegung in mehrere Teile notwendig werden.

Die mathematisch herausfordernde Aufgabe stellt sich somit nicht beim Benennen der Ausgangsteilmenge, sondern vor allem für das Kind, das von der vorgegebenen Teilmenge auf die Gesamtmenge ergänzt (a + ☐ = c oder a + b + ☐ = c).

Die Ziel-Anzahlen auf dem Arbeitsblatt sind so gewählt, dass die Beziehungen zwischen ihnen beim Finden neuer Zerlegungen genutzt werden können.

Unterrichtsleitfaden

Einstieg. An der Tafel sind 2 freie Felder und darunter stehen die Ziel-Anzahlen 7 und 8. Daneben hängen ausgewählte Demo-Punktbilder als Würfelbilder und lineare Anordnungen. Ein Kinderpaar wird aufgefordert, die passende Ziel-Anzahl zu legen. Dabei legt das erste Kind zunächst nur ein Punktbild in das Feld und das zweite Kind ergänzt bis zur Ziel-Anzahl 7.

4.1 Bausteine: Teil-Ganzes-Zerlegung erfahren

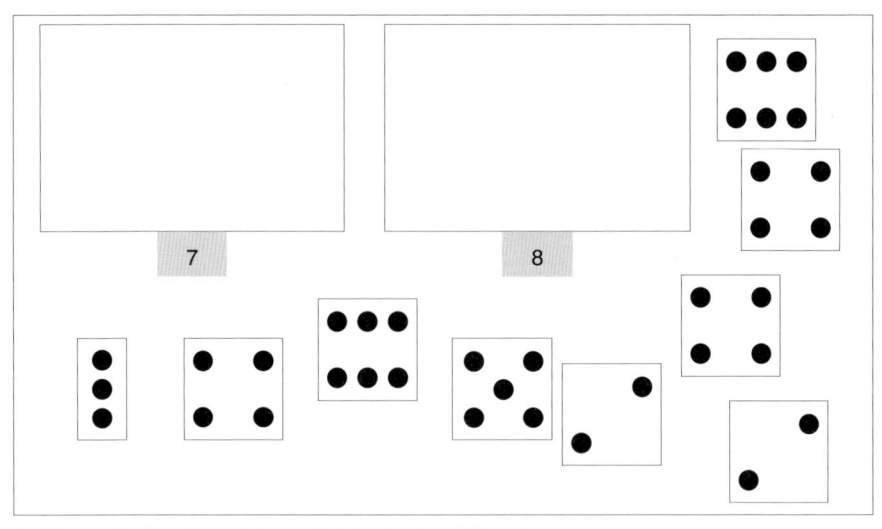

Tafelbild zum Einstieg (Mengenbilder groß, keine einzelnen Plättchen)

An dieser Stelle wird bereits die Methode „Wippe" der Arbeitsphase praktiziert.

Eventuell wird noch eine alternative Möglichkeit der Zerlegung von einem zweiten Paar dargestellt. Anschließend werden die Kinder aufgefordert, die Zerlegung zu nutzen, um die Ziel-Anzahl 8 zu erhalten. Da kein einzelnes Plättchen vorhanden ist, muss mindestens 1 Teilmenge ausgetauscht werden (zum Beispiel: aus 5 + 2 wird 6 + 2 oder 5 + 3).

Die Lehrkraft gibt den Arbeitsauftrag; zum Beispiel: „Ihr sollt als Paar mit den Punktbildern die Ziel-Anzahlen legen. Ein Kind beginnt und legt ein Punktbild. Dann ist das andere Kind dran und legt ein weiteres Punktbild. Ihr wechselt so lange, bis die Ziel-Anzahl erreicht ist."

Arbeitsphase. Die Kinder setzen aus den vorgegebenen Punktbildern die Ziel-Anzahlen zusammen.

Die Kinder erstellen ein Punktbild zu einer Ziel-Anzahl, indem sie so lange Punktbilder legen, bis die Gesamtanzahl erreicht ist. Kind 1 beginnt mit einer Anzahl, Kind 2 ergänzt das nächste Muster, bis die Ziel-Anzahl erreicht ist.

Nach der 1. Spalte wechseln die Kinder die Startperson.

Hinweis: Manche Kinder gehen davon aus, dass sie alle Punktbilder verbrauchen müssen und packen ihre „Reste" in die freien Felder. Es müssen aber nicht alle Punktbilder benutzt werden.

Baustein 2: Mengen zusammensetzen

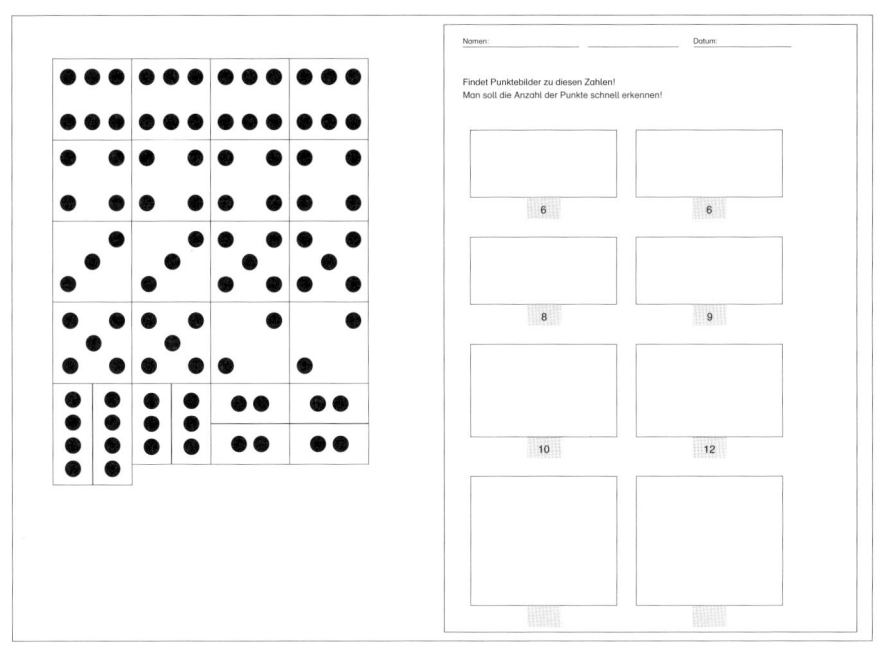

Material: Ausgeschnittene Punktbilder in einem Briefumschlag (AB 2.1), AB 2.2, Schere, Kleber

Die Lehrkraft sollte hier einen Impuls geben, damit die Kinder sich die Beziehungen der Zahlen in den Spalten beziehungsweise zwischen den Spalten ansehen und versuchen, dieses Muster fortzuführen. Es können jedoch auch andere Zahlen gewählt werden.

Die Lehrkraft erteilt einzelnen Kindern den Auftrag, ihre Darstellung von der Ziel-Anzahl 9 an der Tafel in einem Kasten mit Wendeplättchen anzubringen. Die Lehrkraft ergänzt eventuell durch eigene (ungewöhnliche) Darstellungen (siehe die Abbildung S. 68) und deckt mit DIN-A4-Blättern jeweils die 2. (und 3.) Teilmenge ab.

Reflexion. Verschiedene Punktdarstellungen zur Ziel-Anzahl 9 hängen an der Tafel (einfarbig; zum Beispiel 9 rote magnetische Wendeplättchen); dabei sind Teilmengen der Zahl abgedeckt (zum Beispiel mit DIN-A4-Blättern). Die Lehrkraft fragt nach der Anzahl der verdeckten Plättchen (zum Beispiel nach einer eindeutigen Zerlegung: $9 = \square + 3$ oder nach mehreren Möglichkeiten der Teilzerlegung $9 = \square + \square + 3$).

4.1 Bausteine: Teil-Ganzes-Zerlegung erfahren

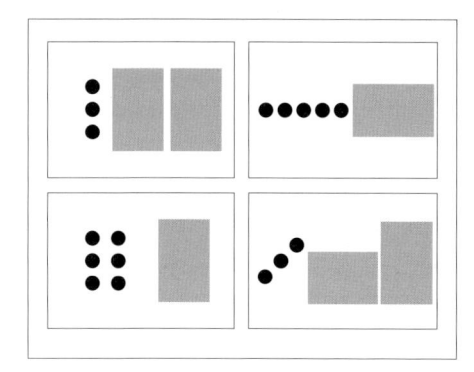

Tafelbild zur Reflexion: Darstellung
mit Wendeplättchen (teilweise verdeckt)

Die Kinder stellen Vermutungen über die weitere Zerlegungen an. Mehrere Möglichkeiten werden gesammelt und dann überprüft. Die Lehrkraft erfragt gegebenenfalls weitere Alternativen. Die Kinder begründen (bei 2 Teilmengen gibt es nur 1 Möglichkeit, bei 3 Teilmengen mehrere Möglichkeiten).

Weitere Förderideen
- Aufgaben aus der Reflexion weiterführen, das heißt Ziel-Anzahl geben und eine Teilmenge vorgeben: Mögliche Ergänzungen (in 1 oder 2 Schritten) finden lassen.
- Übertragung auf die strukturierte Darstellung im 20er-Feld, Teilmengen darstellen und die weitere Teilmenge ergänzen (zunächst im Zahlenraum bis 10, dann unter Ausnutzung der Kraft der Fünf bis 20).

ZERLEGEN BAUSTEIN 3

Darum geht es
Das Zerlegen von Anzahlen in 2 oder mehr Teile ist die Grundlage, um Additionsaufgaben nichtzählend zu lösen. Mit Ausnahme von Additionsaufgaben mit 1-stelligen Summanden und einer Summe kleiner 10 (zum Beispiel 2 + 4 = 6), werden bei der Addition die zu verknüpfenden Objekte (ein oder beide Summanden) zerlegt (zum Beispiel 6 + 7 = 6 + 6 + 1 oder 6 + 7 = 6 + 4 + 3 oder 6 + 7 = 3 + 3 + 7 oder 36 + 7 = 30 + 6 + 7 oder 36 + 7 = 30 + 6 + 4 + 3 usw.). Um Aufgaben mit 10er-Übergang mit der Strategie „bis zum 10er und dann weiter" – also als einer Form der Strategie „Schrittweise" (vgl. Wittmann 1992) – lösen zu können, ist die Zerlegung des Summanden in 2 Teile notwendig. Aus diesem Grund sollten die Zerlegungen der Zahlen bis 10 in 2 Teile als Stützpunktswissen automatisiert werden. Das erstellte Material entspricht den Aufgaben „Zerlegen" aus der Blitzrechenkartei (Wittmann/Müller 2006; vgl. auch Wittmann/Müller 2012a, S. 36). Dieses wurde um einige Karten ergänzt, sodass für die Zahlen 4 bis 9 jeweils mit Ausnahme zweier Zerlegungen alle Zerlegungen vorliegen. Beim Finden aller Zerlegungen zu einer Zahl müssen genau diese beiden fehlenden Aufgaben von den Kindern ergänzt werden. Um alle Zerlegungen zu einer Zahl zu finden, ist es hilfreich, die Zerlegungen zu ordnen. Dabei werden die operativen Beziehungen des gegensinnigen Veränderns (7 + 2 = 6 + 3) zwischen einzelnen Aufgaben deutlich. Das gemeinsame Ordnen als Paar führt dazu, dass die Kinder sich über ihre Kriterien verständigen und ein gemeinsames Vorgehen aushandeln müssen. Sie formulieren und diskutieren also die Kriterien, nach denen sortiert werden soll, und machen sie sich diese so selbst bewusster.

Die Kinder können sich entweder auf den kleinen Zahlenraum beschränken oder Zerlegungen im größeren Zahlenraum wählen. Letzteres bietet sich vor allem für Kinder an, die bereits die Zahlzerlegungen bis 10 automatisiert haben. Daher werden hier parallele Aufgabenkarten angeboten (vgl. Abbildung).

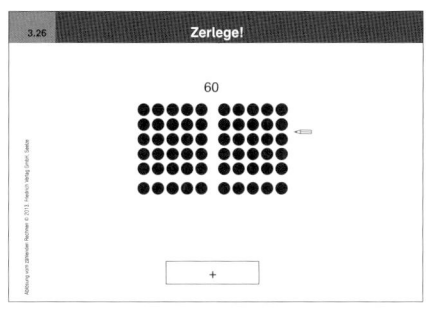

Zerlegungskarte mit 10er-Zerlegung

Die Karteikarten dieses Bausteins beruhen auf den Zerlege-Übungen aus Wittmann/Müller: *Das Zahlenbuch. Blitzrechnen 1.* Stuttgart 2011, © Ernst Klett Verlag GmbH.

4.1 Bausteine: Teil-Ganzes-Zerlegung erfahren

Unterrichtsleitfaden

Einstieg. An der Tafel wird eine Reihe von 8 Wendeplättchen in der gleichen Farbe angehängt. Die Kinder ermitteln die Anzahl der Plättchen. Die Lehrkraft hält einen Stift zwischen zwei beliebige Plättchen. Die Anzahl vor dem Stift und die Anzahl danach werden von den Kindern genannt. Die Zerlegungsaufgabe (zum Beispiel 2 + 6) wird neben der Punktreihe notiert. Die Lehrkraft verändert nun die Zerlegungsaufgabe, indem sie mit dem Stift mal 1, mal 2 Plättchen weitergeht. Die Zerlegungsaufgaben werden untereinander an der Tafel notiert.

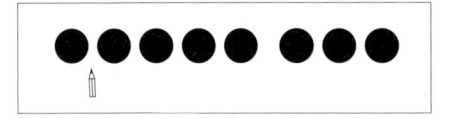

Material/Tafelbild zum Einstieg:
Punktreihe aus magnetischen Wendeplättchen mit 5er-Gliederung, Stift

Die Aufgabenstellung kann mit einer zweiten Zahl ein weiteres Mal durchgeführt werden. Bei der Ermittlung der Zerlegungsaufgabe kann die Lehrkraft gezielt Fragen zum flexiblen Rechnen stellen („Wie hast du das schnell gesehen? – Was hat sich verändert? – Was passiert, wenn ich den Stift jetzt gleich um ein Plättchen nach rechts verschiebe?").

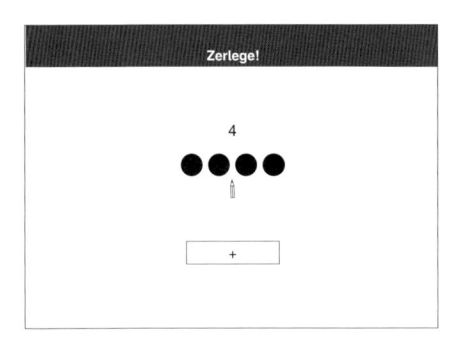

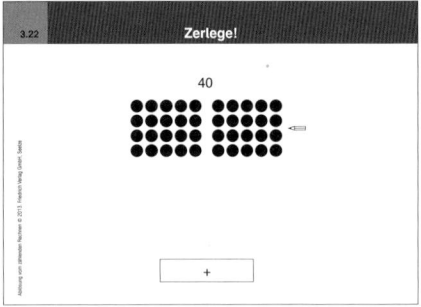

Zerlegungskarten für jedes Paar (Zahlenraum bis 10 oder bis 100)

Eventuell führt die Lehrkraft die Zerlegung analog mit einer Aufgabe im 100er-Raum durch.

Arbeitsphase. Die Kinder fragen sich gegenseitig mit den Blitzrechenkarten ab. Hierzu wählen sie zwischen den Karten zur Einer- oder Zehner-Zerlegung.

Arbeitsblätter zum Notieren von Zerlegungen (AB 3.43 für Paare mit gleichem Material, AB 3.44 für Paare mit unterschiedlichem Material); Austeilen erst nach dem Sortieren

Eventuell macht es Sinn für die Kinder, nach einigen Minuten zu wechseln.

Je nach individuellem Leistungsstand nehmen sich die Paare das Material im Zahlenraum bis 10 oder bis 100 vor. Es ist auch möglich, dass die Kinder eines Paares Aufgaben aus einem anderen Zahlenraum wählen. In diesem Fall sind sie in der Phase des Sortierens herausgefordert, dekadische Analogien zwischen Zehnern und Einern (zum Beispiel zwischen den Zerlegungen 4 = 2 + 2 und 40 = 20 + 20) zu sehen.

In einem zweiten Schritt sortieren die Kinder die Karten. Dazu können alle Karten zu einer Zahl zusammengelegt oder nach dem Anfangssummanden geordnet werden. Erstere können wieder nach operativen Veränderungen sortiert werden (alle Karten zu 10 in der Reihenfolge: 2 + 8, 3 + 7, 4 + 6, 5 + 5, 6 + 4 usw.). Die Kinder werden aufgefordert, alle Zerlegungen zu einer Zahl zu notieren.

Hinweis: Bei jeder Zerlegung „fehlen" zwei Aufgaben. – Eine Ordnung ist nicht nur auf- oder absteigend vom 1. Summanden möglich, sondern auch päckchenweise 3 + 4, 4 + 3; 1 + 6, 6 + 1.

Alle Ordnungen sollten von der Lehrkraft gewürdigt werden. In der Reflexion wird jedoch die auf- oder absteigende Strategie behandelt, da diese auf die nächste Einheit vorbereitet.

4.1 Bausteine: Teil-Ganzes-Zerlegung erfahren

●●●●● ●●●●

Material/Tafelbild zur Reflexion: Punktreihe aus 9 magnetischen Wendeplättchen mit 5er-Struktur

Reflexion. Alle Kinderpaare, die die 9 als Zahl gewählt haben, bringen ihr Arbeitsblatt mit in den Stuhlhalbkreis. Die Schülerinnen und Schüler nennen zur Zahl 9 alle gefundenen Zerlegungen. Dabei sollte jeweils ein Partnerkind die Aufgaben nennen, das andere diese an der Punktreihe zeigen. Die Aufgaben werden auf Streifen (zum Beispiel halbe DIN-A4-Blätter) geschrieben und an die Tafel gehängt. Die Lehrkraft fragt nach der Vollständigkeit der gefundenen Zerlegungen: „Wie können wir sicher sein, dass wir alle Zerlegungen gefunden haben?" Die Streifen werden geordnet und die Kinder begründen, wie alle Zerlegungen gefunden werden können bzw. warum alle gefunden worden sind.

Weitere Förderideen
- Die Karten zum Blitzrechnen in weiteren Unterrichtsphasen verwenden.
- Anregungen der mentalen Vorstellung für einzelne Kinder: Stell dir vor, du schiebst den Stift einen Punkt weiter. Wie heißt die Aufgabe?

ZAHLENHÄUSER BAUSTEIN 4

Darum geht es
Das bekannte Aufgabenformat Zahlenhäuser (Wittmann/Müller 2012a) greift die Zerlegung von Anzahlen in 2 Summanden auf. Die Zerlegung im Zahlenhaus erfolgt (hier) auf rein symbolische Weise. Allerdings ist aufgrund des gewählten Zahlenraums und der vorhergehenden Fördersequenzen davon auszugehen, dass auch zählend rechnende Kinder in der Lage sind, die Zerlegungen zu finden. Unterstützt wird dieses Finden der Zerlegungen durch eine vorgegebene Anordnung der Aufgaben im Haus – die Aufgaben werden wie in einem Aufzug auf- beziehungsweise absteigend geordnet (vgl. Nührenbörger/Pust 2011). Diese besondere Anordnung wird im Einstieg besprochen und durch einen Pfeil hervorgehoben. Operative Beziehungen zwischen den Termen können beim Finden der Zerlegungen genutzt werden. Gerade dieses Nutzen von Beziehungen zwischen den Aufgaben ist von entscheidender Bedeutung für die Ablösung vom zählenden Rechnen: Neue Zerlegungsaufgaben werden aus anderen abgeleitet. Dies ist eine Kompetenz, die auch beim flexiblen Rechnen von den Kindern gefordert ist.

In diesem Baustein erhalten die Kinder zum ersten Mal parallele Arbeitsmaterialien, das heißt, die kooperierenden Kinder berechnen nicht dieselben Zahlenhäuser, sondern strukturell ähnliche. Jedes Kind bearbeitet im Modell „Weggabelung" zunächst sein eigenes Haus, bevor dann die Häuser miteinander verglichen werden. So erkunden sie an unterschiedlichen Aufgabenstellungen ähnliche mathematische Zusammenhänge, die sie in der Phase des gemeinsamen Austausches konstruktiv diskutieren können. Gerade die leistungsschwächeren Kinder können dadurch eigene Erkundungen kommunizieren, die womöglich nicht bereits ein leistungsstärkeres Partnerkind vorab formuliert hat. Beim Vergleich der Häuser steht die Kommutativität als zentrale mathematische Beziehung zwischen Zerlegungsaufgaben im Mittelpunkt. Diese sollte von allen Kindern erkannt werden. Dies ist beispielsweise auch möglich, wenn eines der Kinder eine Version mit 10er-Zahlen im 100er-Raum bearbeitet (Nührenbörger/Pust 2011).

Der Verlauf der Unterrichtseinheit setzt die Kenntnis des Aufgabenformats „Zahlenhäuser" voraus, da sich sonst vor allem die leistungsschwächeren Kinder nicht in der geforderten Weise auf die Beziehungen zwischen den Zerlegungsaufgaben einlassen können. Kennen die Kinder das Aufgabenformat noch nicht, empfiehlt es sich für die Lehrkraft, eine Stunde zur Einführung vorzuschalten (siehe hierzu die Hinweise in Nührenbörger/Pust 2011, S. 84 ff.; Wittmann/Müller 2006, S. 84).

Unterrichtsleitfaden
Einstieg. Ein großes Zahlenhaus ist außen an die Tafel gemalt. Daneben hängen einzelne Zerlegungsaufgaben. Die Kinder ordnen die passenden Aufgaben in die

4.1 Bausteine: Teil-Ganzes-Zerlegung erfahren

Stockwerke ein und finden fehlende Zerlegungen. Falls die Kinder keine Ordnung vorschlagen, gibt die Lehrkraft einen entsprechenden Impuls („Wie kann man so ordnen, dass man sieht, dass man alle Aufgaben gefunden hat?").

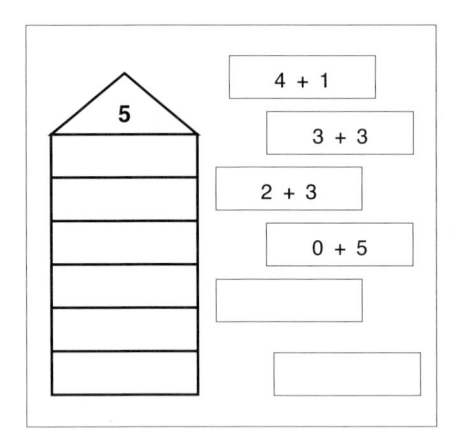

```
       5
      /_\
   ┌───────┐
   │ 4 + 1 │
   └───────┘
   ┌───────┐
   │ 3 + 3 │
   └───────┘
   ┌───────┐
   │ 2 + 3 │
   └───────┘
   ┌───────┐
   │ 0 + 5 │
   └───────┘
   ┌───────┐
   │       │
   └───────┘
   ┌───────┐
   │       │
   └───────┘
```

Material/Tafelbild zum Einstieg: Haus als Kopiervorlage beim Material

Hier sind zwei Strategien möglich: Tauschaufgaben können untereinander paarweise angeordnet werden, oder aber die Aufgaben werden auf- beziehungsweise absteigend sortiert (die Summanden verändern sich entsprechend gegensinnig). Da die Ordnung nach Tauschaufgaben im weiteren Verlauf nicht weitergeführt wird, würdigt die Lehrkraft diese Strategie an dieser Stelle und regt die Kinder an, alternative Sortierungen zu bedenken.

Die Lehrkraft führt den Begriff „Aufzug" als Ordnungskriterium ein und kennzeichnet diesen mit dem Pfeil neben dem Zahlenhaus.

Eventuell wird ein zweites Zahlenhaus zur 50 besprochen, um die Zerlegung in 10er (50 + 0; 40 + 10 …) für das differenzierte Angebot in der Arbeitsphase deutlich zu machen.

Arbeitsphase. Die Kinder eines Paares bekommen parallelisierte Aufgaben: Sie bearbeiten die Zahlenhäuser zu 6 und 7 beziehungsweise zu 60 und 70.

Die Paare treffen sich mit den Zahlenhäusern 7 beziehungsweise 70 und vergleichen ihre Zahlenhäuser. Die Paare markieren zusammengehörige Aufgaben und notieren Auffälligkeiten.

Die Paare können je nach individuellen Fähigkeiten die Zerlegung im Zahlenraum bis 10 oder bis 100 bearbeiten. Möglich sind auch Bearbeitungen, bei denen ein Kind die Zahlenhäuser zu 6 beziehungsweise 7 und eines zu 60 beziehungsweise 70 erhält.

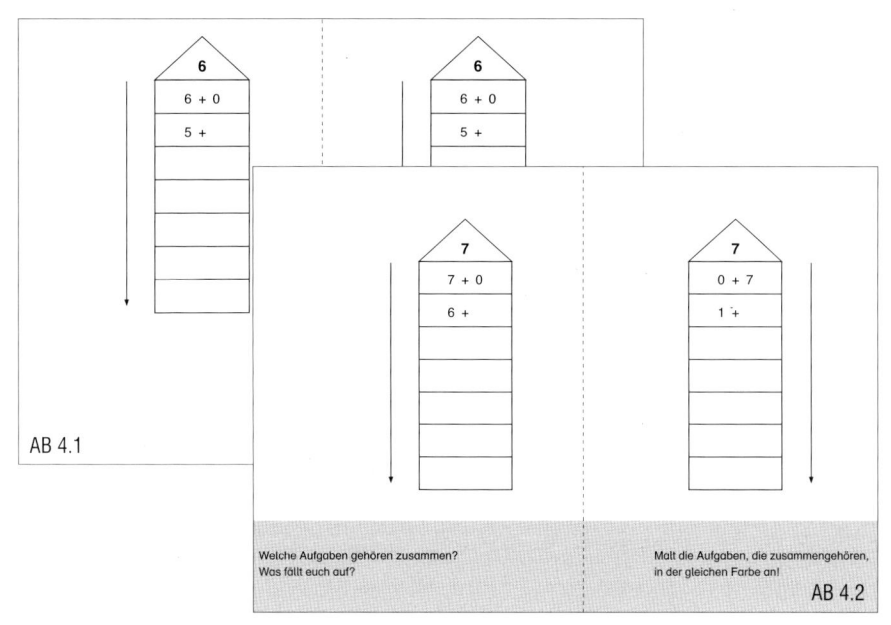

Baustein 4: Zahlenhäuser

AB 4.1

AB 4.2

Zahlenhaus 6: 6+0, 5+, ...
Zahlenhaus 6: 6+0, 5+, ...
Zahlenhaus 7: 7+0, 6+, ...
Zahlenhaus 7: 0+7, 1+, ...

Welche Aufgaben gehören zusammen? Was fällt euch auf?
Malt die Aufgaben, die zusammengehören, in der gleichen Farbe an!

Die Arbeitsblätter werden in der Mitte zerschnitten, jedes Kind bekommt je ein Zahlenhaus

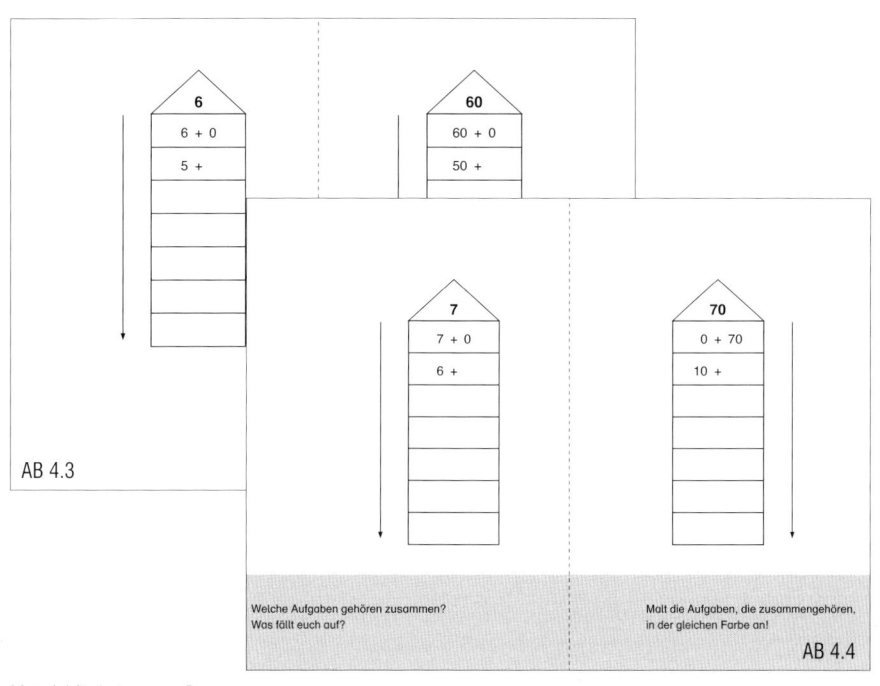

AB 4.3

AB 4.4

Zahlenhaus 6: 6+0, 5+, ...
Zahlenhaus 60: 60+0, 50+, ...
Zahlenhaus 7: 7+0, 6+, ...
Zahlenhaus 70: 0+70, 10+, ...

Welche Aufgaben gehören zusammen? Was fällt euch auf?
Malt die Aufgaben, die zusammengehören, in der gleichen Farbe an!

Material für heterogene Paare

4.1 Bausteine: Teil-Ganzes-Zerlegung erfahren

Hinweis: Nebeneinander stehen in den Zahlenhäuser zur 7 beziehungsweise 70 nicht die gleichen Aufgaben, sondern die Tauschaufgaben. Durch das Markieren der zusammengehörigen Aufgaben können Kinder das Auf- oder Absteigen der Zerlegungen bemerken oder die Tauschaufgaben als zusammengehörig interpretieren und gleich markieren. Beides ist richtig und kann als Auffälligkeit notiert werden.

Schnelle Paare erfinden eigene Zahlenhauspaare oder erhalten das Zusatzmaterial.

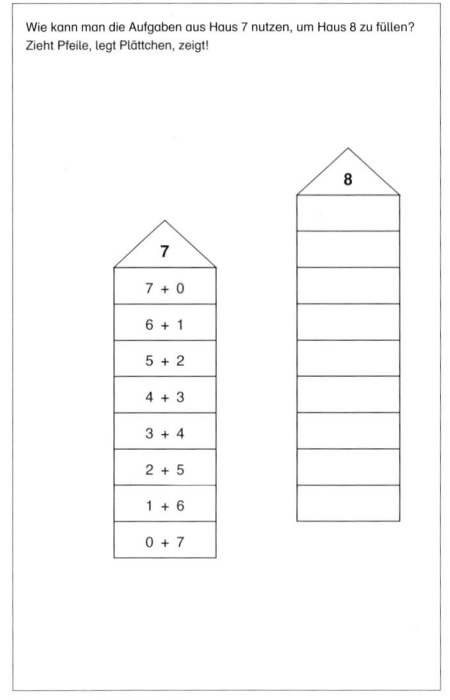

Wie kann man die Aufgaben aus Haus 7 nutzen, um Haus 8 zu füllen? Zieht Pfeile, legt Plättchen, zeigt!

Haus 7:
- 7 + 0
- 6 + 1
- 5 + 2
- 4 + 3
- 3 + 4
- 2 + 5
- 1 + 6
- 0 + 7

Haus 8: (leer)

Zusatzmaterial (AB 4.5)

Reflexion. Das Zahlenhauspaar wie im AB 4.2 hängt im Zentrum der Innenseite in der Tafel. Einzelne Kinderpaare bringen ihre Bearbeitungen mit und nennen die fehlenden Summanden beziehungsweise weitere Zerlegungen.

Je ein Partner nennt Aufgaben, die zusammengehören, der andere markiert sie farbig. Die Kinder tragen gefundene Auffälligkeiten zusammen. Das Partnerkind zeigt, erläutert oder ergänzt jeweils die genannten Auffälligkeiten.

Baustein 4: Zahlenhäuser

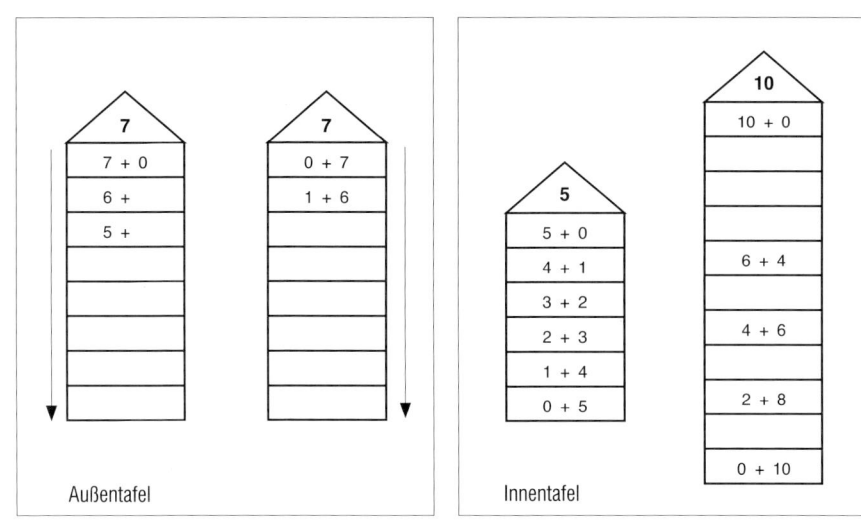

```
  /\              /\                       /10\
 / 7\            / 7\                      |10+0|
 |7+0|           |0+7|         /\          |----|
 |6+ |           |1+6|        / 5\         |6+4 |
 |5+ |           |---|        |5+0|        |----|
 |---|           |   |        |4+1|        |4+6 |
 |   |           |   |        |3+2|        |----|
 |   |           |   |        |2+3|        |2+8 |
 ▼                ▼           |1+4|        |----|
                              |0+5|        |0+10|
   Außentafel                  Innentafel
```

Tafelbild zur Reflexion (innere Tafel: Zahlenhäuser zu 7; äußere Tafel Häuser zu 5 und 10 für weitere Reflexionen)

Die Tafel wird zugeklappt: Das Zahlenhaus zur 5 steht noch an der Tafel. Daneben wird ein leeres Haus mit der Dachzahl 10 gemalt, in das bereits Aufgaben eingetragen sind: „Welche Aufgaben gehören noch in das Haus? Wie können diese aus den bestehenden Aufgaben abgeleitet werden?"

Zusätzlicher Reflexionspunkt: Was fällt auf, wenn man das 5er- und das 10er-Haus vergleicht? (Aufgaben aus dem 5er-Haus werden verdoppelt und bilden jede zweite Zerlegung. Die Zerlegungen in ungerade Summanden müssen dazwischen ergänzt werden.)

Weitere Förderideen
▶ Zielzahl vorgeben, 1. Summanden nennen, 2. Summanden suchen (6 = 3 + ?; 6 ist 3 plus ...) – dabei von einer Kernaufgabe ausgehen und diese operativ verändern. Im Gegensatz zum Ergänzen an der linearen Darstellung (vgl. Baustein 2) finden die Kinder die Ergänzung hier ungestützt.
▶ Zerlegungsaufgaben in Form von schönen Päckchen berechnen, beschreiben, weiterführen.

4.1 Bausteine: Teil-Ganzes-Zerlegung erfahren

BAUSTEIN 5 ZAHLDARSTELLUNG AM 20ER-FELD

Darum geht es

Beim Betrachten von Zahldarstellungen werden automatisch und meist unbewusst Zerlegungen in Teilmengen vorgenommen, um die dargestellte Anzahl zu bestimmen (vgl. Deutscher 2012). In dieser Etappe soll deshalb das Zerlegen in (schnell zu erkennende) Teilmengen explizit gemacht werden, um über das bewusste Deuten einer Menge eine Alternative zum einzelnen Abzählen anzubieten. Die zentralen strukturierten Zahldarstellungen sollen schließlich zu mental verfügbarem Stützpunktwisssen automatisiert werden (vgl. Baustein 6). Ebenso wie schon im Baustein 1 gibt es nicht nur eine Möglichkeit, die Punktmenge zu deuten, sondern mehrere, die die Kinder für sich finden und miteinander vergleichen sollen. Leistungsstärkere Kinder können dazu aufgefordert werden, mehrere passende additive und subtraktive Zerlegungen zu suchen. Für zählend rechnende Kinder kann es ausreichend sein, zur Punktmenge eine passende Zerlegung zu finden. Diese Differenzierung muss nicht von der Lehrkraft vorgegeben werden, sondern ergibt sich im Sinne der natürlichen Differenzierung bei der Bearbeitung der Aufgabenstellung und beim Finden eigener Zerlegungen – also bei den Eigenproduktionen.

Nach dem Finden eigener Deutungen geht es bereits in der zweiten Phase der Partnerarbeit (Modell Weggabelung) um das Deuten von Zerlegungen, die andere Kinder gefunden haben. Dies wird in der Reflexion der Stunde aufgegriffen, in der zu einer Zahldarstellung unterschiedliche Deutungen diskutiert und bewertet werden. Für zählend rechnende Kinder ist es vor allem wichtig, dass sie eine nichtzählende Deutung finden und lernen, die Menge zu strukturieren und strukturiert zu zählen. Durch die Bewertung der Deutungen können Kinder zudem darin unterstützt werden, eine Deutung vorzunehmen, die auch langfristig trägt (zum Beispiel gemäß der Kraft der Fünf oder Zehn). Es geht aber nicht darum, vonseiten der Lehrkraft an dieser Stelle eine verbindliche Deutung zu forcieren.

Unterrichtsleitfaden

Einstieg. Die Zahlen 9, 6, 7 und 11 sind auf 20er-Feldern so dargestellt, dass geschickte Strategien bei der Anzahlermittlung angeregt werden. Die Kinder bestimmen die jeweilige Anzahl. Die Lehrkraft fragt die Kinder, wie sie die Anzahl bestimmt haben (zum Beispiel: „Wie hast du so schnell gewusst, dass es so viele sind?"). Die von den Kindern beschriebene Zerlegung (und nicht ausschließlich die Anzahl) wird neben den Feldern notiert.

Wenn die Kinder erläutern, dass sie die Plättchen einzeln gezählt haben, wird hinsichtlich eines alternativen Zugangs nachgefragt: „Wie hätte man das anders/ schneller herausfinden können?"

Baustein 5: Zahldarstellung am 20er-Feld

Hinweis: Unbedingt die Zahlen auf den 20er-Feldern darstellen (Vorlage dazu mehrfach kopieren). Nur dann können sich die Kinder auf die Anzahl von Plättchen in einer Reihe beziehungsweise auf die 5er-Struktur verlassen.

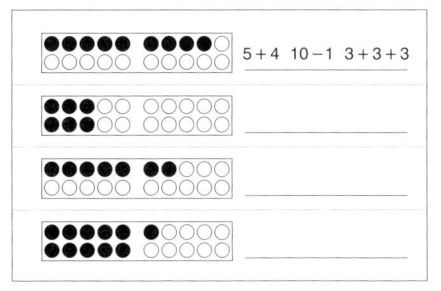

5 + 4   10 − 1   3 + 3 + 3

Material/Tafelbild zum Einstieg: Punktefelder mit magnetischen Wendeplättchen im 20er-Feld

Arbeitsphase. Die Kinder bearbeiten zunächst jeder für sich ein AB und ordnen den Anzahlen passende Zerlegungsaufgaben zu. AB 5.1 ist gegenüber AB 5.2 in der Anzahl der Punktefelder und Zerlegungsaufgaben reduziert, wobei die Mehrdeutigkeit erhalten bleibt. AB 5.1 eignet sich besonders für sehr schwache Kinder oder Kinder mit visuellen Wahrnehmungsschwierigkeiten, hingegen eignet sich AB 5.3 eher für leistungsstärkere Kinder. Innerhalb der Paare können die Kinder unterschiedliche AB bearbeiten.

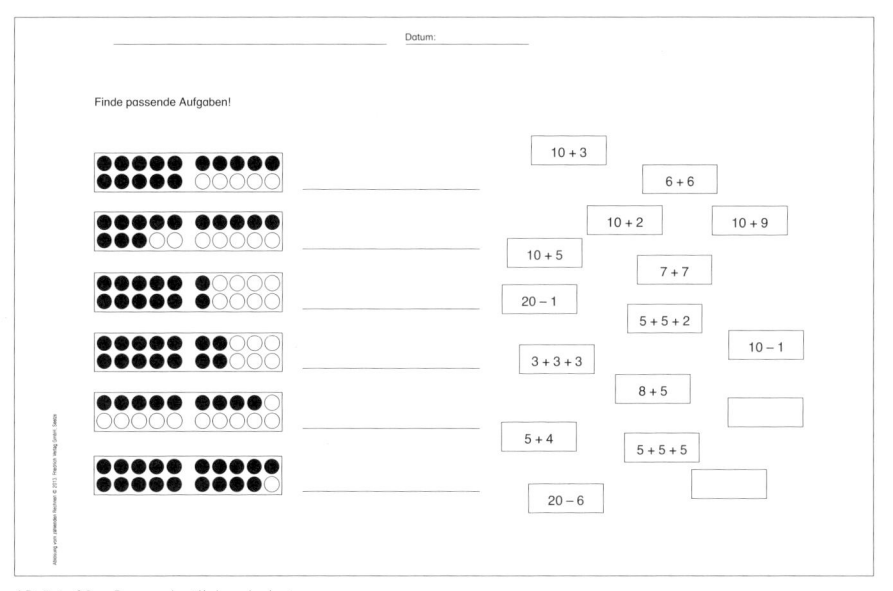

AB 5.1: 20er-Raum: deutlich reduziert

4.1 Bausteine: Teil-Ganzes-Zerlegung erfahren

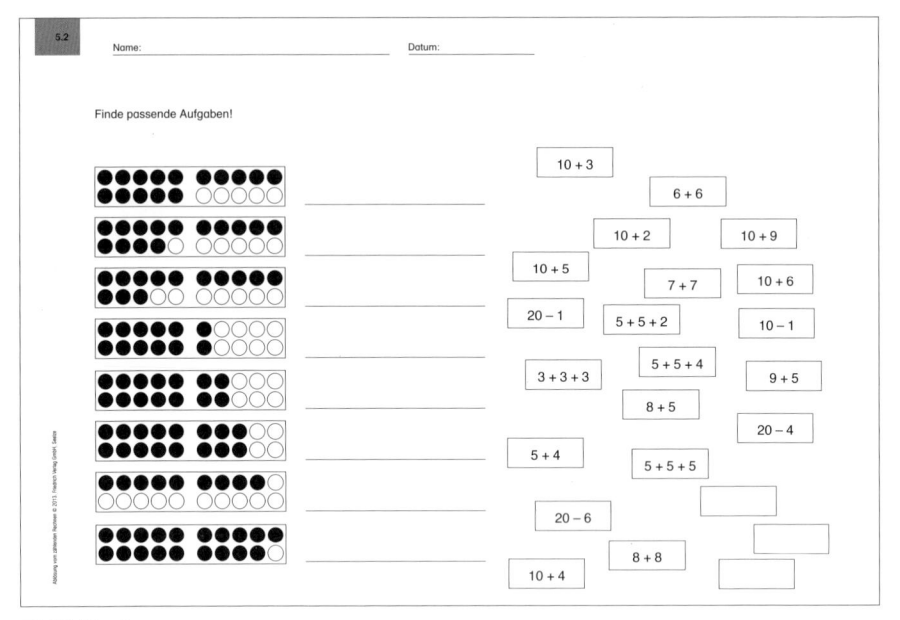

AB 5.2: 20er-Raum

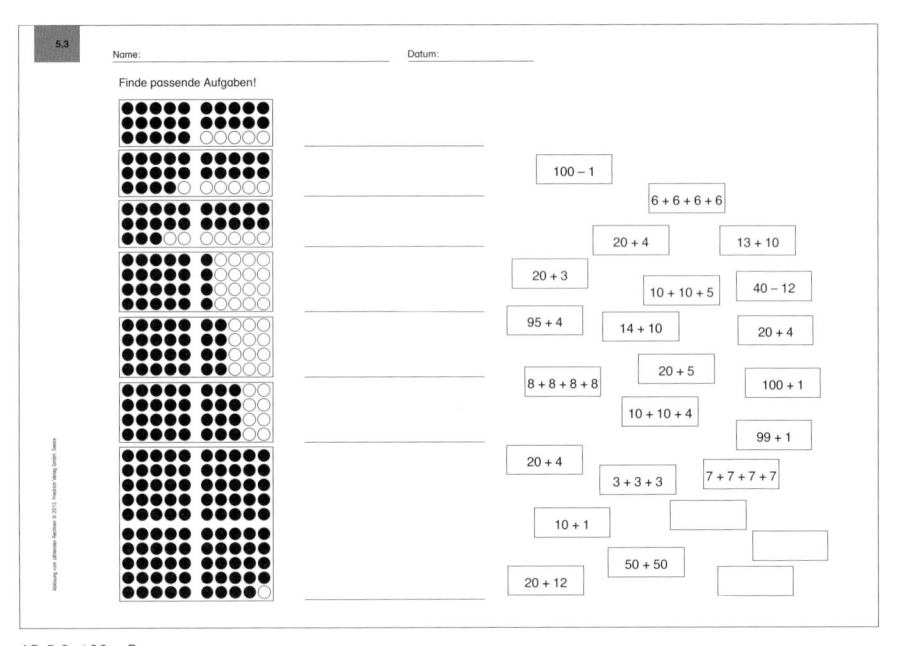

AB 5.3: 100er-Raum

Die Kinder vergleichen die gefundenen Zerlegungen und finden gemeinsam weitere Aufgaben. Hierbei müssen gegebenenfalls parallele Aufgaben miteinander verglichen werden (zum Beispiel die Zerlegungen zu 19 im 20er-Raum mit denen zu 99 im 100er-Raum). Die Lehrkraft kann den Hinweis geben, sich an der räumlichen Anordnung der Punkte zu orientieren, wenn die Kinder nicht von sich aus die Analogien sehen.

Reflexion. 13 Plättchen werden am 20er-Feld dargestellt, und die nebenstehenden Zerlegungen werden an die Tafel gehängt oder angeschrieben. Jedes Kinderpaar bekommt je 2 Klebepunkte (oder ein Stück Kreide) und markiert an der Tafel „seine" Sichtweise. „Welche Aufgabe siehst du besonders gut in den Plättchen?" Dadurch werden die Kinder aufgefordert, sich noch einmal mit ihrem Partnerkind auszutauschen und gegebenenfalls über günstige Sichtweisen zu sprechen.

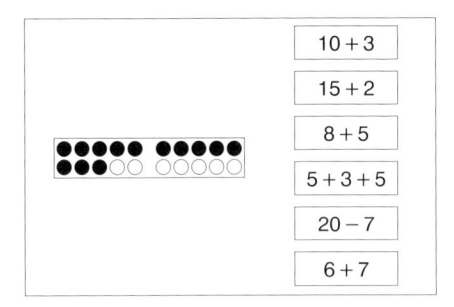

Material/Tafelbild zur Reflexion

Abschließend sollte ein Gespräch über die ausgewählten Zerlegungsaufgaben stattfinden. Die Paare begründen, warum die gewählten Zerlegungen besonders gut sichtbar sind.

Mögliche Vorgehensweisen der Kinder: Manche Kinder ordnen zunächst jedem Punktefeld eine Zerlegung zu. Diese Kinder sollten im Anschluss aufgefordert werden, auch die übrigen Zerlegungen zuzuordnen.

Denkbar ist auch, dass die Kinder in den Punktefeldern Teilzerlegungen sehen (also zum Beispiel 14 Plättchen die Aufgabe 5 + 4 zuordnen). Bei einer entsprechenden Begründung der Kinder ist diese auch als korrekt anzusehen.

Weitere Förderideen
▸ Kinder finden zu Punktekarten eigene Aufgaben.
▸ Freie Felder, sodass die Kinder eigene Anzahlen wählen und eigene Zerlegungen finden.
▸ Memory oder Quartett zur Zuordnung von Anzahlen und Zerlegung.

4.1 Bausteine: Teil-Ganzes-Zerlegung erfahren

BAUSTEIN 6   KRAFT DER FÜNF

Darum geht es

In dieser Stunde geht es um zweierlei:
- Zählend rechnende Kinder sollen die Zahldarstellungen der 5er-Struktur (also 0, 5, 10, 15 und 20) automatisieren. Es werden also nicht alle Mengenbilder bis 20 automatisiert, sondern die zentralen Mengen im Sinne der „Kraft der Fünf" (Krauthausen 1995), die im Sinne einer quasi-simultanen Auffassung abgerufen werden müssen, um eine andere Gesamtmenge in eine Darstellung mit 5er-Struktur und den Rest zu zerlegen.
- Zugleich werden die erfassten Mengen mental verändert. Die Kinder sollen sich vorstellen, 1 oder 2 Plättchen hinzuzufügen oder wegzunehmen, ohne die Handlung tatsächlich auszuführen. Dieses Nachdenken über die Veränderung der Anzahl von der Ausgangszahl durch die Operation zur Zielzahl führt zu einer stärkeren mentalen Vorstellung der Zahlen und ihrer Beziehungen. Nicht das Handeln mit konkreten Materialien, sondern die Vorstellung der Handlung führt zur Bewusstwerdung von Strukturen und ist für zählend rechnende Kinder besonders zentral (vgl. Schipper 2005).

Für leistungsstärkere Schülerinnen und Schüler stellt das Erkennen von Punktmengen im Zahlenraum bis 20 und ihre operative Veränderung vermutlich keine besondere Herausforderung dar. Diese Kinder nutzen die gefundenen Aufgaben, um fehlende zu ergänzen und um zu begründen, welche Aufgaben nicht gefunden werden können. Das kooperative Setting ermöglicht sowohl schwächeren Schülerinnen und Schülern, einzelne Aufgaben beizutragen und im gemeinsamen Finden aller möglichen Zerlegungen operative Zusammenhänge zwischen einzelnen Aufgaben zu erkennen, als auch den leistungsstärkeren, die Struktur über die gesamte Aufgabenfolge zu sehen.

Unterrichtsleitfaden

Einstieg. Die Karten mit den 5er-Zahlen (Punktekarten) werden ebenso wie Karten mit den Aufforderungen zum mathematischen Operieren (Handlungskarten) für die Kinder sichtbar ausgestellt (an der Tafel oder auf einem Tisch).

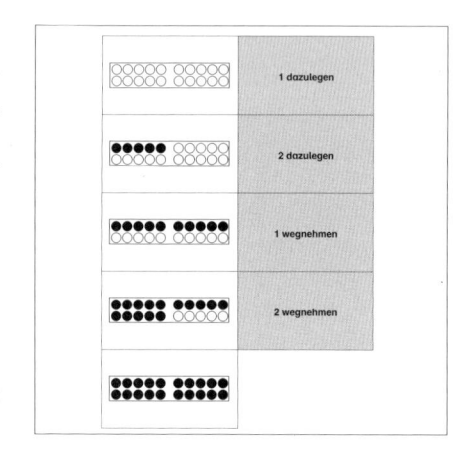

Material zum Einstieg: Demonstrationskarten mit unterschiedlichen Rückseiten

Baustein 6: Kraft der Fünf

Ein Kind zieht eine Punktekarte. Die Anzahl der Punkte wird bestimmt (gegebenenfalls stellt die Lehrkraft einen Bezug zur vorhergegangenen Einheit her: „Wie hast du das jetzt gesehen? – Wie kann man das noch sehen?"). Anschließend legt die Lehrkraft die Handlungskarte „2 dazulegen" daneben („Wie viel sind es, wenn wir jetzt…?"). Die Anzahl wird bestimmt und die Additionsaufgabe aufgeschrieben.

Man kann auch die Kinder die Handlungskarte ziehen lassen. Obiges Vorgehen ist eine Variante, mit der der Fall „0 – 2" als Einstiegsaufgabe vermieden werden kann.

Beide Karten werden zurückgelegt. Nun ziehen die Kinder erneut eine Punkte- und eine Handlungskarte, aus denen eine weitere Aufgabe gebildet wird.

Um die mentale Vorstellung anzuregen, sollen die hinzuzulegenden Plättchen ausschließlich vorgestellt und nicht konkret mit realen Plättchen auf das Feld gesetzt werden. Man kann die Kinder beschreiben oder zeigen lassen, auf welche Positionen sie die Plättchen legen würden. Eventuell kann besprochen werden, wo ein Plättchen hinzugelegt oder weggenommen wird, damit die Anzahl noch schnell zu bestimmen ist.

Arbeitsphase. Die Kinderpaare erhalten einen Kartensatz. Die Karten liegen umgedreht wie beim Memory vor den Kindern. Sie ziehen zunächst jeder für sich eine Punktekarte und eine Handlungskarte, notieren die Aufgabe im Heft und bestimmen die neue Anzahl. Die Karten werden zurückgelegt.

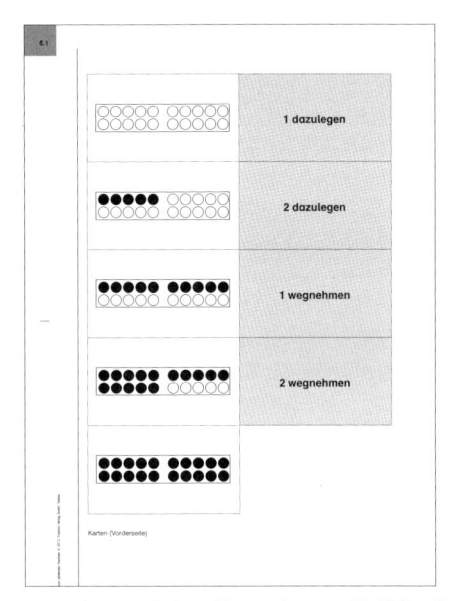

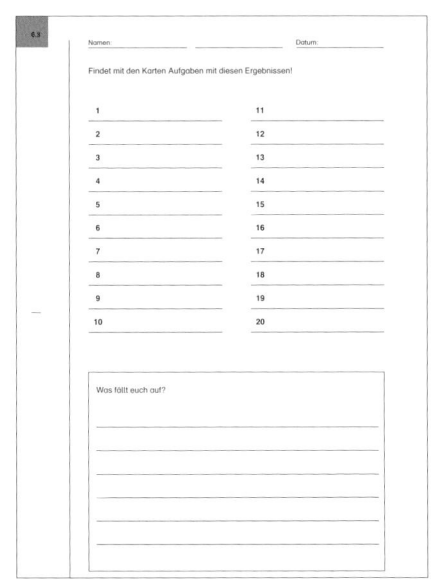

Material: ausgeschnittene Karten mit unterschiedlichen Rückseiten für jedes Paar (AB 6.1/6.2) und AB 6.3 zum Notieren der Aufgaben in der gemeinsamen Phase der Weggabelung

4.1 Bausteine: Teil-Ganzes-Zerlegung erfahren

Nach einer gewissen Zeit erhalten die Kinder als Paar den Arbeitsauftrag: „Zu welchen Zahlen habt ihr bereits Aufgaben gefunden? Tragt diese auf dem AB ein. Zu welchen könnt ihr weitere Aufgaben finden?" Die Paare ordnen ihre Aufgaben den Zahlen zu und finden – auch ohne das Ziehen von zusätzlichen Karten – weitere Aufgaben zu den Zahlen. Zu zweit erkunden und diskutieren sie mögliche Auffälligkeiten, die sie schriftlich festhalten.

Hinweis: Manche Paare finden unabhängig von der vorhergegangenen Aufgabenstellung Additions- und Subtraktionsaufgaben zu dem jeweiligen Ergebnis (zum Beispiel 6 + 4 = 10). Diese Paare sollten darauf hingewiesen werden, dass die Aufgaben so gewählt werden, dass sie mit den Karten gelegt werden können. Möglich ist auch, dass die Kinder bei der Bearbeitung des Arbeitsblattes die Karten (systematisch) nebeneinanderlegen und so Aufgaben finden. Das sollte auch zugelassen werden.

Reflexion. Die Zahlenfolge 12, 13, 14, 15, 16, 17, 18 steht an der Tafel. Die Kinder nennen die passenden Aufgaben zu den Zahlen. Sie begründen, warum die Zahl 15 nicht gefunden werden kann. Hierbei sollten beide Partner einbezogen werden, zum Beispiel liest ein Kind die gefundene Erläuterung vor, das andere wiederholt mit seinen Worten.

Um anschaulich zu begründen, warum immer 4 Aufgaben mit einer Punktekarte gefunden werden können, eignet sich die Darstellung am 20er-Feld nicht. Dies kann besser an der 20er-Reihe dargestellt werden:

12 = 10 + 2
13 = 15 − 2
14 = 15 − 1
15
16 = 15 + 1
17 = 15 + 2
18 = 20 − 2

Tafelbild zur Reflexion

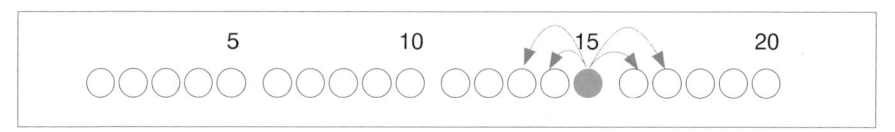

Tafelbild zur Begründung der vier möglichen Aufgaben zu einer Punktekarte

Weiterführende Fragestellungen, die je nach Klassensituation in der Reflexion besprochen werden können: „Welche Operationskarte kann ich austauschen, wenn die Karte ‚3 dazulegen' neu hinzukommt?" „Welche Karten brauche ich noch, um alle Zahlen bis 50 zu finden?"

Weitere Förderideen
▸ Blitzrechenübungen zum schnellen Sehen von Anzahlen am 20er-Feld (auch mit anderen Punktmengen).
▸ Weitere mentale Veränderung von zusätzlich dargestellten Anzahlen.

4.1.3 Anregungen zur Reflexion

Beziehungsreich und verstehensorientiert

Die Einsicht in Teil-Ganzes-Beziehungen und das Nutzen der strukturellen Zusammenhänge zur Bearbeitung von additiven Aufgabenstellungen dient den Kindern dazu, die singuläre Betrachtung von Zahlen als Abfolge der Zahlwörter oder aber als Summe von Einzelelementen zu erweitern. Hierzu sollten die Kinder unter anderem zu Zahlenhäusern die Konstanz der Summe durch systematisch-gegensinnige Veränderungen der Summanden erkunden. Am Beispiel des Vorgehens von Thomas, der anfangs keine Zerlegungsaufgaben findet, wird in der folgenden Szene deutlich, wie er in der Kooperation mit seinem Partner die kommutative Beziehung der Zahlenhäuser erkennt (vgl. Häsel-Weide 2011):

Anfangs hat der zählend rechnende Schüler Thomas große Probleme, das Zahlenhaus mit Zerlegungsaufgaben zu füllen. Als sein Partner Max sein Zahlenhaus bereits fertig berechnet hat, beginnt er, Thomas „zu helfen" und die von ihm gefundenen Aufgaben vorzulesen; vermutlich in der Annahme, dass Thomas diese dann genauso notieren kann. Max scheint zu diesem Zeitpunkt die Unterschiede zwischen den Zahlenhäusern noch nicht erkannt zu haben. Thomas nimmt die Hilfe gern an, übernimmt aber – und das ist eher ungewöhnlich für helfende Situationen in der Kooperation – die Aufgaben nicht einfach von seinem Partner. Stattdessen vergleicht er sie mit den vorgegebenen Zerlegungen.

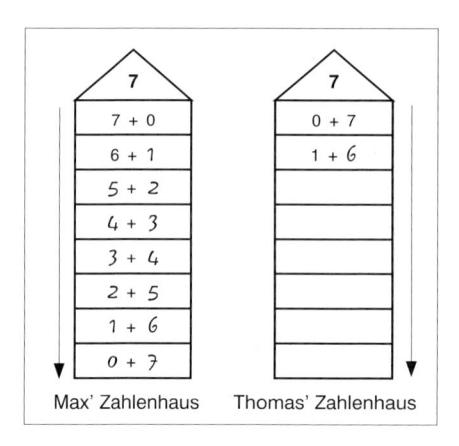

Max' Zahlenhaus	Thomas' Zahlenhaus
7	7
7 + 0	0 + 7
6 + 1	1 + 6
5 + 2	
4 + 3	
3 + 4	
2 + 5	
1 + 6	
0 + 7	

Nachkonstruierter Stand der Bearbeitung zu Beginn der Interaktion

Max: Hier kommt fünf plus zwei.
Thomas: *[guckt auf sein Zahlenhaus, guckt auf Max Zahlenhaus]* Zwei plus fünf muss das doch. Bei mir ist es andersherum. Ich muss hier eine zwei machen. Bei dir ist es anders herum. Guck da ist die Null und bei dir ist da die Null. Also muss es zwei plus fünf.

4.1.3 Anregungen zur Reflexion

Obwohl Thomas die vertikalen Beziehungen nicht nutzen kann, um von sich aus weitere Zerlegungen zu finden, erkennt er die strukturellen Differenzen und Ähnlichkeiten zwischen den beiden Zahlenhäusern beziehungsweise zwischen dem vorgeschlagenen Term und seiner bisherigen vertikalen Zerlegungsstruktur. Er nutzt implizit das Kommutativgesetz, um die Aufgaben passend zu machen. Obwohl es ihm also nicht gelingt, eine Anzahl in die entsprechenden Teile zu zerlegen, sieht er die Beziehung zwischen Aufgabe und Tauschaufgabe. Anschließend nennt Max die Aufgabe 4 + 3 und Thomas notiert 3 + 4. Daraufhin überspringt Max seine nächste Aufgabe (3 + 4) und nennt stattdessen 2 + 5.

> Thomas: Drei plus vier und was dann?
> Max: Dann zwei plus fünf.
> Thomas: Zwei plus fünf *[notiert 2 + 5]* und dann?
> Max: Und dann eins plus sechs.
> Thomas: *[5 sec Pause, Thomas notiert nichts]* Eins plus sechs doch hier *[zeigt auf die Zerlegung 1 + 6 in der zweiten Etage seines Hauses]*. Null, eins, zwei, drei, zwei; oh, ich glaube, ich hab mich verzählt bei fünf.

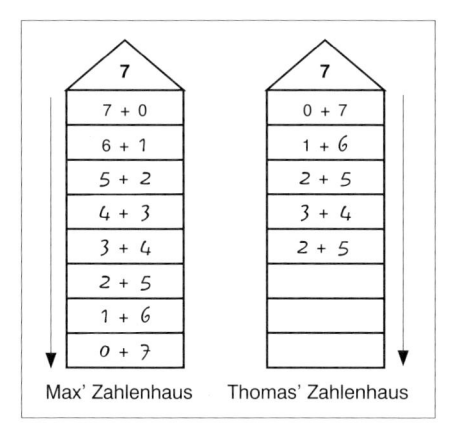

Max' Zahlenhaus	Thomas' Zahlenhaus
7	7
7 + 0	0 + 7
6 + 1	1 + 6
5 + 2	2 + 5
4 + 3	3 + 4
3 + 4	2 + 5
2 + 5	
1 + 6	
0 + 7	

Nachkonstruierter Zwischenstand bei der Bearbeitung der Zahlenhäuser

Anstatt an dieser Stelle zu thematisieren, warum Max nicht die Aufgabe 3 + 4 nennt, sei hier nur darauf hingewiesen, dass Thomas keine Aufforderung sah, den Term 4 + 3 festzuhalten. Durch diese Lücke wird Thomas womöglich dazu verleitet, sein „Aufzug-Muster" nicht weiter fortzuführen. Stattdessen dreht er die von Max genannten Aufgaben nicht mehr um, sondern überträgt sie direkt. Somit passen sie wieder zu den vorherigen Termen (5 + 3 hätte zum Beispiel nicht unter 3 + 4 gepasst). Im weiteren Verlauf der Szene hilft es Thomas, die systematische Veränderung des 1. Summanden fokussiert in den Blick zu nehmen, um den Fehler zu bemerken. Doch immer noch hilft Thomas dieses Muster nicht beim

4.1 Bausteine: Teil-Ganzes-Zerlegung erfahren

Finden der Zerlegungsaufgaben. Er sucht weitere Hilfe, indem er Max' Zahlenhaus betrachtet. Es scheint so, als wenn er die Aufgabe 1 + 6 suchen würde. In diesem Moment erkennt er:

> Ⓜ
>
> Thomas: Das sind doch die Umkehraufgaben. Da hast du sechs plus eins und eins plus sechs *[zeigt auf die Aufgaben 6 + 1 und 1 + 6 im Zahlenhaus von Max]*.

Zwar benutzt Thomas den Begriff „Umkehraufgaben" statt „Tauschaufgaben", aber die zunächst implizit genutzte kommutative Beziehung zwischen den Aufgaben wird nun explizit. Mit dem Wissen um die Kommutativität und die Veränderung in Sinne der Konstanz der Summe füllt Thomas die restlichen Aufgaben seines Zahlenhauses. Dabei scheint er die unterschiedlichen Bedingungen immer wieder zu prüfen. Als die beiden Schüler abschließend diejenigen Aufgaben finden sollen, die zusammengehören, nimmt Thomas die führende Rolle ein und betont immer wieder den Aspekt der Tauschaufgaben – nun auch mit dem richtigen Begriff, den beide Schüler aufschreiben (siehe Abbildung).

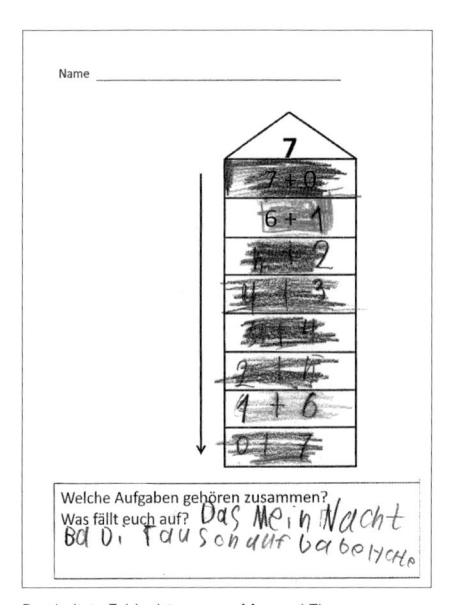

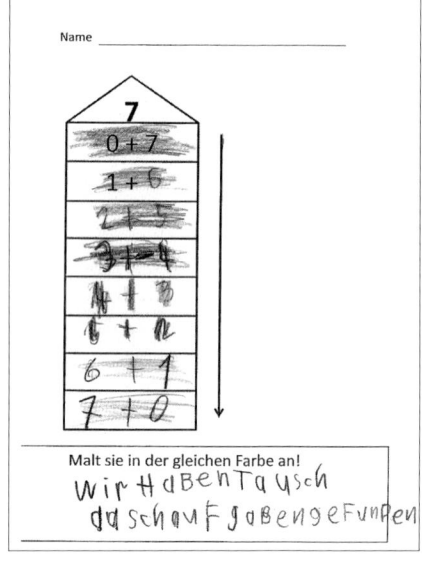

Bearbeitete Zahlenhäuser von Max und Thomas

Die Auseinandersetzung und das Erkennen der mathematischen Struktur ermöglicht dem Schüler in dieser Szene das Finden der Zerlegungsaufgaben. Der erkannte Beziehungsreichtum innerhalb eines Zahlenhauses und zwischen beiden Zahlenhäusern schafft somit die Brücke zum Lösen der Aufgabe.

4.1.3 Anregungen zur Reflexion

Die obige Szene von Thomas zeigt typische Schwierigkeiten zählend rechnender Kinder, wenn auf der symbolischen Ebene eine Zerlegung gefunden werden muss. In den drei Etappen zuvor wird mit Punktdarstellungen gearbeitet, damit die Kinder über die visuelle Zerlegung des Ganzen zu den Teilen kommen können. Dass dies möglicherweise nicht für alle zählend rechnenden Kinder ausreichend ist, zeigt die Bearbeitung von Thomas (siehe oben), auf die dann diagnosegeleitet reagiert werden kann und sollte.

Diagnosegeleitet und differenziert

Mit einem diagnosegeleiteten Blick fällt der Umgang der Grundschülerin Lara mit den Mengenbildern in Baustein 2 auf. Lara zählt selbst Mengen von 4 Punkten ab. Sie scheint die Würfelbilder nicht quasi-simultan zu erkennen oder zumindest die vorgegebenen Punktmuster nicht mit den Bildern auf dem Würfel in Verbindung zu bringen und abrufen zu können, obwohl die Würfelbilder auch Kindern mit (mathematischen) Lernschwächen oft gut bekannt sind (vgl. Scherer 2009) und in diesem Baustein bewusst als schnell zu sehende Menge eingesetzt werden. Lara hingegen zählt im Verlauf der Bearbeitung das Würfelmengenbild der 5 mehrmals ab, jedoch nicht bei jeder Verwendung. Sie scheint also entweder immer wieder quasi automatisch zu zählen und sich im Verlauf der Einheit die Mengen zu erschließen. Nach dem Zählen zur Ermittlung des Anzahl beim Würfelbild 6 sagt sie: „Ja es ist eine Sechs *[tippt auf jeden Punkt]*. Eins, zwei, drei, vier, fünf, sechs. Ich kann mir gar nicht vorstellen, dass das ne Sechs ist." Für Kinder wie Lara bietet die Auseinandersetzung mit den Mengenbildern die Möglichkeit, grundlegende Erfahrungen zur Mächtigkeit von Zahlen zu machen.

Für andere Kinder – auch zählend rechnende – stellt das Erkennen der Mengenbilder ebenso wie die Zerlegung vom Ganzen in 2 Teile kein Problem dar. Besonders häufig wird das Ganze von den Kindern in 2 gleiche Mengen zerlegt. Die von Gaidoschik (2010) beschriebene gute Verfügbarkeit der Verdopplungsaufgaben zeigt sich also bereits hier (vgl. nebenstehende Abbildung). Vor allem 10 und die 12 sind häufig in 10 = 5 + 5 und 12 = 6 + 6 zerlegt worden. Zu diesen Zahlen scheinen die Verdopplungsaufgaben also einen guten Zugang zu bieten.

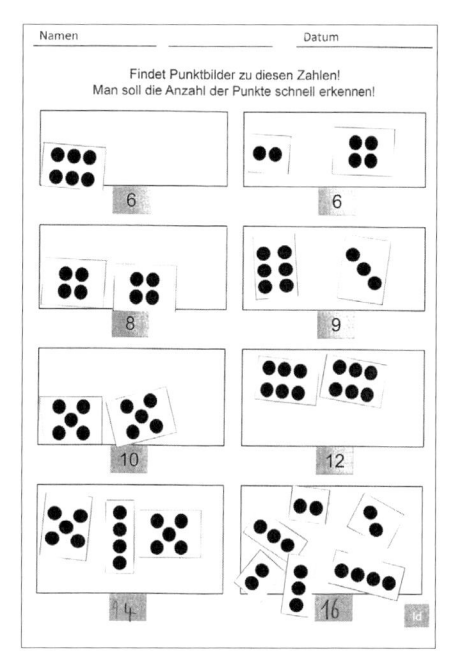

Dokument mit typischen Verdopplungsaufgaben

4.1 Bausteine: Teil-Ganzes-Zerlegung erfahren

Schwierig wird es für viele Kinderpaare, wenn aufgrund der größeren (selbst gewählten) Zahlen nicht mehr in 2 Teilmengen zerlegt werden kann, sondern das Ganze aus mehreren Teilen zusammengesetzt werden muss (im Dokument bei Zahlen > 12). An dieser Stelle gehen viele – auch leistungsstärkere Kinder – dazu über, die Mengen (einzeln) abzuzählen, bis sie das gesuchte Ganze erreichen. Dies macht deutlich, dass es zur Ablösung vom zählenden Rechnen zwar einerseits wichtig ist, größere Zahlen auszuwählen, um die Mühsamkeit und Fehleranfälligkeit deutlich zu machen; andererseits führt eine zunehmende Unübersichtlichkeit der Mengen dazu, die vermeintlich sichere Strategie des Zählens zu benutzen.

Kooperativ und kommunikativ

Das unterschiedliche Deuten und Zusammenfassen von Teilen zu einem Ganzen, beispielsweise das Zerlegen eines Ganzen in seine Teile, erfordert den Austausch zwischen den Kindern. Dies wird durch die methodischen Settings in der Kooperation angeregt und ist zugleich wesentlicher Bestandteil in der Reflexion mit der gesamten Klasse. Besonders die Bewertung unterschiedlicher Zerlegungen beim Deuten der „Darstellungen am 20er-Feld" (Baustein 5) ermöglicht eine Beschreibung der individuellen Ideen und damit den Einbezug von vielen Kindern in die gemeinsame Reflexion. Obwohl angenommen werden könnte, dass eine Beschreibung der Sichtweisen nach der Bewertung durch die Kinder nicht mehr notwendig ist, zeigt sich hierbei gerade das Phänomen, dass die didaktisch intendierten Deutungen nicht mit denen der Kinder übereinstimmen müssen. In der hier kurz vorgestellten Reflexionsphase legt beispielsweise der Schüler Bülent die in einem 20er-Punktefeld dargestellte Menge von 13 Punkten auf wie in der Abbildung gezeigten Weise zu 5 + 3 + 5.

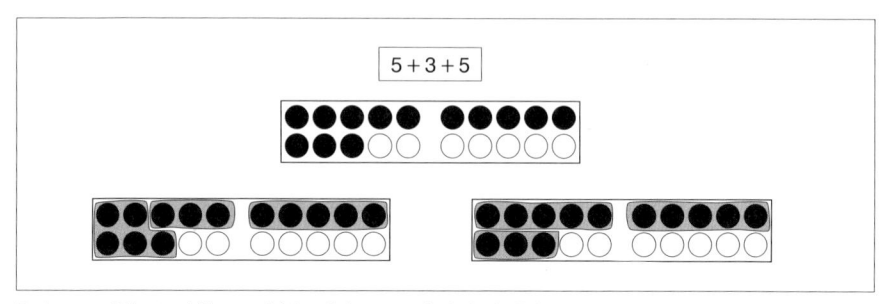

Deutung von Bülent und Kira zur gleichen Zerlegungsaufgabe in der Reflexion

Obwohl Bülent im rechten Teil des Punktefeldes die intendierte 5er-Struktur nutzt, deutet er die Mengen im linken Teil des Feldes auf ungewöhnliche Weise. Gleichwohl ist die Deutung korrekt, denn das Ganze wird in 3 Teilmengen zerlegt, die richtig bestimmt werden. Womöglich lässt er sich beim 1. Summanden von einer Würfel-4 leiten oder aber belegt das Feld mit den Summanden von rechts an. Hingegen entspricht die Deutung von Kira eher einer konventionellen Interpretation des 20er-Feldes. Über die Beschreibung und das gestische Zeigen der Zerlegungen werden die Differenzen zwischen den Kindern offensichtlich. Haben die Kinder Schwierigkeiten, ihre Deutung zu beschreiben, können sie diese am Punktefeld zeigen und die Lehrkraft kann dabei die „Vokabeln" zur Beschreibung anbieten (vgl. Verboom 2011).

Gerade für Bülent ist es wichtig, dass die unterschiedlichen Deutungen offensichtlich werden, da seine korrekt, aber auf lange Sicht nicht günstig ist. Eine explizite Kontrastierung mit den Deutungen anderer Kinder ermöglicht es ihm, alternative Ideen zu entwickeln sowie als sinnvoll und tragfähig zu erkennen. Im Weiteren kann die langfristig tragfähigere Sicht auf 5er und 10er durch gezielte Aufgaben wie zum Beispiel im Baustein 6 zur Kraft der Fünf ausgebaut werden.

4.2 Zählkompetenzen erweitern

4.2.1 Fachdidaktischer Hintergrund

Das Erweitern von Zählkompetenzen bei zählend rechnenden Kindern scheint zunächst ein Widerspruch zu sein. Hier ist es wichtig, dass zwischen der „Fertigkeit zu zählen" einerseits und dem Zählen als „Strategie zum Rechnen" andererseits unterschieden wird. Sicherheit beim Zählen ist eine wichtige Voraussetzung zum Erwerb des Zahlbegriffs und zur Entwicklung von nichtzählenden Strategien. So unterstützt das Zählen in Schritten von einer beliebigen Zahl aus das Verständnis von den Beziehungen zwischen Zahlen und trägt dazu bei, Strukturen wahrzunehmen und sich vom einzelnen Abzählen zu lösen (vgl. Kapitel 3.2). Der Prozess des Zählens greift den ordinalen Aspekt der Zahlen auf, da Zahlen als Zählzahlen verwendet werden. Während also bei den ersten Bausteinen der Fokus auf der Kardinalität von Zahlen liegt, wird in den Bausteinen 7 bis 10 die Ordinalität betont. Beide Vorstellungen über Zahlen sind zu einem umfassenden Zahlkonzept notwendig (vgl. Hasemann 2007). Die lineare Darstellung der Zahlenfolge greift dabei die Zahlraumvorstellungen der Kinder auf, die in der Regel ebenfalls linear geprägt sind (vgl. Lorenz 1992).

Das Zählen in Schritten kann am besten durch konkrete Zählaktivitäten thematisiert werden. Diese sollten Bestandteil von wiederkehrenden Übungen im Unterricht sein (zum Beispiel Blitzrechnen). In Baustein 7 werden sie gezielt zum Thema der gesamten Fördersequenz gemacht, um das Material und die Arbeit damit einzuführen. In Baustein 8 wird auf formaler Ebene das Zählen in Schritten in Zahlenfolgen aufgegriffen. Die Kinder führen Zahlenfolgen vorwärts und rückwärts weiter. Sie ordnen und vergleichen die erstellten Folgen. Die Zahlenfolgen greifen dabei nicht nur die Zählprozesse der Kinder auf, sondern stellen eine Form von formalen mathematischen Mustern dar (vgl. Steinweg 2001). Dabei können Folgen mit wachsendem (zum Beispiel 1, 2, 4, 7, 11, 16) oder konstantem Abstand (zum Beispiel 2, 4, 6, 8, 10) unterschieden werden. Die hier verwendeten Zahlenfolgen entsprechen dem zweiten Typ, das heißt, die Abstände zwischen den Zahlen sind konstant. Hierdurch ergibt sich eine Nähe zum Zählen in Schritten, da beim schrittweisen Zählen auch derartige Zahlenfolgen entstehen. Das Zählen in Schritten legt jedoch die Betonung auf den Prozess des Zählens. Die entstehende Folge ist dabei meist flüchtig, da sie in der Regel verbal entsteht und nicht notiert wird. Die Betrachtung von Zahlenfolgen hingegen stellt die Produkte in den Mittelpunkt. Um die Folgen weiterzuführen, können die Kinder auf schrittweises Zählen oder auf die Addition beziehungsweise Subtraktion zurückgreifen.

Bei der Ablösung vom zählenden Rechnen geht es jedoch nicht ausschließlich darum, grundlegende Zählaspekte zu vertiefen, sondern auch darum, diese aufzugreifen und mit Zahlbeziehungen in Verbindung zu bringen. Durch das Ordnen von Folgen können zählend rechnende Kinder Einsichten in Zusammenhänge zwischen Zählfolgen gewinnen (wie zum Beispiel der gleiche Abstand von Zahlenfolgen, die gleiche Startzahl, die Verzehnfachung der Folge). Dies geht über eine isolierte Betrachtung einer Zahlwortreihe hinaus und kann für die Kinder eine Stütze für strukturelle Deutungen sein. Wenn Kinder beispielsweise die Analogien zwischen den Folgen 3, 5, 7, 9 und 23, 25, 27, 29 erkennen, kann dies eine Hilfe sein, auch in größerem Zahlenraum strukturiert zu zählen.

Um das Nutzen von Zahlbeziehungen zu fördern, wird in Baustein 9 nicht mit dem Zahlenstrahl gearbeitet, an dem die Zahlen im ordinalen Sinne ihren Platz haben, sondern mit einem „skalenlosen Zahlenstrahl". Lorenz (2009b) bezeichnet diesen sogenannten „leeren Zahlenstrahl" als besonders geeignet, weil er nahe am kindlichen Denken ist. „Da an dem leeren Zahlenstrahl keine kleinen Striche vorgegeben sind, besteht auch nicht die Gefahr, dass sie von den (insbesondere leistungsschwachen) Kindern als Zählhilfe, als Fingerersatz verwendet werden" (Lorenz 2009b, S. 206). Es sollte aber zugelassen werden, wenn Kinder sich selbst eine derartige Skalierung einzeichnen.

Der leere Zahlenstrahl eignet sich insbesondere für den Aufbau von Vorstellungsbildern, weil er an sich wenige Informationen enthält und Kindern individuellen Raum für ihre Deutung gibt. Er ist jedoch nicht beliebig, denn die Zahlen müssen in der richtigen Ordnung angelegt beziehungsweise eingetragen werden. Inwieweit die Abstände zwischen den Zahlen den ungefähren Distanzen entsprechen, wird unterschiedlich gehandhabt und ist auch vom Einsatz abhängig: Bei der Darstellung von Beziehungen zwischen Zahlen kommt es darauf an, ungefähr abzubilden, ob die Zahlen in einem ähnlichen Bereich liegen, Nachbarzahlen sind oder Anfang und Ende eines 100ers bestimmen. Im Baustein 9 sollen Zahlen am leeren Zahlenstrahl geordnet (siehe Abbildungen auf dieser Seite und auf S. 103 unten) beziehungsweise Positionen am leeren Zahlenstrahl mit Zahlen besetzt werden.

Wird der leere Zahlenstrahl als Stütze zur Notation von Teilschritten beim Rechnen benutzt (siehe Abbildung S. 94), bekommt er im wörtlichen Sinne die Funktion eines Rechenstrichs – das heißt ein Strich, an dem Rechnungen notiert werden. Hier spielen die relationalen Beziehungen in der Regel keine Rolle, son-

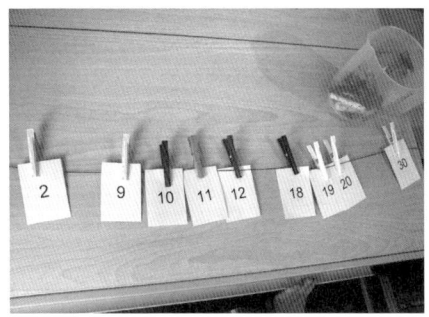

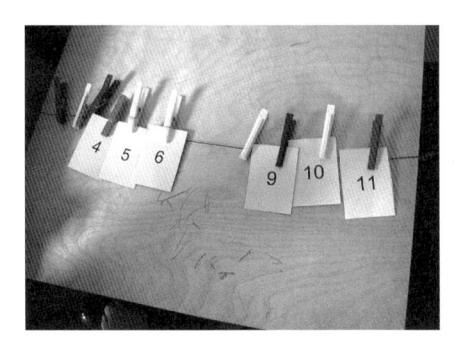

Relationale Beziehungen von Zahlen

4.2 Bausteine: Zählkompetenzen erweitern

Darstellung relationaler Zahlbeziehungen

dern der Strich dient allein der Orientierung für die vorgenommenen Zerlegungen. In der in den Bausteinen 19/20 verwendeten Variante des Rechenstriches werden jedoch – ebenso wie in vielen Schulbüchern – die relationalen Beziehungen zumindest bei der eigenen Darstellung der Aufgaben in etwa beibehalten (Lorenz 2007a; Wittmann/Müller 2012a). Gerade für Kinder mit Schwierigkeiten in der Zahlvorstellung scheint dies sinnvoll, um die Zahlbeziehungen weiter zu berücksichtigen. Zur klareren Unterscheidung der verschiedenen Funktionen wird bei der Verwendung des „Striches" zur Darstellung von Zahlen vom „leeren Zahlenstrahl" gesprochen, während dieser beim Rechnen als „Rechenstrich" Verwendung bezeichnet wird.

4.2.2 Bausteine zur Erweiterung der Zählkompetenz

ZÄHLE IN SCHRITTEN · BAUSTEIN 7

Darum geht es
In dieser Etappe lernen die Kinder das Material zum Zählen in Schritten kennen, das im Weiteren als Freiarbeits- oder Blitzrechenmaterial eingesetzt werden kann.

Die Kinder zählen von unterschiedlichen Startzahlen aus, in unterschiedlichen Abständen vorwärts und rückwärts. Das Material – in Anlehung an die Blitzrechenkartei (Wittmann/Müller 2006) – ist so konzipiert, dass der Beginn der Schrittfolge mit kurzen verbalen Anweisungen auf einer Karte dargestellt ist. Auf der Rückseite stehen die Zahlenfolgen für die Kontrolle durch das Partnerkind. Mit einer Ausnahme liegt der Ausgangspunkt im bekannten kleinen Zahlenraum. Der 20er-Raum kann jedoch überschritten werden: Es erfolgt eine natürliche Differenzierung, wenn die leistungsschwächeren Kinder beim Fortführen der Folge im 20er-Raum verbleiben, leistungsstärkere Kinder diesen aber von selbst überschreiten.

Während im Einstieg und in der Arbeitsphase zunächst der Prozess des Zählens im Vordergrund steht, wird durch das Sortieren der „Zählkarten" der Blick auf die Folgen gelegt. Das gemeinsame Sortieren der Karten führt zu einem Austausch über die Sortierkriterien, die die Kinder formulieren und miteinander aushandeln und die ihnen dadurch bewusster werden. Zählend rechnende Kinder, die sich gegebenenfalls auf Sichtbares wie die markierte Startzahl konzentrieren, erhalten in der Kooperation Anregungen, andere Beziehungen in den Blick zu nehmen (zum Beispiel den Abstand in der Zählfolge).

Unterrichtsleitfaden
Einstieg. Die Kinder sitzen im Stuhlhalbkreis vor der Tafel. An der Tafel ist die Zahlenreihe bis 20 sichtbar.

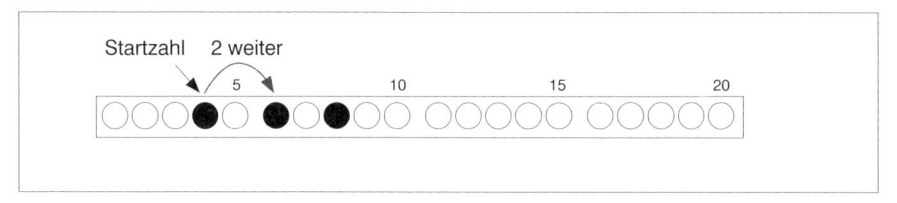

Material/Tafelbild zum Einstieg: 20er-Reihe und magnetische Wendeplättchen

Die Lehrkraft gibt einen informierenden Einstieg: „Heute zählen wir in Schritten, dazu brauchen wir zunächst eine Startzahl." Diese Zahl wird von den Kindern genannt oder von der Lehrkraft bestimmt, zum Beispiel 4. Ein Plättchen wird auf das Zahlsymbol 4 der 20er-Reihe gelegt. Die Lehrkraft notiert als Handlungsanwei-

4.2 Bausteine: Zählkompetenzen erweitern

sung „2 weiter" mit einem Pfeil. Die Kinder nennen die nächsten Zahlen der Folge, die mit Plättchen belegt werden. Weitere Impulse könnten sein: „Wie lautet die Zahl, die als Nächstes folgt?" – „Welches ist die letzte Zahl der 20er-Reihe, die getroffen wird?" – „Welche Zahl würde als Nächstes folgen, wenn wir noch weiter zählen würden?"

Gegebenenfalls wird eine zweite Reihe diskutiert, in der rückwärts gezählt wird (zum Beispiel von 15 an in 1er-Schritten rückwärts).

Hinweis: Die Zahlen in der 20er-Reihe sollten zu Beginn der ersten Aufgabe (von 4 an in 2er-Schritten) mit Plättchen belegt werden, um den Abstand und das Prinzip zu verdeutlichen. Dabei sollten Lehrkräfte bedenken, dass die Interpretation des Abstandes (also des Schrittes) eine Hürde darstellen kann. Denn beim Abstand 2 wird zwar jeder 2. Platz belegt, aber zwischen den Zahlen bleibt lediglich genau 1 Plättchen frei. Hier kann der Pfeil von einem zum anderen belegten Plättchen den Schritt verdeutlichen.

Sowohl im Einstieg als auch in der Reflexion sollte daneben auch die mentale Vorstellung („Welche Zahl kommt als Nächste? Und welche dann?") angeregt werden.

Anhand einer Karteikarte sollte die Arbeitsphase mit einem Kind vorgespielt werden.

Arbeitsphase. Die Paare erhalten einen Anfangssatz von 7 Karteikarten zum Zählen in Schritten. Die übrigen Karten liegen auf einem Stapel auf dem Materialtisch. Die Kinder erhalten zudem eine 40er-Reihe und Wendeplättchen, um zur Kontrolle analog zum Einstieg bei Schwierigkeiten die Zahlen belegen zu können.

Pro Karteikarte nennt je ein Kind die Startzahl und den Zählmodus (zum Beispiel „2 weiter") und kontrolliert dann anhand der Zählfolge auf der Rückseite der Karte. Das andere Kind zählt gemäß der Anweisung in Schritten. Eventuell können die entsprechenden Zahlen mit Plättchen auf der 40er-Reihe belegt werden. Nach jeder Karte wird die Rolle getauscht.

Die Arbeitsphase wird nach bestimmter Zeit abgebrochen.

Die Lehrkraft gibt den Arbeitsauftrag zum Ordnen *aller* Karten: „Welche Karten gehören zusammen?" Die Paare sortieren die Karten und schreiben auf je ein Blanko-DIN-A6-Blatt, inwiefern die Karten auf ihren Stapeln in Beziehung zueinander stehen.

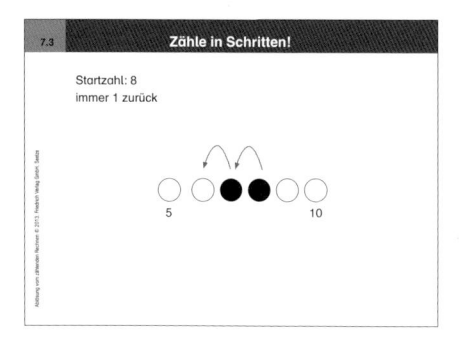

Baustein 7: Zähle in Schritten

7.3 Zähle in Schritten!	7.3 Lösung
Startzahl: 8 immer 1 zurück ○ ○ ● ● ○ ○ 5 10	Startzahl: 8 immer 1 zurück 8 7 6 5 4 3 2 1 0

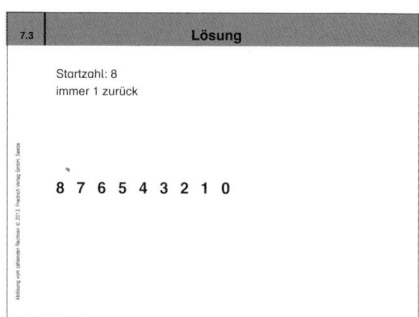

Anfangssatz Karten: Startzahl 11; 2 weiter

Startzahl 1; 2 weiter
Startzahl 5; 2 weiter
Startzahl 5; 5 weiter
Startzahl 2; 2 weiter
Startzahl 8; 1 zurück
Startzahl 20; 2 zurück
Startzahl 14; 2 zurück

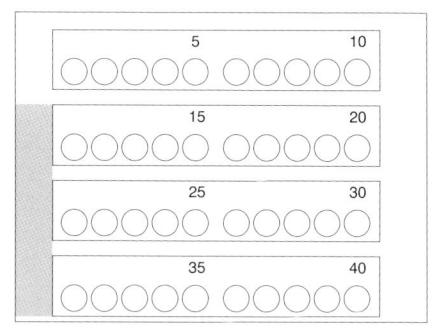

```
     5           10
○○○○○ ○○○○○
    15          20
○○○○○ ○○○○○
    25          30
○○○○○ ○○○○○
    35          40
○○○○○ ○○○○○
```

Karteikarten, 40er-Reihe (hier zum Zusammenkleben aus 4 Streifen; selbst erstellen) und Wendeplättchen für die Kinder; zusätzlich: Wendeplättchen und leere DIN-A6-Blätter zum Notieren der Ordnungskriterien

Reflexion. Auf der 20er-Reihe ist die 5 als Startzahl mit einem Plättchen belegt. Die Lehrkraft fordert die Paare auf, eine Karteikarte mit in den Stuhlhalbkreis zu bringen, auf der eine Zählfolge ist, in der die 5 vorkommt. Die Kinderpaare bringen jeweils eine Karte mit. Möglich sind die Folgen:

| 5; 5 weiter | 5; 2 weiter | 20; 1 zurück |
| 8; 1 zurück | 15; 2 zurück | 7; 2 zurück |

Ein Kind des Paars stellt eine Zählfolge mit Startzahl und Schrittfolge vor. Das andere Kind nennt die Zahlenfolge. Die übrigen Kinder überprüfen, ob und an welcher Stelle (Startzahl oder in der Reihe) die 5 vorkommt.

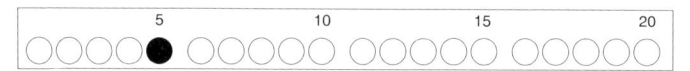

```
      5        10        15        20
○○○○● ○○○○○ ○○○○○ ○○○○○
```
Material/Tafelbild zum Reflexion

97

4.2 Bausteine: Zählkompetenzen erweitern

Weiterführende Fragestellungen, die je nach Klassensituation in der Reflexion besprochen werden können:
- Wie kann die Startzahl gewählt werden, wenn wir in 2er-Schritten zählen und ein Plättchen auf der 6 liegen soll?
- Wie können die Schritte sein, wenn wir mit 8 beginnen und ein Plättchen auf der 14 liegen soll?

Weitere Förderideen
- Die Karten zum Blitzrechnen verwenden.
- Anzahlen von unstrukturiertem Material (zum Beispiel Plättchen, Muggelsteine) in Schritten bestimmen.
- Größere Anzahlen zunächst in 5er oder 10er bündeln und dann in Schritten zählen.

Baustein 8: Zahlenfolgen fortsetzen

ZAHLENFOLGEN FORTSETZEN BAUSTEIN 8

Darum geht es
Verschiedene Zahlenfolgen werden fortgesetzt und einander zugeordnet. Dabei geht es zum einen um eine Weiterführung des Aufgabenformats „Zählen in Schritten", aber nun ohne die Anschauung in der 20er-Reihe. Zum anderen geht es um das Herstellen von Beziehungen zwischen den einzelnen Folgen. Hier sollen gerade die verfestigt zählenden Rechner erste Einsichten in Zusammenhänge zwischen Zahlenfolgen gewinnen (wie zum Beispiel den gleichen Abstand von Zahlenfolgen, gleiche Startzahl, die Verzehnfachung der Folge), die über die isolierte Betrachtung einer Zahlwortreihe hinausgehen und eine Stütze für strukturelle Deutungen sein können. Die Aufmerksamkeit wird vom schrittweisen Zählen auf das Erkennen der mathematischen Strukturen gerichtet. Nach dem Sortieren vorgegebener Streifen stehen leere Streifen zur Verfügung, die die Kinder nutzen können, um weitere passende Folgen zu erfinden. Diese Eigenproduktionen verdeutlichen die Einsicht der Kinder in die Beziehungen der Folgen und ermöglichen allen Kindern ein Arbeiten auf ihrem Niveau (vgl. Krauthausen/Scherer 2010).

Im Rahmen der kooperativen Tätigkeit werden die Streifen den unterschiedlichen Leistungsniveaus entsprechend genutzt, sodass zählend rechnende Kinder die Folgen im kleineren Zahlenraum oder vorwärts gerichtete Folgen erhalten bzw. auswählen. Über die Eigenproduktionen bleibt zudem die Möglichkeit, auch schwierigere Folgen erproben zu können. Das gemeinsame Sortieren bietet für die schwächeren Kinder die Chance, komplexere Folgen reflexiv zu betrachten und in die bestehende Ordnung einzugliedern. Zudem ermöglicht der Austausch über die Ordnungskriterien, die Beziehungen zwischen den Folgen zu formulieren und zu diskutieren.

Unterrichtsleitfaden
Einstieg. Die Kinder sitzen im Stuhlhalbkreis vor der Tafel. Die Lehrkraft klappt die Tafel auf; die Plättchen liegen an der Zahlreihe auf den Zahlen 2, 4 und 6.

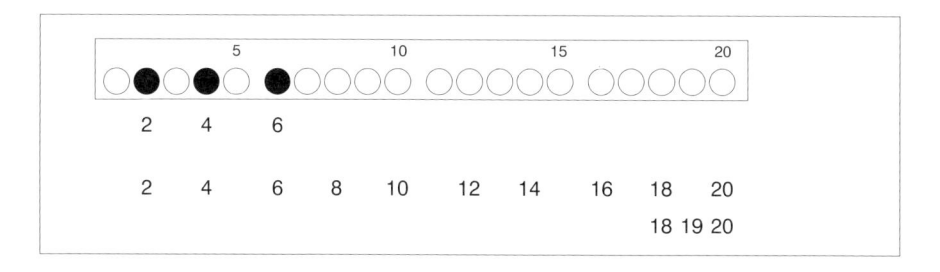

Material/Tafelbild zum Einstieg: Magnetische Wendeplättchen, 20er-Reihe

4.2 Bausteine: Zählkompetenzen erweitern

Die Kinder benennen die belegten Zahlen, diese werden unter die Zahlenreihe geschrieben. Die Kinder führen die Zahlenfolge weiter, legen die Zahlen auf die 20er-Reihe und notieren die Zahlen darunter.

Die Lehrkraft nimmt die 20er-Reihe ab. Die Zahlen bleiben an der Tafel hängen. Die Lehrkraft notiert in einer neuen Zeile die Zahlen 20, 19, 18 (in dieser Reihenfolge), ohne die Zahlen an der 20er-Reihe zu belegen. Die Kinder führen die Zahlenfolge weiter. Die ersten weiteren Zahlen der Folge werden notiert.

Arbeitsphase. Die Paare bekommen Streifen mit Zahlenfolgen in einem Briefumschlag. Beide Kinder nehmen sich Zahlenfolgen und führen diese weiter.

4	5	6			

10	20	30			

12	14	16			

1	2	3			

14	15	16			

			11	13	15

			6	7	8

			12	14	16

14	16	18			

3	5	7			

Material: AB 8.1 und zusätzliches Material AB 8.2 in Streifen geschnitten, DIN-A4-Blätter, Kleber, Bleistift

Anschließend ordnen die Kinder zusammen die Zahlenfolgen, sodass sie zueinander passen. Die Paare nehmen sich von einem Stapel (zum Beispiel auf einem Materialtisch) leere Streifen und finden zusammen weitere passende Folgen.

Die Zahlenfolgen werden auf einem leeren DIN-A4-Papier aufgeklebt.

Reflexion. Die Paare bringen das Blatt mit den aufgeklebten Folgen mit in den Stuhlhalbkreis vor der Tafel.

12	14	16			
Demostreifen			leere Streifen (Material)		

Material/Tafelbild zur Reflexion (Streifen als Demostreifen hochkopieren)

Die Zahlenfolge 12, 14, 16 hängt als Demostreifen an der Tafel. Die Kinder führen die Folge weiter.

Die Lehrkraft fordert die Paare auf, eine passende Zahlenfolge zu finden. Diese wird in einen leeren Streifen eingetragen und dazugehängt. Die Lehrkraft fragt die anderen Paare: „Warum glaubt ihr, dass die beiden Kinder finden, dass die Folge passt?" Die Kinder bringen mögliche Argumente vor und nennen weitere passende Folgen.

Die Lehrkraft fordert die Kinder auf, eine Alternative zur ersten passenden Folge zu finden: „Welche könnte noch passen? – Welche selbst gefundene Folge passt dann dazu?" Mehrere sinnvolle Zuordnungen sind möglich und sollen besprochen werden.

Weiterführende Fragestellungen, die je nach Klassensituation in der Reflexion oder in weiteren Fördersitzungen besprochen werden können: Den Kindern wird ein Streifen gezeigt, auf dem eine Zahlenfolge mittig notiert ist. „Wie geht die Folge weiter?" „Welche anderen schon gefundenen Folgen passen dazu?" „Warum passen diese Folgen?" „Welche neuen passenden Folgen kann man noch finden?

		6	7	8	

Weiterführende Fragestellung

Weitere Förderideen
- Ausgehend von einer Zahl den Vorgänger und den Nachfolger bestimmen, ebenso wie 2 weiter beziehungsweise 2 zurück, 5 weiter und 5 zurück.
- Folgen zu vorgegebenen Abständen oder Startzahlen erfinden und vergleichen.

4.2 Bausteine: Zählkompetenzen erweitern

BAUSTEIN 9   ZAHLEN AM LEEREN ZAHLSTRAHL

Darum geht es

Anknüpfend an die Zählkompetenzen der Kinder werden zu Beginn der Arbeit mit dem leeren Zahlenstrahl einzelne Zahlen an einer realen Leine geordnet (vgl. Nührenbörger/Pust 2011). Das Zählen spielt hier insofern eine Rolle, als dass die Kinder ausgehend von einer Zahl überlegen sollen, ob diese davor oder dahinter angeordnet werden muss. Ziel ist es also, das „Aufsagen" der Zahlwortreihe durch eine Orientierung an anderen Zahlen zu ersetzen – insbesondere den Vorgängern oder Nachfolgern.

Der Einsatz von Zahlenkarten, die verschoben werden können, unterstützt die Entwicklung individueller Zugänge zum Nutzen von Zahlbeziehungen. Es sind zwei Zugänge möglich:
- Die Zahlen werden zunächst nach der Größe geordnet und die relationale Beziehung wird im Nachhinein durch Anpassen der Abstände hergestellt.
- Die relationale Beziehung spielt bereits von Beginn an beim Legen der Karten an den leeren Zahlenstrahl eine Rolle.

Unterrichtsleitfaden

Einstieg. Die Lehrkraft hängt eine Leine an der Tafel auf. Die Karten 0, 10 und 20 hängen daran. An der Tafel sind mit Magneten die Zahlenkarten 3, 4, 9, 14, 16, 19 angebracht. Die Kinder hängen die Karten an die Leine. Sie erläutern, warum sie die Zahl an diesen Platz gehängt haben. Die Lehrkraft stellt gegebenenfalls Fragen: „Welche Zahlen hängen nebeneinander?" „Wo muss man noch Platz lassen, weil noch eine Karte dazwischenhängen könnte?"

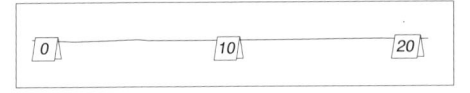

|0| |10| |20|

Material/Tafelbild zum Einstieg: dicke Paketschnur (alternativ: einen Strich an die Tafel zeichnen), Zahlenkarten (AB 9.1/9.2), Wäscheklammern oder Magnete

Arbeitsphase. Jedes Paar bekommt 3 Zahlenstrahlleinen. Die Paare erhalten 3 Sätze mit Zahlenkarten und ordnen diese abwechselnd am leeren Zahlenstrahl an. Durch das abwechselnde Anlegen wird ein Austausch über die richtige Position zwischen den Kindern provoziert.

Die Paare tragen Zahlen auf leere Karten und hängen diese dazu.

Hinweis: Die Anordnung der Zahlen an den Leinen fällt den Kindern in der Regel leicht und geht schnell. Deshalb empfiehlt es sich, die „Zahlenstrahlleinen" vor der Stunde zu befestigen. Leistungsschwächere Kinder gehen oft von links nach rechts vor und zählen dabei einzelne Einheiten ab.

Baustein 9: Zahlen am leeren Zahlenstrahl

| 0 | 2 | 4 | 6 | 9 |

Den dicken Baumwollfaden oder die Paketschnur am besten vor Unterrichtsbeginn auf die Tische der Kinder kleben. Die Karten können dann daruntergesteckt werden. Es kann auch ein Strich auf die Tische gezeichnet werden, die Karten müssten dann eventuell mit Klebeband fixiert werden.

| 10 | 11 | 18 | 19 | 20 |

| 0 | 1 | 10 | 11 | 20 |

| 0 | 5 | 10 | 15 | 20 | | 25 | 30 | 39 | 40 |

Schnur: © magnia – Fotolia.com

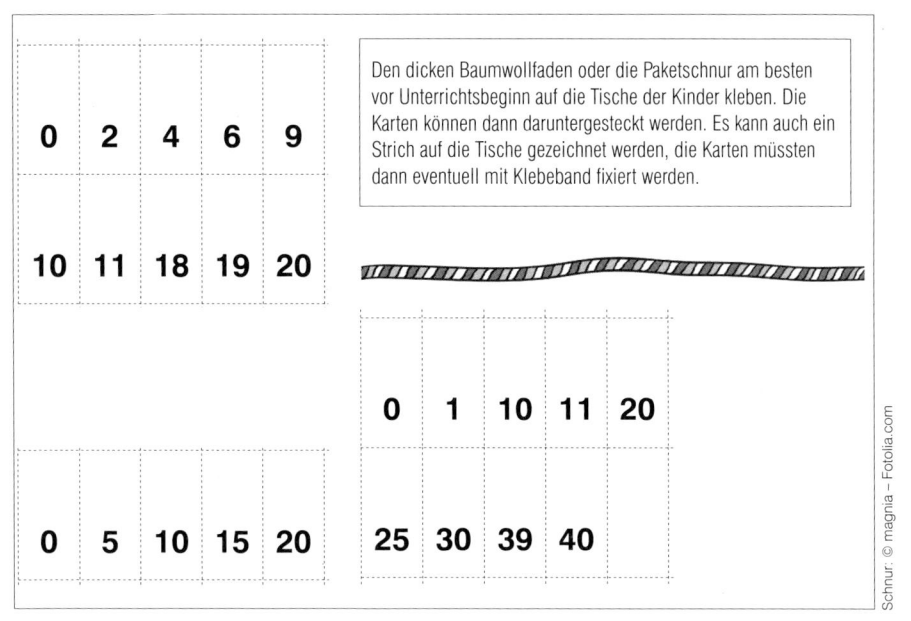

Material: dicke Paketschnur, Zahlenkarten

Eine andere Strategie ist die des Halbierens der Gesamtstrecke. Diese eignet sich insbesondere für die Karten 0, 5, 10, 15 und 20. In der Reflexion sollte diese Strategie besprochen werden.

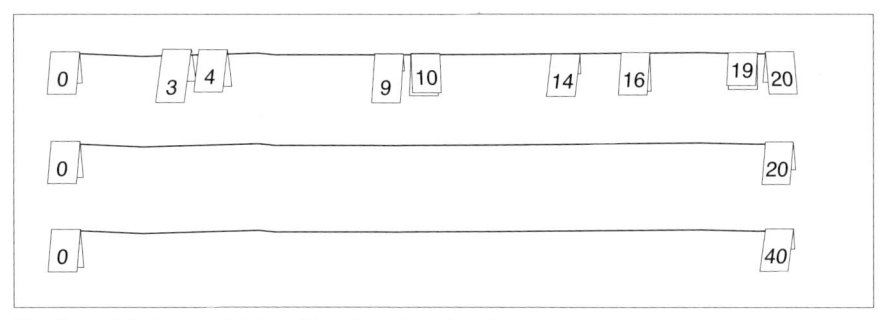

Tafelbild zur Reflexion (Material: dicke Paketschnur, Zahlenkarten)

Reflexion. Der leere Zahlenstrahl aus dem Einstieg hängt noch an der Tafel. Eine zweite Leine für den zweiten Zahlenstrahl mit den Orientierungskarten 0 und 20 wird aufgehängt. Die Paare werden aufgefordert, die Zahlenkarten wie in der Arbeitsphase aufzuhängen. Je ein Kind aus dem Paar hängt auf, das andere erläutert die Position. Die Kinder beziehen die Positionen der schon hängenden Karten in ihre Begründung ein. Die Lehrkraft gibt gegebenenfalls Impulse: „Guckt euch beide Zahlenstrahle an. Wo hängt oben die ...?"

Eine dritte Leine wird mit deutlichem Abstand und den Orientierungskarten 0 und 40 aufgehängt. Die Kinder fügen Zahlenkarten aus der Reihe bis 40 an und begründen die jeweilige Position. Die Lehrkraft gibt Impulse: „Was fällt euch auf? Welche Zahl ist in der Mitte? Was hat sich verändert?"

Hierbei wird zugleich die Diskussion auf die gleiche Gesamtlänge der leeren Zahlenstrahle bei unterschiedlichen Zahlräumen gerichtet: „Darf man das eigentlich so machen? Was bedeutet das für die Abstände zwischen den Zahlen?"

Weitere Förderideen
- Zählen in Schritten am leeren Zahlenstrahl.
- Besondere Zahlen am leeren Zahlenstrahl eintragen und erläutern (Eigenproduktionen).

ZAHLBEZIEHUNGEN AM LEEREN ZAHLENSTRAHL   BAUSTEIN 10

Darum geht es
In dieser Einheit werden nicht zu vorgegebenen Zahlen passende Positionen gesucht, sondern bestimmten Positionen am leeren Zahlenstrahl werden Zahlen zugeordnet. Dies kann nur gelingen, wenn Kinder die Beziehungen zwischen den angegebenen Zahlen nutzen und beispielsweise die Nachbarzahlen finden. Dabei werden zunächst Zahlen in unterschiedlichen Abschnitten betrachtet (0 – 20, 20 – 40, 40 – 60, 60 – 80, 80 – 100). Während die Kinder im Abschnitt von 0 bis 20 durch Zählen in 1er-Schritten beginnend von 0 die Zahlen finden könnten, stellt dies bei den anderen Abschnitten keine Option mehr da, da zumindest von einer größeren Startzahl begonnen werden muss. Die Kinder orientieren sich ausgehend von den 10er-Zahlen in den Abschnitten und nutzen dort Beziehungen, um die Zahlen an den angegebenen Positionen zu bestimmen. Zählend rechnende Kinder können zunächst im bekannten 20er-Raum verbleiben, werden aber auch hier durch unterschiedliche Markierungen angeregt, Beziehungen zwischen Zahlen auszubauen, auszunutzen oder zumindest wahrzunehmen.

In der Reflexion wird das dekadische Verständnis der Kinder angesprochen, indem zu einer freien Zehner- (☐5) oder Einerstelle (5☐) Zahlen gesucht werden. Der Austausch über die unterschiedlichen Vorschläge und die probeweise Positionierung der Karten am leeren Zahlenstrahl kann leistungsschwächeren Kindern die Bedeutung der Veränderung von Zehner- und Einerstelle aufzeigen. Leistungsstärkere Kinder können alle möglichen Zahlen finden und beschreiben, wo sich diese am leeren Zahlenstrahl befinden müssen.

Diese Etappe bereitet auf den Baustein 19 vor, in dem am Rechenstrich Operationen dargestellt und vorgenommen werden.

Unterrichtsleitfaden
Einstieg. Die Lehrkraft zeichnet einen Freihandrechenstrich an die Tafel und trägt die Randzahlen 0 und 20 ein: „Heute machen wir noch mal etwas mit dem leeren Zahlenstrahl wie in der letzten Stunde. Nur habe ich keine Leine, an der Zahlenkarten aufgehängt werden können, mitgebracht. Ich male stattdessen einen leeren Zahlenstrahl einfach an die Tafel."

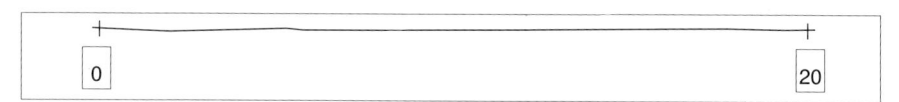

Material/Tafelbild zum Einstieg

Die Lehrkraft zeichnet einen kleinen vertikalen Strich in die Mitte des leeren Zahlenstrahls: „Welche Zahl könnte hier stehen?" Die Lehrkraft setzt weitere Striche, ungefähr bei 11, 19 sowie 5 und 6. Die Kinder machen Vorschläge für passende Zahlen und begründen diese.

4.2 Bausteine: Zählkompetenzen erweitern

Im Mittelpunkt des Unterrichtsgesprächs stehen somit die Strategien zum Ermitteln von Zahlen in einem ausgewählten Zahlenraum unter Nutzung spezifischer Stützpunkte (Halbieren, Orientierung an Zehnerzahlen, Nachbarzahlen).

Arbeitsphase. Die Paare erhalten leere Zahlenstrahle auf Streifen mit unterschiedlichen Randzahlen. Die Kinder wählen die Streifen aus und tragen – zunächst jeder für sich – an den vorgegebenen Strichen Zahlen ein. Sie greifen auch auf freie Streifen zurück und finden die Position für selbst gewählte Zahlen.

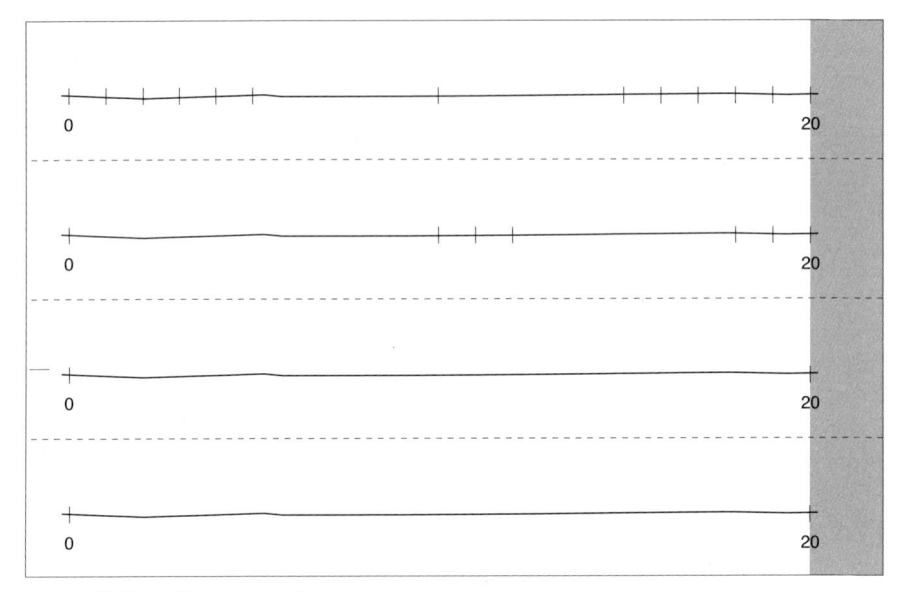

Material: AB 10.1 in Streifen geschnitten

Die Arbeitsphase wird nach einer geeigneter Zeit abgebrochen: Die Paare ordnen nun die bearbeiteten Dokumente und vergleichen die eingetragenen Zahlen. Dabei sollten sie die Zahlbeziehungen zwischen den Streifen in den Blick nehmen.

Die Kinder wählen einzelne Zahlenstrahl-Streifen aus und kleben diese zu einem großen Zahlenstrahl zusammen (gegebenenfalls von 0 bis 100).

Reflexion. Die Paare hängen ihre Zahlenstrahle an einem Tafelflügel auf. Die Zahlenstrahle werden gewürdigt und – wenn möglich – verglichen.

Die Lehrkraft zeichnet einen (leeren) Zahlenstrahl, markiert die Endpunkte 0 und 100 und zeigt die Zahlenkarten mit den fehlenden Stellen. Die Kinder vermuten, welche Zahlen dies sein könnten und wo sie platziert werden könnten. Für jede Zahl werden mehrere Alternativen besprochen.

Baustein 10: Zahlbeziehungen am leeren Zahlenstrahl

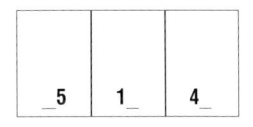

_5	1_	4_

Material zur Reflexion: Zahlenkarten mit fehlenden Stellen (je dreifach vorhanden)

Weitere Förderideen
▸ Nachbarzahlen und Nachbarzehner am leeren Zahlenstrahl finden.
▸ Weitere Übungen zum Halbieren am leeren Zahlenstrahl, zum Beispiel 10er-, 20er- oder 40er-Abschnitte vorgeben und die Mitte finden lassen.
▸ Markierungen in regelmäßigen Abständen vorgeben (2er-, 5er-, 10er-Schritte) und dazu mögliche passende Zahlenstrahle finden.

4.2.3 Anregungen zur Reflexion

Beziehungsreich und verstehensorientiert

Die in der Fachliteratur aufgeführten Schwierigkeiten zum Zählen in Schritten und zum Rückwärtszählen (siehe Kapitel 3) zeigen einige zählend rechnende Kinder auch beim Ausfüllen der Zahlenfolgen. Besonders die Zahlenfolgen, die schrittweises Rückwärtszählen erfordern, fordern die Kinder heraus, wie das Beispiel in der Abbildung auf dieser Seite zeigt. So hat Lara Schwierigkeiten mit der Orientierung und führt die Zahlenfolge vorwärts fort. Zudem macht ihr der 2er-Abstand Schwierigkeiten, sie macht von 14 zu 17 einen 3er-Schritt und von 19 zu 20 einen 1er-Schritt. Ähnliche Schwierigkeiten zeigt der Streifen von Daniel. Beim Übergang über den 10er setzt er einmal einen 1er-Schritt. Hingegen führt Thomas die Schritte konsequent in 1er-Schritten weiter, wobei er bei 21 die Ziffern invertiert schreibt – also Zehner und Einer vertauscht.

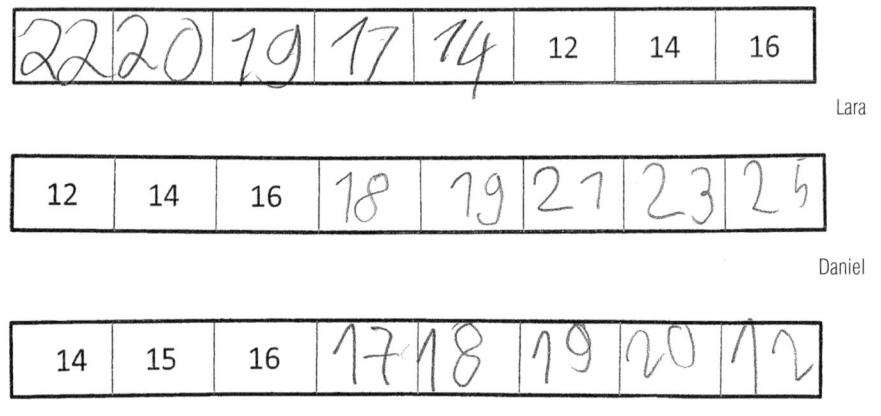

| 22 | 20 | 19 | 17 | 14 | 12 | 14 | 16 |

Lara

| 12 | 14 | 16 | 18 | 19 | 21 | 23 | 25 |

Daniel

| 14 | 15 | 16 | 17 | 18 | 19 | 20 | 12 |

Thomas

Zahlenfolgen von drei Kindern (Lara, Daniel, Thomas)

Schwierigkeiten anderer Art zeigen sich, wenn die Kinder im Rahmen frei gefundener Folgen den vertrauten Zahlenraum verlassen. Medima scheint beim Wechsel in den nächsten Zehner von 119 zu 120 auch den Hunderter zu verändern, behält diesen dann jedoch bei und geht von 220 zu 221 in Einerschritten weiter. Kolja scheint ebenfalls bei einem dekadischen Übergang, diesmal in den 100er-Raum, Schwierigkeiten zu haben und führt dann nicht mit 110, 130... fort, sondern wechselt wie beim Übergang von ersten zum zweiten Zehner von 20er- zu 2er-Schritten. Bei allen Fehlern zeigt sich in den Eigenproduktionen der Kinder, die sonst im Zahlenraum bis 20 arbeiten, dass sie sich um das Finden von mathematischen Strukturen bemühen. Die Eigenproduktionen decken somit die kritischen Stellen der weiteren Ausbildung von Zählkompetenzen bei der Einführung in neue Zahlenräume auf (vgl. Scherer 1995).

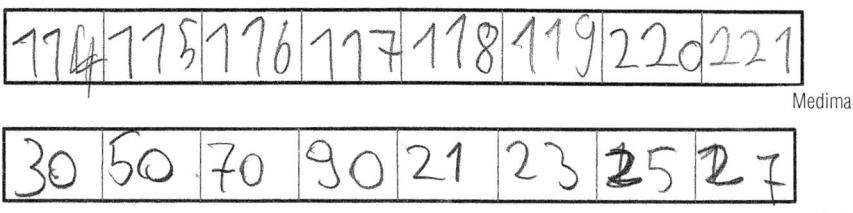

4.2.3 Anregungen zur Reflexion

```
|174|175|176|177|118|119|220|221|
```
Medima

```
|30|50|70|90|21|23|25|27|
```
Kolja

Zahlenfolgen mit überschrittenem 100er-Raum (Medima, Kolja)

Das Ringen um die Erkenntnis von Zusammenhängen und Beziehungen nicht nur innerhalb eines, sondern zwischen den Zahlenstreifen zeigt sich in der Kooperation von Pia und Mary. Die Mädchen sind dabei, die Streifen zu sortieren, und beraten über die Passung folgender Streifen:

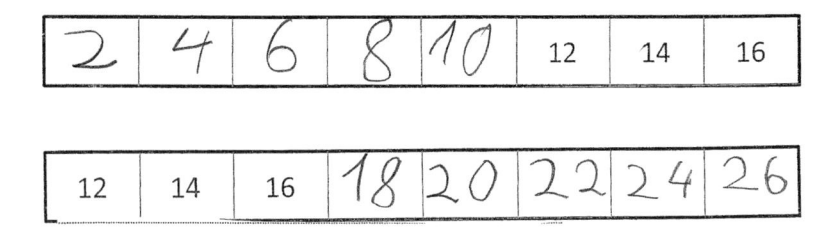

```
| 2 | 4 | 6 | 8 |10| 12 | 14 | 16 |
```

```
| 12 | 14 | 16 |18|20|22|24|26|
```

Zugeordnete Folgen von Mary und Pia

> **M**
>
> Pia: Zwei, zwölf, vier, vierzehn, sechs, sechzehn, acht, achtzehn, zehn, zwanzig *[tippt jeweils auf die Zahlen; tippt dann weiter auf die restlichen Zahlenpaare, ohne diese laut zu nennen]*. Aber zehn zwanzig? *[zuckt die Schultern]*
> Mary: Ist doch gleich, guck. *[zieht die Streifen ein bisschen zu sich heran]*
> Pia: Stimmt, stimmt. ...
> Mary: Sechzehn und zwei *[kneift die Augen zusammen]* sechsundzwanzig, vierzehn gegen vier *[kneift die Augen zusammen]* undzwanzig, zwölf gegen *[.]* zweiundzwanzig.

Nachdem Pia die Idee entwickelt, die Folgen paarweise miteinander zu vergleichen, kommt sie beim Paar „zehn zwanzig" ins Stocken; wahrscheinlich weil sich die Zahlwörter vom lautlichen Klang anders anhören. Mary stützt jedoch die Passung der Folgen „ist doch gleich" und scheint damit die Gleichheit der Einerziffern und des Zahlworts (*sechs* und *sechs*undzwanzig) zu meinen. Sie übernimmt somit Pias Idee der lautlichen Überprüfung der Paare, wendet es aber anders an. Dabei hilft ihr das Wissen um die Analogie der Folgen, die Zahlwörter

4.2 Bausteine: Zählkompetenzen erweitern

richtig zu bilden. Sie scheint sich sehr zu konzentrieren, um die Zahlen nicht verdreht zu lesen. Der von beiden Mädchen gesehene Zusammenhang zwischen den Folgen hilft hier also Mary, die Zahlwörter im noch nicht vertrauten 100er-Raum korrekt zu bilden.

Differenziert und diagnosegeleitet

Auch beim leeren Zahlenstrahl zeigen sich die Schwierigkeiten zählend rechnender Kinder, genauso wie spezifische Lernchancen durch das Material. Mit einem diagnosegeleiteten Blick auf die Produkte der Schülerin Lara (Abbildungen unten und auf der folgenden Seite) fällt auf: Lara ist bei allen von ihr bearbeiteten Abschnitten in der Lage, den fehlenden Zehner in der Mitte zu finden. Ebenfalls ist zu sehen, dass sie Zahlen richtig findet, die jeweils den Abstand 1 auf eine vorgegebene oder selbst gefundene Zahl haben. Auf dem zweiten Streifen scheint sie zwischen 80 und 100 radiert zu haben. Dies kann auf überwundene Schwierigkeiten hindeuten.

In der Tat zeigt die Transkriptanalyse, dass Lara die vorwärts zu zählenden Zahlen 81, 82, 83, 84 und 85 schnell gefunden hat, ebenso wie die 99. Doch statt von 99 aus in 1er-Schritten rückwärts zu zählen, geht sie von 90 an in 1er-Schritten vorwärts und tippt dabei auf imaginäre Striche. Auf diese Weise findet sie als Erstes die Folge 96, 97, 98, 99, 99, 100. Sie kommt also aus zwei Richtungen zur 99, sodass sie zweimal diese Zahl nebeneinander stehen hat. Sie stellt fest, dass dies nicht passen kann, und korrigiert entsprechend ihre Notationen. Laras Vorgehen zeigt, dass sie mit Ausnahme der 99, die sie als direkten Vorgänger bestimmen kann, das Rückwärtszählen nicht nutzt und sich probierend an die Lösung herantastet. Dabei wirkt die entstehende Folge der Zahlen als Kontrolle.

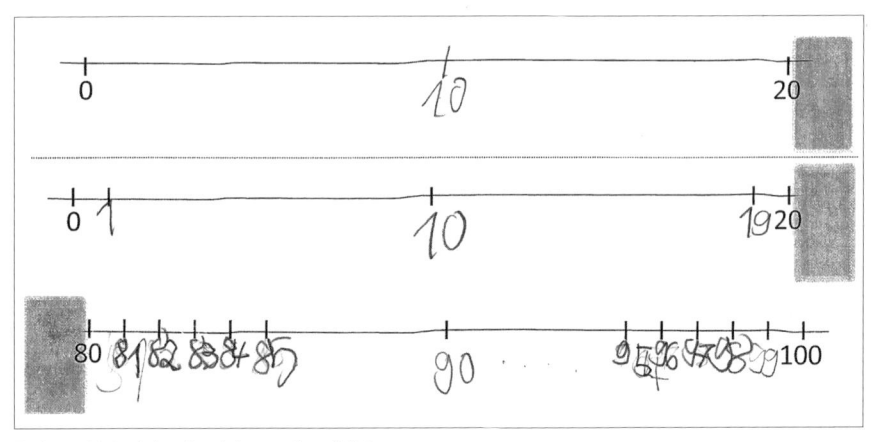

Zahlenstrahlabschnitte, bearbeitet von Lara, Teil 1

Genau diese Kontrolle scheint bei den Streifen mit größeren Abschnitten zu fehlen (siehe die Abbildung auf S. 111). Lara sieht hier noch nicht, dass die 8 nicht in der Mitte zwischen 0 und 10 stehen kann. Sie hat zwar wiederum den Zehner in der Mitte richtig bestimmt, nutzt aber nicht die Strategie des Halbierens der Strecke, um die weiteren Zahlen zu finden. Vielmehr deuten die kleinen Bleistiftpunkte zwischen 0 und 8 darauf hin, dass Lara von vorn in 1er-Schritten gezählt hat. Dies zeigt auch die Videoanalyse. Da Lara hier ausschließlich von links nach rechts vorgeht und nicht – wie oben – aus unterschiedlichen Richtungen zum gleichen Strich kommt, bemerkt sie ihren Fehler nicht. Sie ist weder von den unterschiedlichen Einern bei der ersten Skalierung (8**6** und **8**) noch von den unterschiedlichen Einern an den „Fünferstellen" irritiert.

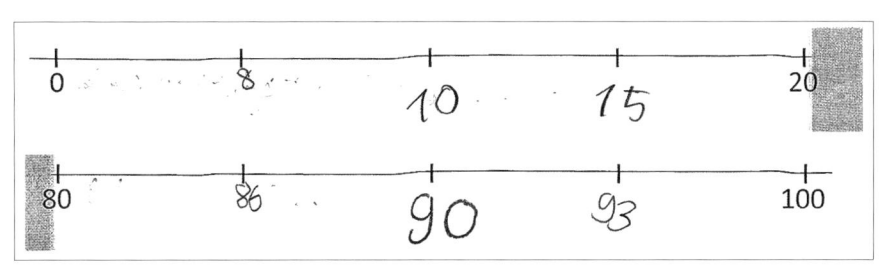

Zahlenstrahlabschnitte, bearbeitet von Lara, Teil 2

Zusammenfassend weisen die Dokumente und die Videoanalyse ihres Vorgehens darauf hin, dass Lara

- vorwärts zählen kann,
- die 10er-Reihe beherrscht,
- die Vorgänger der Zehner kennt,
- die Struktur aufeinanderfolgender Zahlen nutzen kann,
- das Zählen in größeren Schritten nicht nutzt oder nicht beherrscht,
- die Konstanz der Fünferabschnitte nicht abbildet.

Laras Schwierigkeiten scheinen somit nicht vorrangig in der Orientierung im 100er-Raum zu liegen, sondern in dem Umgang mit den größeren Abschnitten auf dem Zahlenstrahl. Durch die bearbeiteten Folgen in den verschiedenen Zahlenräumen werden sowohl ihre Kompetenzen als auch ihre Schwierigkeiten deutlich. Die Lehrkraft erhält so einen guten Einblick in die Fähigkeiten und kann entsprechende weitere Förderideen zum Rückwärtszählen und zum Zählen in Schritten anbieten.

Kooperativ und kommunikativ
Kommunikation ist nicht nur in den kooperativen Phasen von großer Bedeutung (siehe hierzu den als Erstes dargestellten Austausch zwischen Mary und Pia), sondern ist auch in der Reflexion wichtig. Wie anregend entsprechende Impulse sein können, zeigt folgende Szene aus der Reflexion zu den Zahlenfolgen (siehe Baustein 8).

4.2 Bausteine: Zählkompetenzen erweitern

Wie im Verlauf vorgeschlagen, wurde die Folge 12, 14, 16 zunächst an der Tafel fortgesetzt:

| 12 | 14 | 16 | 18 | 20 | 22 | 24 | 26 |

Ausgangsfolge der Reflexion

Alle Kinderpaare werden nun aufgefordert zu überprüfen, welche Folge sie zu dieser dazusortiert haben. Ein Kinderpaar kommt nach vorne und notiert seine Folge:

| 2 | 4 | 6 | 8 | 10 | 12 | 14 | 16 |
| 12 | 14 | 16 | 18 | 20 | 22 | 24 | 26 |

Ergänzte Folge

Die Lehrkraft fordert die weiteren Kinder der Klasse auf zu überlegen, warum dieses Kinderpaar diesen Streifen passend findet: „Die anderen können überlegen, warum die Folge dazu passt, also was die beiden sich wohl überlegt haben." Die Kinder betrachten interessiert die Folge und melden sich. Wesentlich ist hier, dass die Erkenntnisse einzelner Kinder einerseits zur Demonstration aufgegriffen werden, andererseits wiederum Ausgangspunkt für weitere Erkundungen und gegenseitige Deutungen aller anderen Kinder der Klasse sind, da diese Beziehungen zu eigenen Erfahrungen aus der Arbeitsphase herstellen können.

Zugeordnete passende Folge
Durch eine Irritation verliert die Lehrkraft jedoch die eben noch gestellte Frage aus dem Blick und fordert dann das vorn stehende Kinderpaar auf, selbst zu erzählen, was sie sich überlegt haben. Die vorstellenden Kinder beschreiben die von ihnen gesehene Beziehung: „Da fehlt der Zehner." Die Gelegenheit zum Austausch über unterschiedliche Relationen der Folgen verstreicht, die anderen Kinder werden somit zu Zuhörern.

Im weiteren Prozess wird die Interaktion jedoch wieder geöffnet, indem die Kinder gefragt werden, welche Zahlenfolgen jetzt noch zu den beiden schon gefundenen passen würden. Die Phase des Zusammenfassens und Beschreibens der Ergebnisse aus der Arbeitsphase wird also verlassen und die Kinder werden aufgefordert, die erkannten Beziehungen weiterzuführen. Die Kinder schlagen zunächst die Folge beginnend mit 32 vor.

4.2.3 Anregungen zur Reflexion

2	4	6	8	10	12	14	16
12	14	16	18	20	22	24	26
32	34	36	38	40	42	44	46

Weitere ergänzte Folge

Auch hier könnten unterschiedliche weitere passende Folgen diskutiert werden und darüber gesprochen werden, warum genau diese Folgen passen.

4.3 Grundvorstellungen aufgreifen

4.3.1 Fachdidaktischer Hintergrund

Die zentralen Rechenoperationen in der Schuleingangsphase sind Addition und Subtraktion, zu denen die Schülerinnen und Schüler grundlegende Vorstellungen aufbauen sollen. „Die Grundidee beim Aufbau von Grundvorstellungen ist, dass *konkrete* Handlungen an geeigneten Materialien zu *gedanklichen* Operationen umgebaut werden" (Wartha/Schulz 2011, S. 11). Das bedeutet zweierlei:

▸ Wesentlich für den Aufbau von grundlegenden Vorstellungen zur Addition und Subtraktion sind konkrete und sinnstiftende Handlungsideen, die zu den Grundvorstellungen passen. Diese können sowohl zählend als auch nichtzählend durchgeführt werden. Auch wenn das Ziel die Ablösung vom zählenden Rechnen ist, sollte das Material ein zählendes Vorgehen erlauben (vgl. Scherer/Moser Opitz 2010), allerdings ein quasi-simultanes Bestimmen der Mengen nahelegen.

▸ Wesentlich sind zudem Aktivitäten, die die Kinder auffordern, sich die Handlungen vorzustellen, um ein mentales Bild aufzubauen und letztendlich auf die konkrete Handlung zu verzichten. Dies können Aktivitäten des Beschreibens, verdeckten Handelns und der mentalen Vorstellung einer operativen Veränderung bei einer konkreten Menge sein. Auch wenn das Ziel die mentale Vorstellung und Berechnung von Operationen ist, ist die Rückübersetzung auf das Material wichtig. Der Weg der Verinnerlichung führt nie nur vom Material weg, sondern immer wieder auf das Material zurück, um am Material zu erklären, etwas darzustellen oder zu argumentieren.

Verfügen Kinder über eine fundierte Vorstellung der Operationen Addition und Subtraktion, können sie zunehmend mentale Bilder dazu generieren und langfristig auch abrufen. Andernfalls bleibt die auf dem Zählen fußende Vorstellung dominant. Die zentralen Grundvorstellungen zur Addition sind das *Vereinigen* von Mengen und das *Hinzufügen* einer Menge zu einer anderen (Müller/Wittmann 1984, S. 179). Diese Grundvorstellungen der Addition sind eng verknüpft mit der kardinalen Darstellung der Zahlen.

Bei der Subtraktion unterscheidet man als wesentliche Grundvorstellungen das *Abziehen* und das *Vergleichen*. Beim Abziehen wird die Differenz als Restmenge gedeutet, der Vergleich initiiert hingegen eine Interpretation der Differenz als Unterschied (vgl. Marx 2010). Letztere legt das Ergänzen nahe, das heißt „eine additive Sichtweise auf das Subtraktionsproblem [wird] eingenommen" (Marx/Wessel 2010, S. 41), um Fragen zu beantworten wie: „Wie viel muss ich zu einer Menge von 17 dazulegen, um 20 zu erhalten?

4.3.1 Fachdidaktischer Hintergrund

Vereinigung zweier Mengen

Hinzufügen einer Menge zu einer anderen

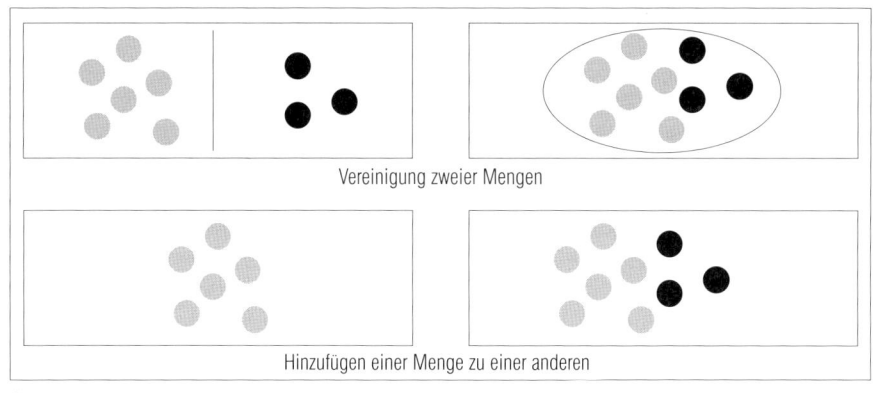

Grundvorstellungen der Addition

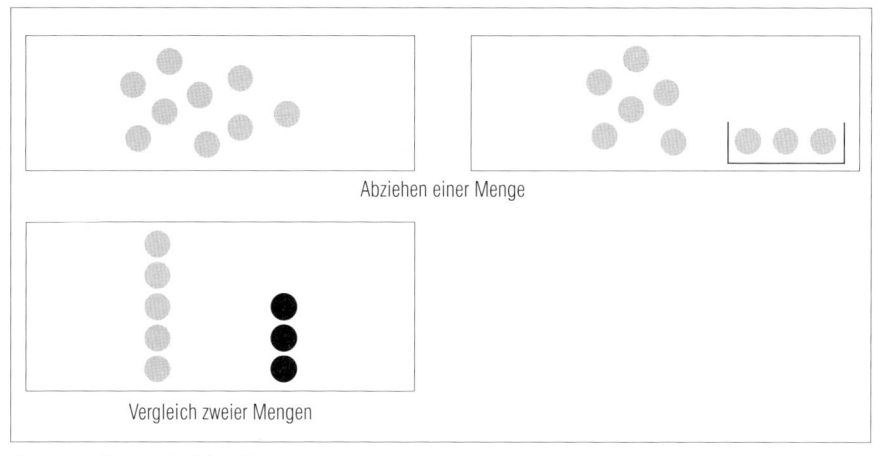

Abziehen einer Menge

Vergleich zweier Mengen

Grundvorstellungen der Subtraktion

Die Bausteine eignen sich nicht, um diese Grundvorstellung zur Addition und zur Subtraktion fundamental aufzubauen. Die Bausteine greifen jedoch diese Grundvorstellungen bei der vertiefenden Übung von Kernaufgaben auf und geben die Möglichkeit, anhand des Materials die vorhandenen Erfahrungen auszubauen. Wie in der Abbildung auf der Folgeseite deutlich wird, werden die Vorstellungen des Ergänzens und Abziehens mit den Handlungsideen „den Einer abdecken" beziehungsweise „den Einer zum Zehner ergänzen" verknüpft. Diese Handlungsideen eignen sich für zählend rechnende Kinder in besonderer Weise, weil die Veränderung nicht einzeln, sondern als ganze Menge durch Hinzulegen eines Streifens (Ergänzen), Abdecken einer Zeile (Abziehen) oder Spiegeln (Verdoppeln) vorgenommen wird. Die Anzahlen werden strukturiert am 20er-Feld dargestellt, damit die Schülerinnen und Schüler die Möglichkeit erhalten,

4.3 Bausteine: Grundvorstellungen aufgreifen

dekadische Strukturen im Zusammenhang mit Grundvorstellungen zur Addition und Subtraktion aufzubauen und beim Rechnen flexibel zu nutzen.

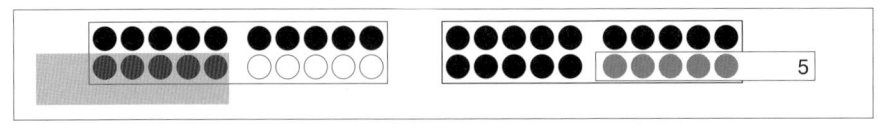

Abziehen und Ergänzen zum Zehner

Ergänzen und Vermindern zur 10 beziehungsweise zum Zehner sind ebenso wie das Verdoppeln elementare Strategien, die zu den additiven Kernaufgaben im Zahlenraum bis 20 beziehungsweise 100 gehören. Kernaufgaben sind diejenigen Aufgaben, die Kinder verfügbar haben müssen, sodass sie eine sichere Basis für die Erschließung anderer („verwandter") Aufgaben bilden (vgl. Wittmann/Müller 2012b). Das Aufgreifen der Grundideen wird für die zählend rechnenden Kinder verknüpft mit dem gestützten Üben von Kernaufgaben. Es wird also umgesetzt, was Gerster (2009, S. 268) im Hinblick auf die Gestaltung des Mathematikunterrichts mit rechenschwachen Kindern fordert: „Automatisieren der Basisfakten soll sich ergeben aus einsichtigem Herstellen von Beziehungen zwischen Zahlensätzen anhand visueller Vorstellungen bei gegliederten Quantitäten (nicht nur durch mechanisches Auswendiglernen). Dabei sind besonders wichtig das Verdoppeln und Halbieren sowie die Beziehungen der Zahlen zur Fünf und zur Zehn."

Die Kernaufgaben werden in den Bausteinen zum Thema *Mit Zahlbeziehungen rechnen* (Bausteine 15 bis 20) als Ausgangsaufgaben genutzt, die operativ verändert werden. Mit Fokus auf die zählend rechnenden Kinder werden zuvor in den Bausteinen 11 bis 14 die Kernaufgaben mit Bezug auf die Zahlvorstellung und die Operationsvorstellung vertiefend aufgegriffen. Das heißt, die Aufgaben können gestützt am Material mit Blick auf die Grundvorstellung gelöst werden. Aktivitäten zum Sortieren und Sammeln der Kernaufgaben werden angeboten, um zählend rechnenden Kindern den mathematischen Kern der Aufgaben deutlich zu machen. Diese Aktivitäten ersetzen aber nicht die Thematisierung der Kernaufgaben im Mathematikunterricht.

Die Aufgaben sind mit Blick auf die nichtzählend rechnenden Kinder so konzipiert, dass einerseits die Stützung reduziert, andererseits die Komplexität von den Kindern eigenständig gesteigert wird. Dies erfolgt durch die Erhöhung des Zahlenraums und damit verbunden durch die analoge Betrachtung von Zehnerzahlen (beziehungsweise Verdopplung bis 20 + 20).

4.3.2 Bausteine zum Aufgreifen von Grundvorstellungen

ERGÄNZEN ZUM ZEHNER   BAUSTEIN 11

Darum geht es

Das Ergänzen ist neben dem Abziehen die zentrale subtraktive Grundvorstellung. Zugleich kann es die Einsicht in unterschiedliche additive Rechenstrategien unterstützen – etwa im Sinne des klassischen Zehnerübergangs; wie zum Beispiel 18 + 7 = 18 + (2 + 5) = (18 + 2) + 5 = 20 + 5. Hier muss das Kind überlegen, wie viel zur 18 hinzuaddiert werden muss, um 20 zu erzielen. Ebenso ist die Fähigkeit, einen Summanden in Relation zum nächsthöheren Zehner (beziehungsweise zum nächsthöheren Stellenwert) zu deuten (also zum Beispiel das Ergänzen zum nächsten Zehner, wie bei 18 + ☐ = 20), eine zentrale Voraussetzung beim flexiblen Addieren; wie zum Beispiel bei 18 + 34 = (18 + 2) + (34 – 2) = 20 + 32 beziehungsweise 18 + 34 = 18 + (2 + 32) = (18 + 2) + 32 = 20 + 32.

Das Ergänzen zum Zehner soll mit der Handlungsidee „Welcher Streifen (welche Menge) passt?" verknüpft werden. So kann eine Alternative zum einzelnen Hinzulegen von Plättchen aufgezeigt werden, die von den Kindern sowohl konkret durchgeführt als auch zunehmend in die Vorstellung verlagert werden kann.

Die Aufgaben bieten im Sinne der Differenzierung sowohl Ergänzungen zu vorgegebenen Zehnerzahlen wie 10 und 20 als auch zu anderen Zehnerzahlen an. Bei der Aufgabenbearbeitung ist neben der im Fokus stehenden Ergänzung die quasi-simultane Zahlerfassung in diesem Zahlenraum bedeutsam. Werden alle Punktkarten zur Verfügung gestellt, sind die Kinder mit Zahlen bis zur 69 konfrontiert. Hier zeigt sich, inwieweit sie die Zahlen nun ohne Abzählen erfassen und in Teile (zum Beispiel Zehner und Einer) zerlegen können. Da mit den Materialien nicht in den 100er-Raum eingeführt wird, sollte darauf geachtet werden, dass die Kinder mit dem Lesen von Zahlen im Punktefeld vertraut sind. Ist der 100er-Raum mit den Kindern noch nicht eingeführt, kann der Baustein mit dem beiliegenden Material auch im 20er-Raum durchgeführt werden. Die Karten mit großen Zahlen müssen dann entsprechend aussortiert werden.

Während die Kinder im ersten Teil der Arbeitsphase auf individuellen Wegen Ergänzungsaufgaben berechnen und die Kernaufgaben üben, soll beim Sortieren der Karten gemeinsam erkannt werden, von welchen Zahlen aus zum gleichen Zehner ergänzt werden kann. Reflexiv erkennen die Kinderpaare, dass es jeweils 10 Zahlen sind, von denen aus auf den gleichen Zehner ergänzt werden kann (30, 31, 32, 33, 34 … 39 beim Zehner 40). Während für zählend rechnende Kinder möglicherweise die sich operativ verändernden Ergänzungen im Vordergrund stehen, kann es für leistungsstärkere Kinder darum gehen, zu erkennen und allgemein zu beschreiben, dass im dekadischen Zahlsystem immer von 10 Zahlen zu einem Zehner ergänzt werden kann. Beide Erkenntnisse sind füreinander hilfreich, insofern ist die Kooperation für alle Kinder ein Gewinn.

4.3 Bausteine: Grundvorstellungen aufgreifen

Unterrichtsleitfaden

Einstieg. Als Wiederholung bzw. Anknüpfung an Bekanntes zeigt die Lehrkraft mit dem Stift Zerlegungsaufgaben der 10. Die Kinder nennen Aufgaben. Diese werden nicht notiert.

Die Tafel wird aufgeklappt. Innen sind 8, 18, 17 wie untenstehend gezeigt dargestellt. Neben den Feldern stehen die Ergänzungsaufgaben. Exemplarisch hängen vier Demostreifen zur Ergänzung an der Tafel.

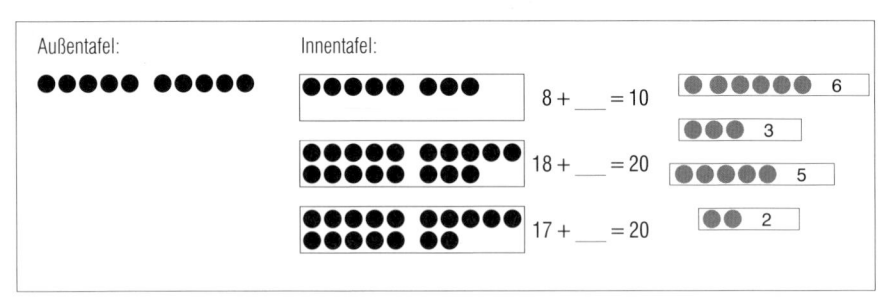

Außentafel:	Innentafel:		
●●●●● ●●●●●	●●●●● ●●●	8 + ___ = 10	●●●●●● 6
			●●● 3
	●●●●● ●●●●● ●●●	18 + ___ = 20	●●●●● 5
	●●●●● ●●●●● ●●	17 + ___ = 20	●● 2

Material/Tafelbild zum Einstieg: Punktefelder aus magnetischen Wendeplättchen, notierte Ergänzungsaufgaben, Demo-Ergänzungsstreifen (selbst erstellen)

Hinweis: Damit die Ergänzung nicht abgezählt werden kann, sind die fehlenden Punkte nicht auf dem 20er-Feld abgebildet.

Die Lehrkraft führt in das Aufgabenformat ein und weist auf die Streifen („Welcher Streifen passt, damit die Reihe voll wird?") und die Zehnerzerlegung hin („Wie viele Plättchen fehlen bis zum nächsten Zehner? – Wie kannst du das schnell erkennen?").

Analog zur Arbeitsphase wird ein Kinderpaar aufgerufen: Ein Kind wählt aus den drei Aufgaben eine aus, die bearbeitet werden soll, das andere Kind wählt den Streifen. Der fehlende Summand wird notiert.

Arbeitsphase. Die Paare bekommen einen Satz Punktekarten und 11 Ergänzungsstreifen. Das Material wird für beide zugänglich in die Mitte des Tisches gelegt. Jedes Kind wählt für sich aus dem Stapel eine Punktekarte, sucht den passenden Ergänzungsstreifen und notiert die Aufgabe auf einem Streifen Papier. Der Ergänzungsstreifen wird zurückgelegt, die Punktekarte weggelegt.

Hinweis: Im Zentrum der Stunde steht die Darstellung der Grundvorstellung „Ergänzen". Das Ergänzen zum Zehner soll von den Kindern mit der Handlung „den passenden Streifen bis zur 10 hineinlegen" verbunden werden, die die zählend dominierte Vorstellung, „einzelne Punkte abzählend aufzufüllen", ersetzen soll. Um dies zu verstärken, stehen die (Ergebnis-)Zahlen auf den Streifen. Wesentlich ist hierbei, dass die Kin-

Baustein 11: Ergänzen zum Zehner

der lernen, die aus dem Zahlenraum bis 10 bekannten Zehnerzerlegungen in die gemischten ZE-Zahlen hineinzudeuten.

Im Heft können weitere, selbst erfundene Ergänzungsaufgaben notiert werden. Durch die Eigenproduktion der zusätzlichen Aufgaben werden die Kinder angeregt, das Aufgabenformat auf der symbolischen Ebene weiterzuführen. Dadurch wird auch eine Differenzierung für die leistungsstärkeren Kinder ermöglicht.

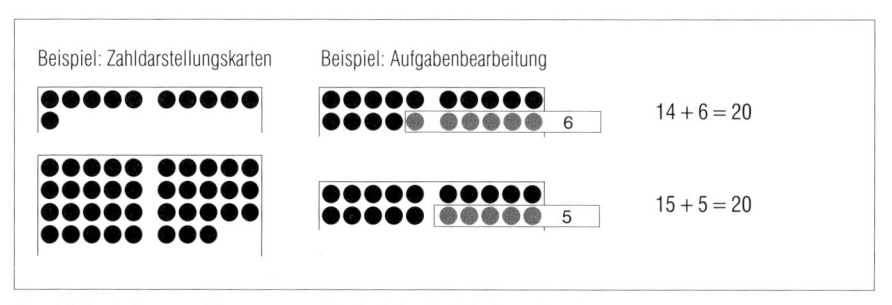

Beispiel: Zahldarstellungskarten   Beispiel: Aufgabenbearbeitung

$14 + 6 = 20$

$15 + 5 = 20$

Material: Punktekarten und Ergänzungsstreifen für jedes Kind, Heft und Bleistift

Nach einiger Zeit oder wenn alle Karten bearbeitet sind, erhalten die Kinder den Auftrag, die Karten bzw. die notierten Aufgaben zu ordnen und sich über ihre Ordnungssysteme zu verständigen.

Das Ordnen der Karten (zum Beispiel nach dem ergänzten Summanden oder dem erreichten Zehner) bereitet auf die Betrachtung der operativen Serie in der Reflexion vor.

Reflexion. Die abgebildete operative Aufgabenserie steht an der Tafel. Jede Aufgabenserie (entweder waagerecht oder senkrecht) wird von einem Paar gelöst. Dabei bestimmt ein Kind die fehlenden Summanden, das andere erläutert den Zusammenhang zwischen den Aufgaben.

$5 + \_\_ = 10 \qquad 4 + \_\_ = 10$
$15 + \_\_ = 20 \qquad 14 + \_\_ = 20$
$25 + \_\_ = 30 \qquad 24 + \_\_ = 30$

Tafelbild zur Reflexion: Aufgabenserie

Die Lehrkraft erfragt Vorgehensweisen und gibt Impulse:
▶ „Wie habt ihr das überlegt?"
▶ „Wie kann man die erste Aufgabe nutzen, um die zweite auszurechnen?"
▶ „Was fällt euch bei den Aufgaben auf?"
▶ „Wie würde die nächste Aufgabe heißen?"

Weitere Förderideen
- Karten (ohne Ergänzungsstreifen) zum Blitzrechnen nutzen (Ergänzen zu 10, Ergänzen zum Zehner).
- Operative Serien zur Ergänzung zum Zehner lösen und beschreiben.
- Ergänzungsstreifen als Handlungsidee geben und Ausgangsmengen finden, aus denen zum Zehner ergänzt werden kann (zum Beispiel Ergänzungsstreifen 3; Ausgangsmenge 7, 17, 27 … 97, 107).

VERMINDERN ZUM ZEHNER — BAUSTEIN 12

Darum geht es

Analog zum „Ergänzen zum Zehner" ist das subtraktive Ergänzen im Sinne des „Verminderns zum Zehner" (zum Beispiel 16 − ☐ = 10) eine vermeintlich einfache Subtraktion. Für zählend rechnende Kinder sind diese Aufgaben jedoch genauso schwer wie andere, da sie nicht erkennen, wie und warum diese Aufgaben einfach sind. Oft bestimmen sie jede einzelne Aufgabe durch Rückwärtszählen. Ziel dieses Bausteins ist es, deutlich zu machen, wie das Vermindern zum Zehner dar- und dann auch vorgestellt werden kann, sodass alle Schülerinnen und Schüler vestehen, warum die Einer in „einem Rutsch" subtrahiert werden können.

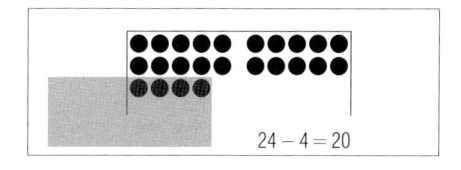

24 − 4 = 20   Vermindern zum Zehner durch Abdecken

Die Kinder müssen sich gegebenenfalls mit der Darstellung der Subtraktion durch die Abdeckfolie zunächst vertraut machen. Dazu kann es hilfreich sein, dem Baustein eine Unterrichtsstunde vorzuschalten, in der die Kinder an den Karten frei Subtraktionsaufgaben abdecken und diese notieren können. Dies hat den Vorteil, dass die Kinder bereits ihre Vorstellung zur Subtraktion aktiviert haben und sich nun auf das „geschickte" Abdecken (sodass Zehner übrig bleiben) konzentrieren können. Zudem haben sie möglicherweise beim freien Abdecken bereits erfahren, dass das Ermitteln einer Aufgabe bei spalten- oder felderweisem Vorgehen sehr schwierig und ein zeilenweises Abdecken zu bevorzugen ist (vgl. Abbildung unten). Entsprechend sind sie womöglich offener für die Fokussierung auf einfache Subtraktionsaufgaben und haben ihrem Drang zum Experimentieren mit der Folie bereits nachgegeben.

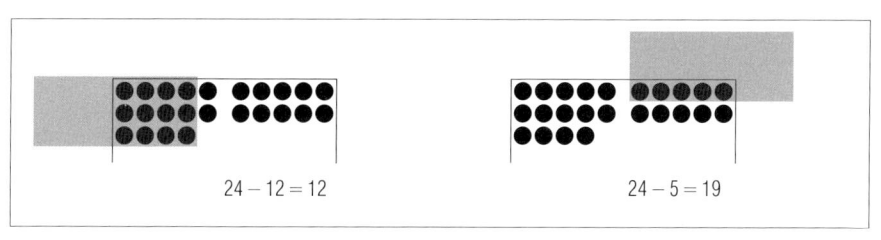

24 − 12 = 12   24 − 5 = 19

Durch Abdecken schwierig zu ermittelnde Subtraktionsaufgaben

4.3 Bausteine: Grundvorstellungen aufgreifen

Unterrichtsleitfaden

Einstieg. Es hängen Punktefelder mit 17, 24 und 27 Punkten an der Tafel. Die Kinder bestimmen zunächst die Anzahlen und erläutern, wie sie die Punkte gesehen haben. Daraufhin demonstriert die Lehrkraft die Arbeitsanweisung beispielhaft, sodass die Kinder erkennen, wie die Einer mit der Folie abgedeckt werden. Diese Handlung wird als Subtraktion interpretiert und somit als Subtraktionsaufgabe notiert.

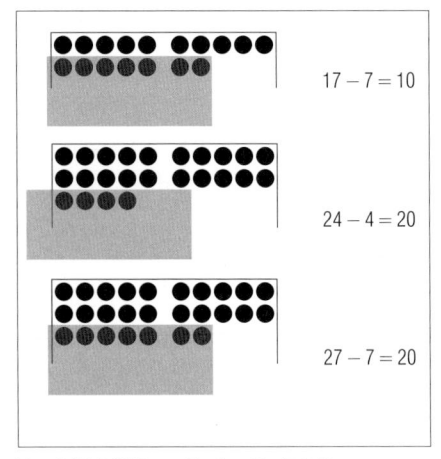

$17 - 7 = 10$

$24 - 4 = 20$

$27 - 7 = 20$

Material/Tafelbild zum Einstieg: Punktefelder aus magnetischen Wendeplättchen; Folie zum Abdecken (selbst zuschneiden)

Arbeitsphase. Die Paare erhalten den Satz Punktekarten aus der letzten Stunde und jeweils eine Abdeckfolie (dicke Transparentfolie aus dem Bastelbedarf in Rechtecke von 8 × 10 cm zerschneiden; wird auch noch in Baustein 17 benötigt).

Jedes Kind nimmt eine Punktekarte und deckt sie so ab, dass nur die Zehner zu sehen sind, und es notiert die Subtraktionsaufgaben im Heft.

Die Kinder können nicht nur die Einer abdecken, sondern auch Aufgaben der Form ZE – ZE = Z. Hierzu erfinden die Kinder je nach Kompetenz eigene Aufgaben.

Die Arbeitsphase wird nach bestimmter Zeit unterbrochen und die Paare bekommen ein Arbeitsblatt, auf dem sie gemeinsam alle Aufgaben notieren, die sie mit der Differenz 10 gefunden haben. Die Paare finden weitere Subtraktionsaufgaben der Form ZE – E = 10.

Material: Punktekarten aus der letzten Einheit (AB 11.1 – 11.6), Folien zum Abdecken, Heft, Bleistift und AB 12.1 für die gemeinsame Arbeitsphase

Hinweis: Schnelle und leistungsstarke Paare können auch Aufgaben zu einem anderen Zehner suchen und begründen, warum es zu einem gegebenen Zehner 10 Subtraktionsaufgaben der Form ZE – E = Z gibt.

Gegen Ende der Arbeitsphase erhalten die Paare einen Papierstreifen. Die Lehrkraft fordert die Paare auf, eine Subtraktionsaufgabe mit dem Ergebnis 10 aufzuschreiben und an die Tafel zu hängen.

Reflexion. Aufgaben mit dem Ergebnis 10 hängen an der Tafel. Die Kinderpaare sortieren Aufgaben: „Welche sind doppelt? – Welche passen nicht zum Typ ZE – E = 10?"

Die Lehrkraft gibt gegebenenfalls Impulse: „Haben wir alle Aufgaben gefunden? – Warum haben wir alle Aufgaben gefunden?"

Fehlende Aufgaben werden gegebenenfalls ergänzt. Die Kinder begründen ihre Aussagen. Das Partnerkind gibt die Aussage mit seinen Worten wieder. Die Kinder beschreiben die Struktur der Aufgaben.

Weiterführende Fragen für die Reflexion:
- Aus welchen Ausgangszahlen kann das Ergebnis 30 werden?
- Wie können die schon gefundenen Aufgaben mit dem Ergebnis 10 genutzt werden, um Aufgaben mit dem Ergebnis 30 zu finden?
- Wie viele und welche Aufgaben können bei diesem Typ (ZE – E = Z) immer gefunden werden?

Weitere Förderideen
- Karten (ohne Folie) zum Blitzrechnen nutzen: Vermindern zum Zehner.
- Aufgaben ZE – ZE = Z abdecken und lösen.
- Karten geben und Handlung (– E, – ZE) mit der Folie beschreiben: Aufgabe finden oder zu einer Aufgabe die Handlung beschreiben.
- Operative Serien zum Vermindern zum Zehner lösen und beschreiben.

4.3 Bausteine: Grundvorstellungen aufgreifen

BAUSTEIN 13   VERDOPPELN MIT DEM SPIEGEL

Darum geht es

Verdopplungsaufgaben gehören zu den Kernaufgaben des kleinen 1 + 1 und sollen deshalb von allen Kindern am Ende der 1. Klasse automatisiert sein. Verdopplungsaufgaben werden ebenso wie die Aufgaben „10 zerlegen", „Ergänzen" beziehungsweise „Vermindern zum Zehner" als Kernaufgaben in den weiteren Bausteinen verwendet.

Zur Vertiefung der Handlungsidee des Verdoppelns werden in dieser Einheit Mengen mit dem Spiegel verdoppelt. Dabei handelt es sich nicht um unstrukturierte Mengen, sondern um Darstellungen im Punktefeld. Die Ausgangsmenge müsste entsprechend quasi-simultan erfasst werden können, und die strukturierte Darstellung erlaubt auch eine quasi-simultane Erfassung der entstehenden Gesamtmenge. Die unterschiedlichen Anordnungen der Mengen im Punktefeld eröffnen den Kindern verschiedene Möglichkeiten, den Spiegel anzulegen, sowie eine Vielzahl an Interpretationen des Verdoppelns und der mathematischen Darstellung von Mengen. Die Kinder vertiefen letztlich durch das Spiegeln und die Bestimmung der Anzahlen die Erkenntnis, dass gleiche Mengen unterschiedlich angeordnet sein können.

Spiegeln strukturierter Mengen

Unterrichtsleitfaden

Einstieg. Die Kinder sitzen im Stuhlhalbkreis. Auf einem Tisch oder auf dem Boden liegen einige magnetische Wendeplättchen und ein großer Spiegel. Die Lehrkraft legt 3 Plättchen vor den Spiegel (stummer Impuls). Die Kinder äußern sich.

Die Lehrkraft gibt gegebenenfalls Impulse: „Wie viele Plättchen liegen vor dem Spiegel? – Wie könnt ihr schnell sehen, wie viele es zusammen sind?". Die Kinder fokussieren auf die Verdopplungsaufgabe. Diese wird notiert.

Die Lehrkraft stellt eine Erkundungsfrage: „Kann ich den Spiegel so stellen, dass nur 1 Plättchen hinter dem Spiegel ist?" oder „Kann ich den Spiegel so legen, dass insgesamt nur 2 Plättchen zu sehen sind?". Die Kinder erläutern ihre

Baustein 13: Verdoppeln mit dem Spiegel

Ideen und formulieren diese als Verdopplungsaufgabe. Der Spiegel wird an die entsprechende Stelle gerückt und die Aufgabe notiert.

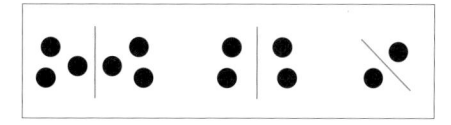

Nachdem deutlich geworden ist, dass es um die Verdopplungsaufgaben geht, nimmt die Lehrkraft ein großes 20er-Feld mit 10 markierten Punkten (Material zum Baustein 6 *Kraft der Fünf*) und stellt den Spiegel so auf das Feld, dass alle oder ein Teil der Punkte gespiegelt werden. Die Kinder nennen jeweils die Verdopplungsaufgabe.

Material: Magnetische Wendeplättchen, großer Spiegel

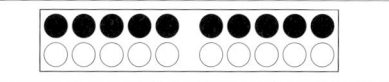

Punktekarte „10"

Arbeitsphase. Jedes Kind eines Paars erhält eine Punktekarte mit 5 und 10 gefüllten Punkten, die zwar die gleiche Anzahl, jedoch eine unterschiedliche Anordnung der Zahlen zeigen. Die Kinder experimentieren zunächst frei mit dem Spiegel und den Karten und erzeugen möglichst viele Verdopplungsaufgaben. Sie notieren die Aufgaben im Heft.

Die Paare erhalten AB 13.2 (siehe unten), auf dem die Punktekarten abgebildet sind. Die Kinder notieren alle Verdopplungsaufgaben, die sie mit einer Karte gefunden haben. Die Paare vergleichen die gefundenen Aufgaben und markieren gleiche Aufgaben in derselben Farbe.

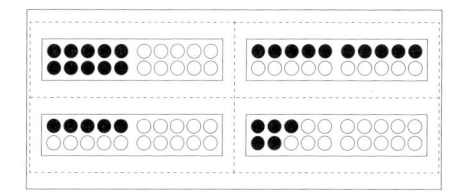

Material: Handspiegel für jedes Kind, Punktekarten (AB 13.1; Karten auseinanderschneiden), Heft, Bleistift und AB 13.2 für die spätere gemeinsame Arbeitsphase

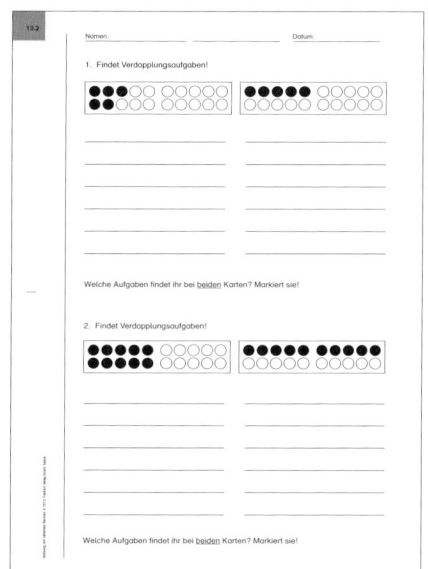

4.3 Bausteine: Grundvorstellungen aufgreifen

Hinweis: Die Position des Spiegels ist bei der gleichen Anzahl, aber unterschiedlicher Anordnung der Plättchen anders.

Durch die unterschiedliche Darstellung können bei 5, aber nicht bei 10 die gleichen Aufgaben gefunden werden.

Reflexion. Die Punktekarte „5" liegt in der Mitte und der große Spiegel liegt bereit. Die in der Arbeitsphase gefundenen Verdopplungsaufgaben stehen in einer Serie an der Tafel. Die Lehrkraft stellt die Frage: „Wie kann ich diese mit dem Spiegel erzeugen?"

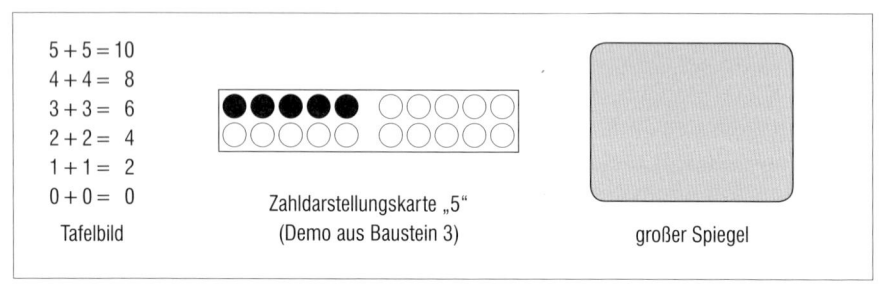

```
5 + 5 = 10
4 + 4 =  8
3 + 3 =  6
2 + 2 =  4
1 + 1 =  2
0 + 0 =  0
```

Tafelbild | Zahldarstellungskarte „5" (Demo aus Baustein 3) | großer Spiegel

Material zur Reflexion: Punktekarte „5", Spiegel

Die Paare zeigen die Verdopplungsaufgaben und nutzen dabei die operative Veränderung: Das heißt, sie verschieben den Spiegel um je 1 Plättchen. In der Kooperation beschreibt ein Kind die Verdopplungsaufgabe, während das andere den Spiegel hält.

Die Lehrkraft gibt gegebenenfalls Impulse:
▶ „Was muss ich mit dem Spiegel machen, damit die nächste Aufgabe sichtbar wird?"
▶ „Wie verändert sich die Menge vor und in dem Spiegel? Warum?"
▶ „Wie kann ich die Aufgaben darstellen, wenn die 5 anders angeordnet ist? Warum?"

Weitere Förderideen
▶ Operative Veränderungen mit dem Spiegel an Punktefeldern (flächig oder linear) vornehmen und die Veränderungen beschreiben.
▶ Halbierungsaufgaben thematisieren.

VERDOPPELN MIT DEM FÜNFERTRICK BAUSTEIN 14

Darum geht es

In dieser Einheit geht es um die Vertiefung der Verdopplungsaufgaben. Diese werden nun mit zweifarbigen Plättchen am 20er-Feld dargestellt. Die Kinder müssen das handelnde Vorgehen mit dem Spiegel aus der letzten Einheit in die statische Darstellung am 20er-Feld übertragen.

Neben dem gestützten Üben von Verdopplungsaufgaben liegt der weitere Schwerpunkt auf den Beziehungen zwischen Verdopplungsaufgaben. Diese werden also zunächst einzeln geübt und dann in Beziehung zueinander gesetzt: Kinder führen operative Serien weiter, erkennen unterschiedliche Zahlbeziehungen und beschreiben die Auswirkungen bei der Verdopplung.

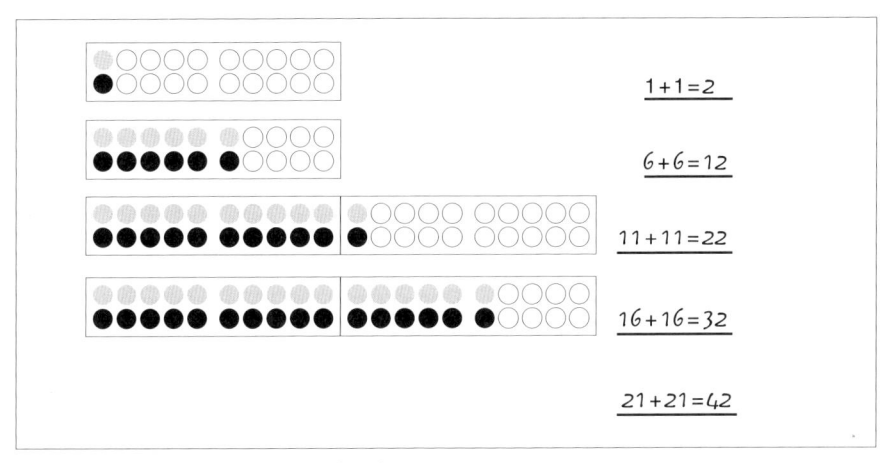

$$1+1=2$$
$$6+6=12$$
$$11+11=22$$
$$16+16=32$$
$$21+21=42$$

Aufgabenreihe zum Verdoppeln mit dem Fünfertrick

An der Aufgabenserie kann man folgende mathematische Strukturen erkennen: Die Summanden erhöhen sich jeweils um 5, entsprechend erhöht sich die Summe um 10 (vgl. Wittmann/Müller 2012a). Kinder können diese Auswirkung auf der symbolischen Ebene in den Aufgabensätzen sehen oder die Ergebnisse betrachten. Es ist auch möglich, die Aufgaben anhand der Darstellung in den Punktefeldern zu sehen, ohne die Beziehungen zwischen den Aufgaben zu nutzen oder zu sehen.

Es können Aufgabenpaare oder Reihen von 5 zusammengehörigen Aufgaben (siehe Abbildung oben) angeboten werden.

4.3 Bausteine: Grundvorstellungen aufgreifen

Unterrichtsleitfaden

Einstieg. Es hängen 20er-Felder mit den Verdopplungsaufgaben 2 + 2, 15 + 15 und 8 + 8 an der Tafel. Die Kinder erkennen und nennen die Verdopplungsaufgaben. Die Aufgaben werden neben dem Feld notiert.

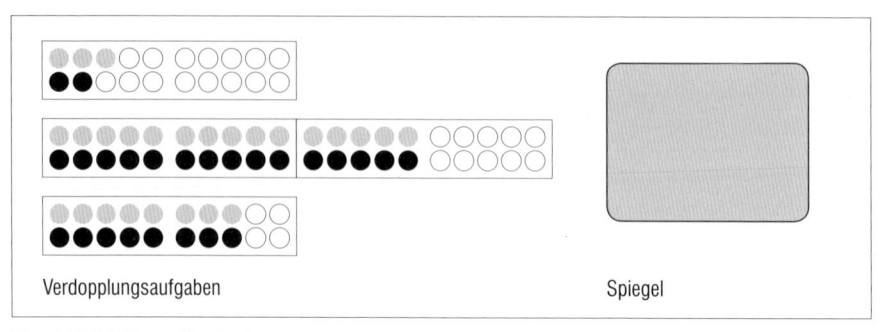

Verdopplungsaufgaben	Spiegel

Material/Tafelbild zum Einstieg: Verdopplungsaufgaben aus magnetischen Wendeplättchen auf 20er-Feld-Vorlagen, großer Spiegel

Die Kinder begründen, warum zu diesen Darstellungen auch Verdopplungsaufgaben ohne Spiegel gefunden werden können. Wenn die Kinder den Spiegel zwischen den roten und blauen Plättchen halten, wird deutlich, dass die rote (beziehungsweise die blaue) Menge die Spiegelmenge darstellt.

Arbeitsphase. Die Paare erhalten einen Briefumschlag mit Verdopplungsaufgaben auf Streifen. Die Kinder wählen Streifen aus, notieren die Aufgaben und bestimmen die Ergebnisse.

Hinweis: Es können Briefumschläge mit allen Streifen gepackt werden, aus denen die Kinder selbst die Aufgaben aussuchen. Für leistungsschwächere Paare kann eine Begrenzung auf die Verdopplungsaufgaben im 20er-Raum (Kernaufgaben) sinnvoll sein. Diese Arbeitsphase wird nach einiger Zeit abgebrochen.

Die Paare erhalten gemeinsam ein Arbeitsblatt, auf dem sie eine Serie von Verdopplungsaufgaben berechnen beziehungsweise die Ergebnisse von bereits auf Streifen berechneten Aufgaben übertragen. Jeweils 2 beziehungsweise 4 Aufgaben gehören zusammen. Je nach Kinderpaar können diese auch zusammen eines der Arbeitsblätter bearbeiten. Die Kinder berechnen die vorgegebenen Aufgaben und finden weitere Aufgaben, passend zur Serie. Diese werden sowohl im Feld gekennzeichnet als auch notiert. Die Paare notieren Auffälligkeiten und finden dafür Begründungen.

Baustein 14: Verdoppeln mit dem Fünfertrick

Streifen-Beispiel (siehe AB 14.1 / 14.2)

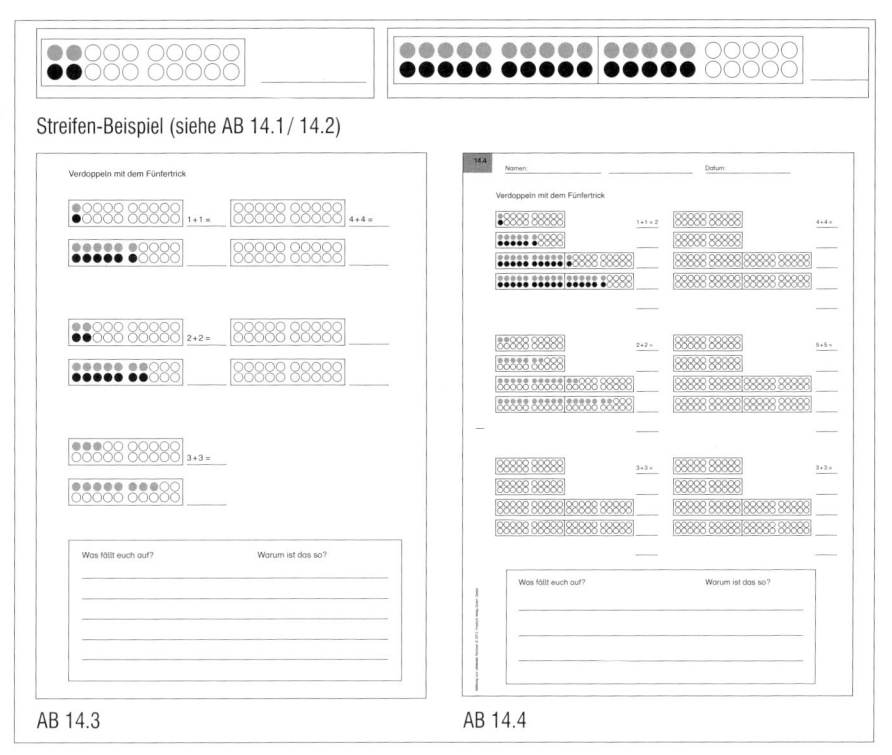

AB 14.3   AB 14.4

Material: Verdopplungsaufgaben auf Streifen in einem Briefumschlag (ausschneiden aus AB 14.1/14.2) und AB 14.3/14.4 für den gemeinsamen Teil der Arbeitsphase

Reflexion. Die Verdopplungsaufgaben 2 + 2, 7 + 7, 12 + 12, 17 + 17 hängen, dargestellt am 20er-Punktefeld, an der Tafel. Die Kinder nennen die Aufgaben und lösen diese. Je ein Kind nennt die Aufgabe, das andere zeigt am 20er-Feld, wie man das Ergebnis schnell ablesen kann.

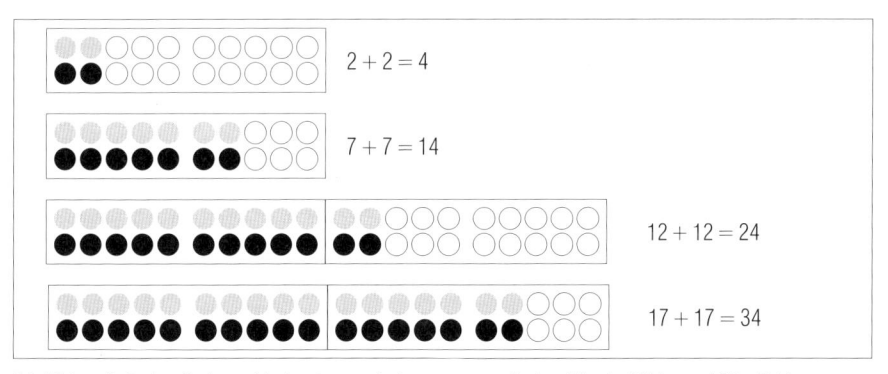

$2 + 2 = 4$

$7 + 7 = 14$

$12 + 12 = 24$

$17 + 17 = 34$

Tafelbild zur Reflexion: Serie von Verdopplungsaufgaben aus magnetischen Wendeplättchen auf 20er-Feldern

4.3 Bausteine: Grundvorstellungen aufgreifen

Die Lehrkraft gibt Impulse:
- „Warum sind die Ergebnisse immer um 10 größer?"
- „Welche Aufgabe kommt als Nächstes?"
- „Wenn die Startaufgabe 3 + 3 ist, welche Aufgaben gehören dann zu der Reihe?"

Weitere Förderideen
- Streifen zum Blitzrechnen verwenden.
- Vorgegebene Beschreibungen operativen Serien zuordnen lassen.

4.3.3 Anregungen zur Reflexion

Beziehungsreich und verstehensorientiert

Beim Umgang mit dem Material in den Bausteinen sieht man deutlich, dass für die zählend rechnenden Kinder an dieser Stelle eine Vielzahl von Anforderungen gestellt wird. Die in den ersten beiden Abschnitten der Förderung im Vordergrund stehenden Auffassungen von Zahlen werden nun mit Operationen in Verbindung gebracht. Innerhalb der Bausteine werden zum ersten Mal klassische Rechnungen notiert, die gegebenenfalls von den Kindern mit bestimmten Vorstellungen zum Vorgehen – möglicherweise zum zählenden Rechnen – besetzt sind. Deshalb werden in den Bausteinen die Handlungsideen in den Vordergrund gestellt und die Rechnungen dienen zunächst nur der Notation der Handlung, während bei einer vorgegebenen symbolischen Rechnung die Handlung dazu assoziiert werden muss. Dabei werden die Kinder durch die Handlungsidee und das Material immer wieder zu einem verstehensorientierten Operieren angeregt, das letztlich eine Basis für die Weiterentwicklung grundlegender Vorstellungen darstellen kann. Dazu zwei Beispiele.

Leonie hat die Punktekarte „11" gewählt und sucht nun den passenden Ergänzungsstreifen. Als Erstes legt sie den Ergänzungsstreifen „7" auf die Karte und bestimmt die Gesamtanzahl, in dem sie in der zweiten Zeile von 11 an einzeln abzählt. Sie erkennt offensichtlich sofort die dekadisch strukturierte Darstellung der Zahl 11. Zudem scheint ihr deutlich zu sein, dass die Summe aus 11 und 7 zu klein ist, und so nimmt sie als Nächstes den Streifen „10" und legt ihn auf die Karte. Auch hier zählt sie wieder beginnend von 11 in der zweiten Zeile ab. Auf Hinweise des Partnerkindes versucht sie schließlich den Ergänzungsstreifen „9" und ermittelt zählend das richtige Ergebnis.

Auch wenn Leonie in dieser Bearbeitung viel zählt und deutlich wird, dass die Ergänzungen zum nächsten Zehner auf keinen Fall zu den verfügbaren Kernaufgaben gehören, zeigen sich einige positive Signale. So zählt Leonie nicht mehr alle Punkte der Punktkarte, sondern konzentriert sich auf die untere Zeile. Bei der Wahl des Ergänzungsstreifens geht sie nicht beliebig vor, sondern orientiert sich an der Ordnungsrelation der Zahlen: Nach dem zu kleinen 7er-Streifen, nimmt sie einen größeren, und als dieser zu groß ist, den um 1 kleineren Streifen.

Auch notiert sie die passende Ergänzungsaufgabe, das heißt, sie ist in der Lage, ihre Handlung auf der symbolischen Ebene als Zahlensatz zu notieren. Gleichwohl zeigt sich, dass Le-

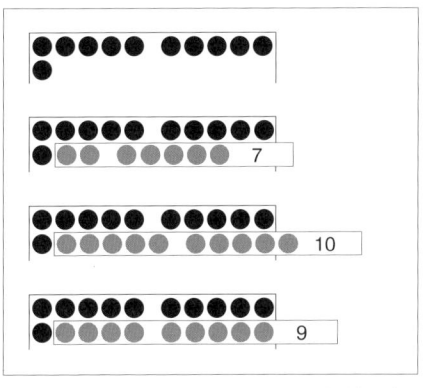

Leonies Vorgehen

4.3 Bausteine: Grundvorstellungen aufgreifen

onie scheinbar nicht auf Zerlegungsaufgaben zurückgreift, um den Streifen zu bestimmen und auch nicht auf einen Blick sieht, wenn es nicht 20 Punkte sind. Um für sich zu einem Ergebnis zu kommen, muss sie zählen, was das Material aber auch erlaubt. Im Weiteren muss es für sie darum gehen, das Ergänzen zum Zehner mit dem Zerlegen von 10 in Verbindung zu bringen, sodass sie erkennen kann, was das Besondere der Ergänzungsaufgaben ist. Hierzu können aufbauend auf den Bausteinen 3, 4 und 11 verzahnende Aktivitäten angeboten werden. Erst dann wird Leonie die Ergänzungsaufgaben als Kernaufgaben nutzen können.

Während Leonie mit der Aufgabenstellung an sich keine Schwierigkeiten hat, aber deutlich wird, wie dominant die zählenden Prozesse sind, zeigen sich die Probleme bei Thomas vor allem auf der Ebene des Operationsverständnisses. Vor Thomas liegt die Punktekarte mit zwölf Punkten und er soll zum nächsten Zehner vermindern (Baustein 12). Thomas hat zunächst Schwierigkeiten, die Folie so hinzulegen, dass ein Zehner übrigbleibt, doch mit Hilfe der Lehrkraft schafft er es.

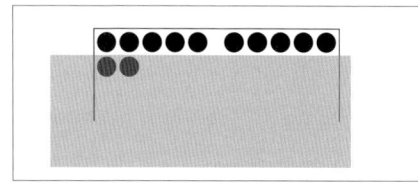

Thomas deckt 12 − 2 ab

Lehrkraft: Ja. Wie heißt jetzt die Aufgabe. So hast du es richtig abgedeckt.
Thomas: [.] Zwölf plus zehn gleich [.].
Lehrkraft: Schau mal, wie viele du abgedeckt hast *[hält mit dem Finger die Folie fest]*
Thomas: Zwei.
Lehrkraft: Ja. Zwölf minus
Thomas: *[.]* zehn gleich zwei.
Lehrkraft: Ja. Aber du hast ja zwei abgedeckt. Also musst du rechnen zwölf minus
Thomas: Zwei gleich zehn.
Lehrkraft: *[nickt]* Prima, genau *[steht auf]*.

Thomas scheint entweder grundsätzliche Schwierigkeiten mit der Subtraktion zu haben oder zunächst den Umgang mit der für ihn neuen Abdeckfolie lernen und die Darstellung verstehen zu müssen. Seine Aussage „zwölf plus zehn gleich" deutet jedoch darauf hin, dass er nicht nur Schwierigkeiten hat, die Folie zu nutzen, sondern die Handlung des Abdeckens mit den einzelnen Zahlwerten in Verbindung zu bringen. Er scheint die Zahlen 12, 10 und 2 identifiziert zu haben

4.3.3 Anregungen zur Reflexion

und versucht nun, diese in eine Reihenfolge zu bringen. Zentrale Schwierigkeit für Thomas ist also an dieser Stelle die Operationsvorstellung der Subtraktion. Die Lehrkraft agiert in ihrem Bemühen, ihm zu helfen, sehr geschlossen und leitet Thomas sehr eng an, sodass erst die nächsten Aufgaben eröffnen werden, inwieweit Thomas in der Lage ist, mit der Handlungsidee des Abdeckens die Subtraktion zu erschließen. Hier zeigt sich, dass die Schwierigkeiten von Thomas in diesem Baustein nicht mehr aufgelöst werden können. Hingegen kann er in der darauffolgenden Woche vorgegebene Subtraktionsaufgaben mit der Folie am Punktefeld zeigen und nichtzählend bestimmen. Für ihn scheint es also zunächst einfacher, einen vorgegebenen Zahlensatz in eine Handlung umzusetzen als zu einer Handlung eine symbolische Notation zu finden.

Differenziert und diagnosegeleitet
Während die Kernaufgaben des Ergänzens und Verminderns zum Zehner die zählend rechnenden Kinder auf vielfache Weise herausfordern, stellen die Verdopplungsaufgaben im 20er-Raum und darüber hinaus kein Problem für sie dar. Die Aufgaben werden schnell erkannt, und viele auch zählend rechnende Kinder sind in der Lage, sie abzurufen. Zum Einstieg in die Arbeitsphase und zur Automatisierung haben sich jedoch die Aufgaben auf Streifen bewährt. Sie bieten den Kindern Raum zur natürlichen Differenzierung. Das unterschiedliche Niveau der Bearbeitung wird vor allem bei der Bearbeitung des AB 14.3/14.4 Verdoppeln mit dem Fünfertrick deutlich. Dabei scheint für die Sicht auf die Beziehung zwi-

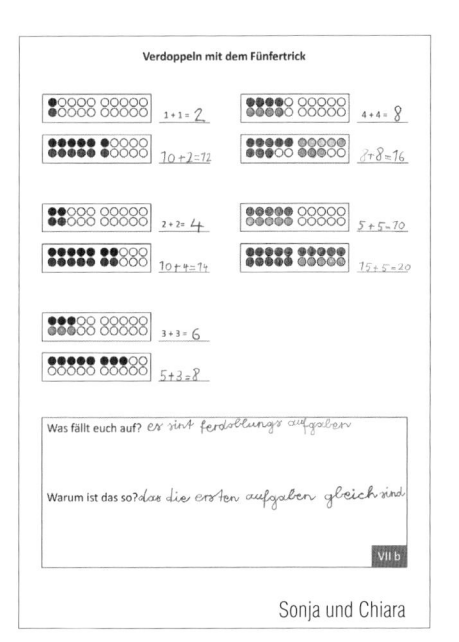

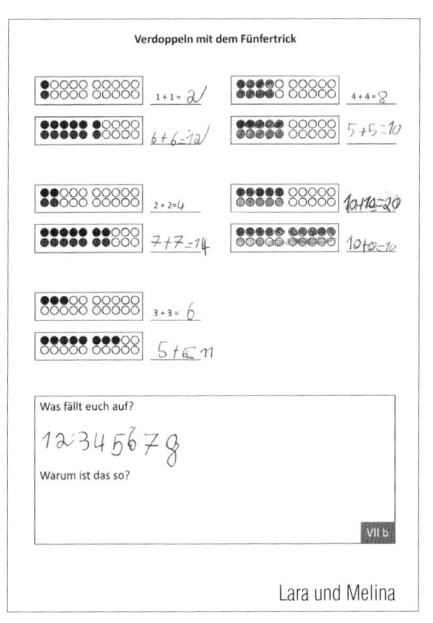

Schülerdokumente (AB 14.3)

4.3 Bausteine: Grundvorstellungen aufgreifen

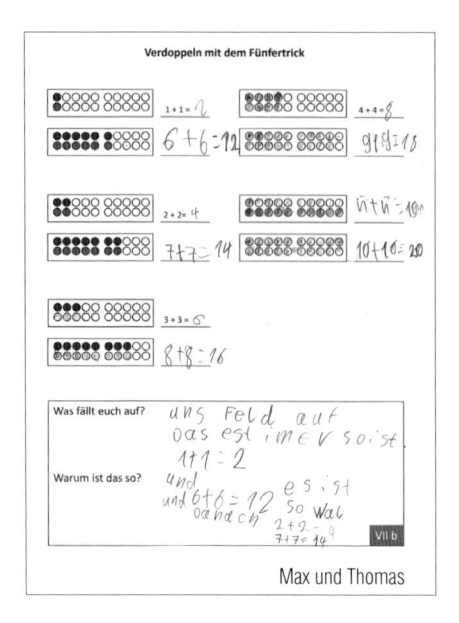

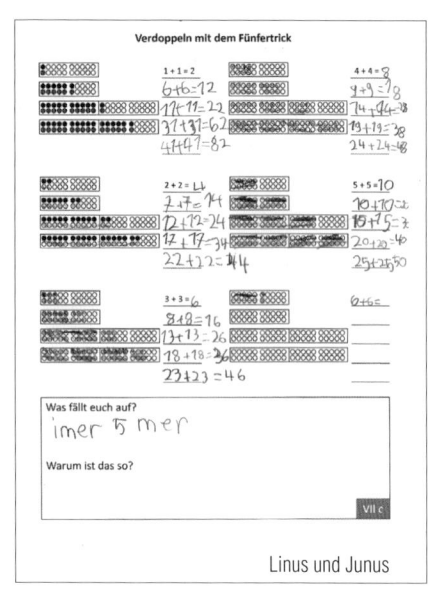

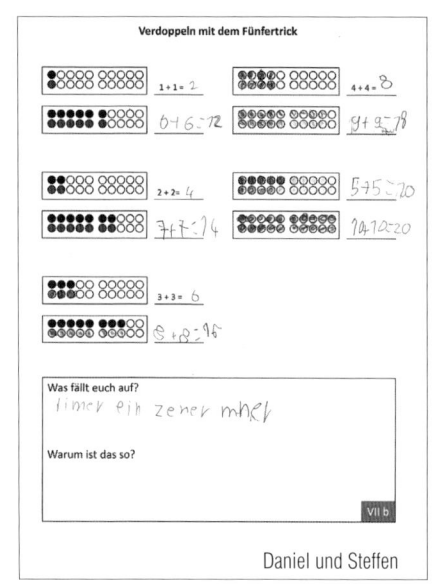

Max und Thomas

Linus und Junus

Daniel und Steffen

Schülerdokumente zum Verdoppeln mit dem Fünfertrick (AB 14.3/14.4)

schen den Aufgaben nicht entscheidend, ob die Kinder das Arbeitsblatt mit Aufgabenpaaren oder mit operativen Serien erhielten. Kleine Unterschiede werden in den gefundenen, passenden Aufgaben deutlich. Wie die Dokumente von Sonja und Chiara sowie von Lara und Melina zeigen, haben die Kinder zum Teil andere Aufgaben in die Punktmuster hineingesehen und sind von den Verdopplungsaufgaben abgewichen. Dies kann vor allem bei Aufgaben größer 5 + 5 beobachtet werden.

Deutliche Unterschiede zeigen sich jedoch in dem, was die Kinder an Strukturen zwischen den Aufgaben wahrnehmen. Sonja und Chiara legen ihren Schwerpunkt auf den Aufgabentyp und stellen fest, dass Verdopplungsaufgaben verwendet werden. Dabei ist es erstaunlich, dass sie hier den Schwerpunkt auf die formale Struktur des Aufgabenformats legen, aber zugleich nicht ausschließlich Verdopplungsaufgaben festhalten (siehe Abbildung S. 133). Ebenso wird deutlich, dass sie kaum mathematische Fachsprache verwenden (vgl. Verboom 2011), wenn sie zu artikulieren versuchen, dass Verdopplungsaufgaben an der Gleichheit der Summanden zu erkennen sind. Möglicherweise wollen sie auch ausdrücken, dass es sich bei oberen Aufgaben eines Aufgabenpaares um Verdopplungsaufgaben handelt und dass diese Aufgaben die gleiche Struktur haben. Lara und Melina beziehen sich bei ihren Erkenntnissen auf die Folge der Verdopplungsaufgaben. Auch diese beiden Schülerinnen scheinen ihre nach der Bearbeitung gewonnenen Erkenntnisse zur Struktur nicht auf die Aufgaben zurückzubeziehen. Andernfalls wäre ihnen aufgefallen, dass sie die Verdopplungsaufgaben 8 + 8 und 9 + 9 nicht notiert haben, sondern das Punktefeld anders gedeutet haben.

Die Dokumente der weiteren Kinderpaare (siehe Abbildung S. 134) zeigen, dass die Kinder die Veränderung in den operativen Serien beschreiben. Dabei werden sowohl Aufgabenpaare verglichen (Thomas/Max), als auch die Variation der Ergebnisse und der Summanden betrachtet (Daniel/Steffen, Linus/Junus).

Kommunikativ und kooperativ
In der Reflexion zum Verdoppeln mit dem Fünfertrick sind die Kinder herausgefordert, die operative Serie zu erläutern. In einer Klasse sind bereits 3 der 4 Verdopplungsaufgaben an der Tafel zusammengetragen.

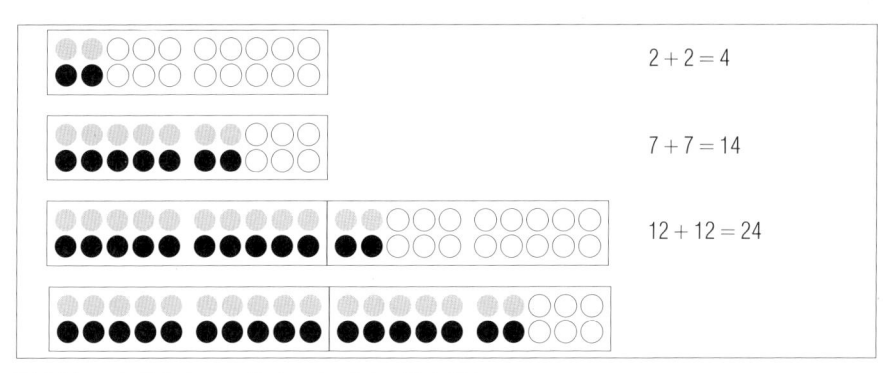

Tafelbild aus der Reflexion zum Verdoppeln mit dem Fünfertrick

Die Lehrkraft fragt die Kinder, wie man diese Aufgaben nutzen kann, um die nächste Aufgabe zu finden. Mary beschreibt darauf zunächst die gleichen Ergeb-

4.3 Bausteine: Grundvorstellungen aufgreifen

nisse, indem sie sagt: „Dass hier ja nur Vieren sind." Aufgefordert zu beschreiben, was sich ändert, spricht sie die Veränderung der Zehner an: „Hier sind ja eins und zwei ... die Zehner."

Beide Äußerungen zeigen, dass die zählend rechnende Mary sowohl die Gleichheit als auch die Veränderungen in den Ergebniszahlen sieht und auch über erste Begriffe verfügt, diese zu beschreiben. Ihre Äußerungen weisen jedoch auch darauf hin, dass sie die Zahlen der Ergebnisse miteinander vergleicht und von sich aus erst einmal keinen Bezug zu den Plättchenanordnungen oder zu den notierten Aufgaben herstellt. Entsprechend berücksichtigt sie in ihrer Deutung die Veränderung der Anzahlen nicht. Die Lehrkraft versucht daraufhin, die Aufmerksamkeit auf die operative Veränderung zu lenken:

> Ⓜ
> Lehrkraft: Warum wird es immer 10 mehr?
> Mary: Weil hier ja immer viele sein müssen *[zeigt auf 2 + 2]* und hier *[zeigt auf 7 + 7]* ja immer mehr?
> Lehrkraft: Wie viel mehr sind es denn?
> Mary: *[3 Sek Pause]*. Zehn *[leise und fragend]*, oder?

Mary fokussiert auf die Aufgabenterme und stellt den Zusammenhang zwischen der Vergrößerung von Summanden und der daraus resultierenden Erhöhung der Summe korrekt heraus. Den genauen quantitativen Zusammenhang zwischen der Veränderung der zu verdoppelnden Zahlen und den Summen erläutert schließlich Linus:

> Ⓜ
> Linus: Hier sind die Vierer *[zeigt auf die Plättchenanordnung 2 + 2]* und dann kommen die fünf dazu *[zeigt auf den Doppelfünfer in der Plättchenanordnung 7 + 7]*, aber da drunter kommen ja dann auch noch mal fünf und fünf plus fünf sind ja wieder zehn. Genauso wie hier *[zeigt auf beide Doppelfünfer in 12 + 12]*. Hier kommen ja auch noch mal die fünf dazu. Aber die fünf *[zeigt auf mittlere blaue Fünferreihe in 12 + 12]* haben nämlich noch einen Mitgänger, die fünf *[zeigt auf mittlere rote Fünferreihe in 12 + 12]*, zusammen sind das zehn, deswegen gibt es hinten *[zeigt auf die Zahlensätze]* immer zehn mehr.

Linus weist – bezugnehmend auf die Plättchendarstellung – auf die Veränderung von Aufgabe zu Aufgabe und die Folgen dieser Veränderung bei einer Verdopplung hin. Er beschreibt somit den Kern der Aufgabenbeziehungen und macht diese explizit. Die Diskussionen in der Klasse, wie sie sich im Zuge der gemeinsamen Reflexion entwickeln, bieten allen Kindern die Gelegenheit, sich aufgrund der vorherigen Arbeit am gemeinsamen Unterrichtsgegenstand mit unterschiedlichen Deutungen einzubringen und zentrale Beziehungen herauszustellen.

4.4 Rechnen mit Zahlbeziehungen

4.4.1 Fachdidaktischer Hintergrund

Auf dem Weg zum nichtzählenden Rechnen bei der Bearbeitung von Aufgabenstellungen im größer werdenden Zahlenraum ist es notwendig, dass Kinder Beziehungen zwischen Zahlen beim Rechnen nutzen. Nichtzählendes Rechnen kann nur gelingen, wenn beispielsweise Teil-Ganzes-Beziehungen beachtet und beim Rechnen genutzt werden. (Teil-Ganzes-Beziehungen sind Schwerpunkt in Kapitel 4.1. Die dort erworbenen Kompetenzen der Kinder beim Zerlegen von Mengen in Teilmengen und dem Zusammenfügen von Teilen zu einem Ganzen werden nun beim Rechnen genutzt.) So muss beispielsweise beim Rechnen der Aufgabe 28 + 17 mindestens 1 Summand zerlegt werden; etwa mit Blick auf die Stellenwerte eines Summanden 28 + 17 = 28 + (10 + 7) = (28 + 10) + 7 = 38 + 7 oder mit Blick auf die Nachbarzehner eines Summanden 28 + 17 = 28 + (2 + 15) = (28 + 2) + 15 = 30 + 15 oder mit Blick auf die dekadische Zerlegung beider Summanden 28 + 17 = (20 + 8) + (10 + 7) = (20 + 10) + (8 + 7). Allerdings beinhaltet das Rechnen mit Zahlbeziehungen nicht nur ein Zerlegen von Zahlen, sondern vielmehr auch die Einsicht in Rechenprozesse unter Ausnutzung von (dekadischen) Zahlbeziehungen, Zerlegungsstrategien und Rechengesetzen, also geschicktes Rechnen mit Zahlen in der Abgrenzung zum algorithmischen Rechnen mit Ziffern bei den schriftlichen Rechenverfahren.

Gerade Kinder mit (mathematischen) Lernschwächen benötigen eine gezielte Anleitung, um Beziehungen zwischen Aufgaben erkennen und nutzen zu lernen. Sicherlich kann man mit Recht fragen, ob es notwendig ist, dass ein leistungsschwaches Kind unterschiedliche (halbschriftliche) Strategien (vgl. Wittmann/Müller 1992) bei allen Aufgaben anwenden können muss. In Bezug auf Kinder mit (mathematischen) Lernschwächen wird darüber diskutiert, ob es nicht ausreiche, über nur eine Strategie bei der Lösung von Aufgaben zu verfügen, zum Beispiel das schrittweise Rechnen. Dies spiegelt sich auch in Schulbüchern für Kinder an Förderschulen wieder, in denen in der Regel nur 1 oder 2 (halbschriftliche) Strategien thematisiert werden (vgl. Wember 2009b; *Stark in ... Mathematik 1*). Während in der Grundschule von den (leistungsstarken) Kindern gefordert wird, unterschiedliche Strategien flexibel auszuwählen und flexibel anzuwenden, werden Kinder mit (mathematischen) Lernschwächen oftmals vor dieser Anforderung bewahrt – möglicherweise in dem Glauben, die Kinder nicht mit verschiedenen Strategien zu verwirren oder aber kognitiv zu überfordern. Dieser „Schonraum" für das mathematische Denken ist kritisch zu betrachten, denn er führt dazu, dass der Blick der Kinder nicht für Beziehungen zwischen Aufgaben und Zahlen geschult wird, sondern bereits die halbschriftlichen Strategien wie Algorithmen genutzt und auf Ziffernrechnen reduziert werden. Es ist nicht das Ziel dieser Bausteine (und auch nicht des Mathematikunterrichts im Allgemeinen), dass die Kinder mit (mathematischen) Lernschwächen alle mathematischen

4.4 Bausteine: Rechnen mit Zahlbeziehungen

Beziehungen erfassen. Gleichwohl sollten auch leistungsschwächere Kinder angeregt werden, zentrale Zahlbeziehungen und Beziehungen zwischen Aufgaben zu erkennen und nutzen zu lernen. Diejenigen Kinder, die in der Lage sind, den Zusammenhang zwischen Aufgabenpaaren wie 4 + 4 und 4 + 5; 10 + 8 und 9 + 8 oder 3 + 7 und 4 + 7 zu sehen und anzuwenden, sparen sich erneutes Berechnen oder mühsames Zählen der Aufgaben (vgl. Gaidoschik 2009d). Wichtig ist gerade, solche strukturfokussierende Deutungen zu schulen: Wie ist der Zusammenhang zwischen Aufgaben? Wie kann die eben berechnete Aufgabe für die nächste genutzt werden? Auf welche einfache Aufgabe kann eine schwierige zurückgeführt werden?

Die beiden wesentlichen Ziele, die im Rahmen der Bausteine zu Kapitel 4.4 verfolgt werden, sind somit:
- einfache Additions- und Subtraktionsaufgaben erkennen, lösen und automatisieren;
- „verwandte" Aufgaben erkennen und die „Verwandtschaft" beim Lösen nutzen.

Einfache Additions- und Subtraktionsaufgaben erkennen, lösen und beschreiben

Einfache Additions- und Subtraktionsaufgaben definieren wir als diejenigen, bei denen das Ergebnis anhand der Zahleigenschaften der Summanden oder der Zahlbeziehung zwischen den Summanden ohne weitere Umrechnungen schnell erfasst werden kann (vgl. auch Wittmann/Müller 2012b, S. 70). Dazu gehören – wie in Kapitel 4.3 aufgezeigt – Verdopplungs- und Halbierungsaufgaben, Aufgaben des Typs Z ± E, Z ± Z, E + Z und Aufgaben, die die Teil-Ganzes-Beziehung zu den Zehnern aufgreifen, zum Beispiel 6 + 4 und 36 + 4 oder aber 36 – 6. Während viele Kinder die den Aufgaben innewohnende Struktur schnell erkennen und sie als „leichte Aufgaben" bezeichnen würden, muss der Blick zählend rechnender Kinder auf die „Einfachheit" der Aufgaben gelenkt werden. Das Kriterium der Einfachheit sollte den Kindern transparent gemacht werden, damit deutlich wird, dass es sich um ein *Aufgabenkriterium* handelt und nicht darum, ob die Aufgaben individuell von einem Kind als einfach beziehungsweise leicht empfunden wird. Entscheidend für die Entwicklung dieser Struktur-fokussierenden Perspektive auf die grundlegenden operativen Beziehungen ist, dass die Kinder die Objekte und Operationen in ihrer Relation zueinander mit Material oder bildlich darstellen und beschreiben. Dazu werden in diesem Kapitel unterschiedliche „einfache" Aufgaben zur Addition und Subtraktion (vgl. Baustein 17) thematisiert. Die Bausteine greifen entsprechende Aktivitäten auf, die im Rahmen der Bausteine 3, 4 und 11–14 beschrieben sind: Aufgaben zum Vermindern beziehungsweise Ergänzen zum Zehner, Verdopplungsaufgaben und Zerlegungen zur 10.

Zur Darstellung von Aufgaben eignen sich unterschiedliche Anschauungsmittel. In den Bausteinen werden die Aufgaben am Punktefeld (Baustein 15–18) und am Rechenstrich (Bausteine 19 und 20) veranschaulicht, um einerseits den Kindern einen strukturellen, das Zählen überschreitenden Zugang zur Deutung der Operationsbeziehungen anzubieten und andererseits gemäß dem Kriterium der „Sparsamkeit" in der Wahl der Materialien (vgl. Wittmann 1993), diejenigen Anschauungsmittel weiterzubenutzen, die bereits für die Darstel-

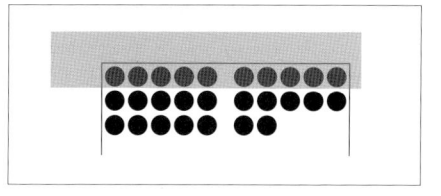

Subtraktion durch Abdecken (27 − 10 = 17)

lung von Zahlen in den Bausteinen zuvor verwendet wurden. Um zu vermeiden, dass bei der Subtraktion einzelne Punkte weggenommen, zugehalten oder weggestrichen werden, empfiehlt sich der Einsatz einer transparenten Folie (siehe Kapitel 4.3; vgl. auch Schütte 2004; Wittmann/Müller 2012a), mit denen die wegzunehmende Menge „in einem Streich" abgedeckt werden kann.

Bei einfachen Aufgaben kann aufgrund der strukturierten Zahldarstellung im Feld das Ergebnis ohne Zählen abgelesen werden. Während für leistungsschwächere Kinder das Ziel darin besteht, einfache Aufgaben nichtzählend zu lösen, geht es für leistungsstärkere Kinder schwerpunktmäßig darum, die Kriterien für die Einfachheit zu beschreiben, vielfältige strukturelle Deutungen vorzunehmen (vgl. Söbbeke/Steenpaß 2010) und diese auf neue Aufgaben sowie gegebenenfalls Aufgaben im 100er-Raum zu übertragen.

Verwandte Aufgaben erkennen und die Verwandtschaft beim Lösen nutzen
Ziel des Erkennens und Nutzens von verwandten Aufgaben ist es, das Ergebnis einer Aufgabe aus dem bereits ermittelten Ergebnis einer anderen, in Relation zur Ursprungsaufgabe stehenden Aufgabe abzuleiten. Anders formuliert: Es geht darum, sich den erneuten Rechenaufwand zu sparen, indem Zahl- und Aufgabenbeziehungen genutzt werden. Dies ist nicht nur unter ökonomischen Gesichtspunkten ein Ziel des Unterrichts, sondern es ist gerade für zählend rechnende Kinder relevant, die ansonsten stets auf die vertraute Zählprozedur zurückgreifen, da sie keine Zusammenhänge zwischen den Aufgaben erkennen.

Eine zentrale Aufgabenbeziehung für die Schuleingangsphase sind die Nachbaraufgaben. Bei additiven Nachbaraufgaben bleibt ein Summand stabil, während sich der andere um 1 verändert. Dies führt dazu, dass sich das Ergebnis im gleichen Sinne (um 1) verändert. Wird hingegen ein Summand um 1 verringert, verringert sich auch das Ergebnis um 1. Wirksam ist hier das Assoziativgesetz: $(a \pm 1) + b = (a + b) \pm 1 = a + (b \pm 1)$.

Für die Subtraktion müssen zwei Fälle unterschieden werden. Wird der Minuend verändert, verändert sich die Differenz im gleichen Sinn $(a + 1) \pm b = (a + b) \pm 1$ (zum Beispiel: 27 − 8 = 19; 28 − 8 = 20). Wird jedoch der Subtrahend verändert, wirkt sich das gegensinnig auf die Differenz aus. In der Grundvorstellung des Abziehens wird dies schnell deutlich: Wenn mehr weggenommen wird, ist weniger übrig: $a - (b + 1) = (a - b) - 1$ (zum Beispiel: 27 − 6 = 21; 27 − 7 = 20). Wird hingegen weniger weggenommen, bleibt mehr übrig: $a - (b - 1) = (a - b) + 1$.

4.4 Bausteine: Rechnen mit Zahlbeziehungen

Wenn das Ergebnis aber trotz Veränderungen der Zahlobjekte um 1 konstant bleiben soll, müssen die Summanden gegensinnig beziehungsweise Minuend und Subtrahend gleichsinnig um 1 verändert werden. Für die Konstanz der Summe gilt folglich a + b = (a + 1) + (b − 1) bzw. 4 + 5 = 3 + 6. Für die Konstanz der Differenz gilt entsprechend: a − b = (a ± 1) − (b ± 1) bzw. 19 − 7 = 20 − 8.

Nachbaraufgaben sind deshalb wichtige Aufgabenbeziehungen, weil in vielen Fällen durch das Nutzen von Nachbaraufgaben eine schwierige Aufgabe auf eine einfachere zurückgeführt werden kann, wie in den oben gewählten Beispielen deutlich wird. Damit Nachbaraufgaben mit Bezug auf die Operation verstanden und vorgestellt werden können, sollten sie zunächst als operative Veränderungen zu einer Menge beschrieben werden. Was passiert bei einer Addition, wenn einer der Summanden verändert wird (vgl. Baustein 15)? Wie verändert sich die Subtraktionsaufgabe, wenn 1 Punkt weniger abgedeckt wird?

In operativen Aufgabenpaaren und -serien wird die Beziehung von Nachbaraufgaben deutlich (vgl. Bausteine 16 und 18) und kann bereits beim Finden der Ergebnisse von schwierigeren Aufgaben genutzt werden. Dabei geht es darum, dass die Beziehungen zwischen den Aufgaben erkannt und explizit beschrieben werden. Auch können unterschiedliche passende Aufgaben betrachtet und bewertet werden. Hierbei verlagert sich der Schwerpunkt zunehmend von der *Darstellung* der Operationen am Material (wobei diese Möglichkeit immer noch bestehen bleiben sollte) zu einer *Vorstellung* der Operation und ihrer Veränderung. Das Punktefeld als flächige Darstellung ermöglicht die Argumentation und Veränderung an der konkreten Menge, während der lineare Rechenstrich die linear ausgerichtete Dokumentation der Veränderung erlaubt, sodass die Beziehung zwischen zwei Aufgaben sichtbar und kommunizierbar wird. Der Rechenstrich veranschaulicht eben nicht direkt, verlangt aber

> von den Kindern in hohem Maße eigene Konstruktionen. […] Natürlich kann in den Förderstunden nicht ad hoc mit diesen konstruktiven Prozessen begonnen werden, sondern eine reiche Vorerfahrung mit Zahlbeziehungen in entsprechend kleineren Zahlenräumen ist notwendig. Es muss betont werden, dass diese eigenen Konstruktionen das aktive Herstellen von Verbindungen zwischen Zahlen der wesentliche Teil der Förderung rechenschwacher Kinder darstellen sollte.
> (Lorenz 2003, S. 37 f.)

Die Verwendung von unterschiedlichen Anschauungsmitteln führt zudem dazu, dass die unterschiedlichen Vorstellungen von Zahlen (zum Beispiel als Menge, als Position, als Entfernung) miteinander verknüpft werden können: Die für die Schuleingangsphase bedeutsamen Beziehungen zwischen Aufgabe und Nachbaraufgabe (sowohl für die Addition als auch für die Subtraktion), die zunächst am Punktefeld erarbeitet wurden, können gut am Rechenstrich dargestellt werden (siehe Abbildung S. 141 oben), weil durch den Vergleich der Aufgaben die Beziehung durch die Veränderung des Summanden beziehungsweise des Subtrahenden besonders deutlich wird. Während am Punktefeld die Beziehung „ei-

4.4.1 Fachdidaktischer Hintergrund

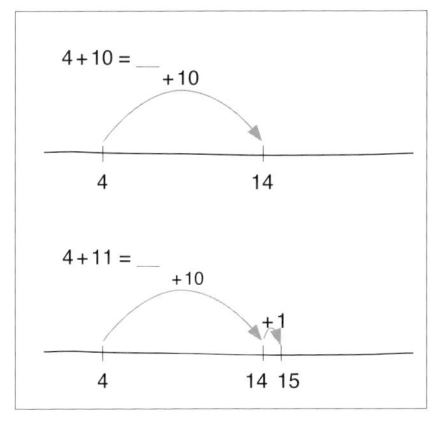

Nachbaraufgaben am Rechenstrich

ner mehr/einer weniger" nur über die flüchtige Veränderung des Hinzufügens oder Wegnehmens eines Plättchens sichtbar gemacht werden kann und die Kinder sich letztlich auf den Unterschied zwischen zwei Darstellungen konzentrieren müssen, verdeutlicht der Rechenstrich die dynamische Veränderung der Operation und die Zerlegung in die Teiloperationen. Dabei muss jedoch bedacht werden, dass die Repräsentation am Rechenstrich an sich keine Hilfe bei der Ermittlung der Ergebnisse darstellt (vgl. Lorenz 2003).

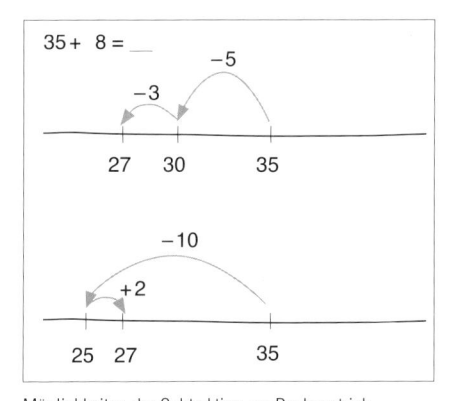

Möglichkeiten der Subtraktion am Rechenstrich

Die Dokumente der Kinder geben auch im Nachhinein Auskunft über ihre Vorgehensweise, wobei sich die Darstellung am Rechenstrich vom tatsächlichen Vorgehen unterscheiden kann. Trotzdem ermöglichen sie einen Einblick, welche Beziehung für zentral darstellbar gehalten und dargestellt werden können (vgl. Lorenz 2009b).

4.4.2 Bausteine zum Rechnen mit Zahlbeziehungen

BAUSTEIN 15 EINFACHE ADDITIONSAUFGABEN VERÄNDERN

Darum geht es

Die bisher erarbeiteten „einfachen" Additionsaufgaben (Verdopplungsaufgaben, Ergänzungsaufgaben zu 10; Addition Z + E) werden in dem Baustein systematisch so verändert, dass Nachbaraufgaben entstehen. Die vorgenommenen Veränderungen sind Addition und Subtraktion von 1 sowie gegensinniges Verändern der Summanden um 1. Jede dieser operativen Veränderungen kann bei beiden Summanden vorgenommen werden, sodass jeweils zwei Nachbaraufgaben entstehen (6 + 4 → 7 + 4 und 6 + 5; 6 + 4 → 5 + 4 und 6 + 3; 6 + 4 → 7 + 3 und 5 + 5). Im Idealfall entwickeln die Kinder somit ausgehend von einer einfachen Additionsaufgabe sechs verwandte Aufgaben.

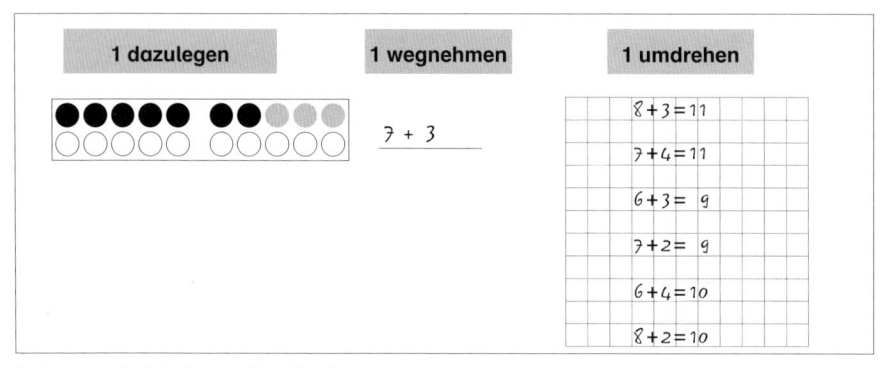

Sechs verwandte Aufgaben zum Term 7 + 3

Durch die operative Veränderung wird der Blick der Kinder explizit auf die Beziehungen zwischen Aufgaben und Darstellungen unterschiedlicher Aufgaben am Punktefeld gerichtet. Zur Verdeutlichung wird im Einstieg zunächst konkret die Darstellung als Punktmenge verändert. Im Verlauf des Einstiegs und in der Arbeitsphase soll die Veränderung (1 dazulegen, 1 wegnehmen, 1 umdrehen) nicht mehr durchgeführt, sondern vorgestellt werden. Die hier thematisierte und geübte mentale Veränderung ist nötig, wenn schwierige Aufgaben in Beziehung zu einfachen gesetzt werden sollen. Statt Aufgaben isoliert zu betrachten und zu berechnen, werden die zählend rechnenden Kinder angeregt, Aufgaben selbst zu verändern und so auch die Ergebnisse durch Ableiten zu bestimmen. Das mentale Verändern einerseits und die systematische Suche nach allen Partneraufgaben anderseits stellt auch für leistungsstärkere Kinder eine Herausforderung dar. Darüber hinaus kann noch differenziert werden, indem analoge „einfache" Additionsaufgaben im 100er-Raum als Ausgangsaufgaben angeboten werden, die dann in der beschriebenen Art und Weise verändert werden.

Baustein 15: Einfache Additionsaufgaben verändern

Unterrichtsleitfaden

Einstieg. Die Verdopplungsaufgabe 6 + 6 ist 4-mal untereinander an der Tafel auf dem 20er-Feld dargestellt. Die Kinder nennen die Aufgabe. Diese wird neben dem obersten 20er-Feld notiert.

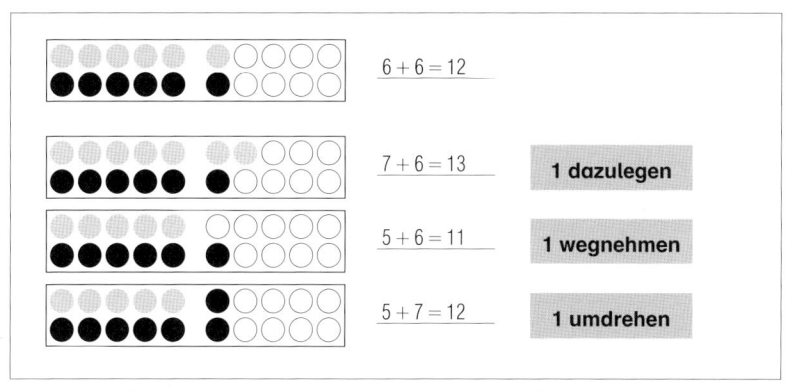

●●●●● ●○○○○○ ●●●●● ●○○○○○	6 + 6 = 12	
●●●●● ●○○○○○ ●●●●● ●○○○○○	7 + 6 = 13	**1 dazulegen**
●●●●● ○○○○○ ●●●●● ●○○○○○	5 + 6 = 11	**1 wegnehmen**
●●●●● ●○○○○○ ●●●●● ●○○○○○	5 + 7 = 12	**1 umdrehen**

Material/Tafelbild zum Einstieg: Ausgangsaufgabe und 3 veränderte Additionsaufgaben

Die Lehrkraft führt in das Aufgabenformat ein und weist die Kinder darauf hin, dass die Verdopplungsaufgaben wie 6 + 6 zu den sogenannten „einfachen" Aufgaben gehören, die in der folgenden Arbeitsphase verändert werden sollen. Dazu gibt es drei Möglichkeiten:
▸ 1 dazulegen
▸ 1 wegnehmen
▸ 1 umdrehen

Die Lehrkraft schreibt diese Möglichkeiten auf ein Blatt Papier und hängt dies an die Tafel (Vorbereitung der Arbeitsphase).

Ein Kind wählt eine Veränderungsmöglichkeit, ein anderes nimmt die Veränderung vor und schreibt die neue Aufgabe an. Ein zweites und drittes Paar nehmen die beiden anderen Veränderungen vor. Wenn dies von den Kindern angemerkt wird, kann bereits an dieser Stelle diskutiert werden, dass es zu jeder Veränderung zwei Möglichkeiten der Ausführung gibt.

Arbeitsphase. Die Paare erhalten 10 einfache Additionsaufgaben auf Streifen und die 3 Veränderungskarten „1 wegnehmen", „1 dazulegen" und „1 umdrehen". Diese liegen in der Mitte. Jedes Kind zieht zunächst für sich eine Additionsaufgabe und eine Veränderungskarte. Es notiert mit Blick auf die Karten die Ursprungsaufgabe und die neue Aufgabe im Heft.

Neben den Additionsaufgaben im 20er-Raum liegen auch Karten mit „einfachen" Additionsaufgaben im 100er-Raum vor. Diese können als zusätzliche Differenzierung eingesetzt werden.

4.4 Bausteine: Rechnen mit Zahlbeziehungen

Beispiel: Aufgabenkarte Differenzierung im 100er-Raum

AB 15.3 für die gemeinsame Arbeit im Paar

Material für die Arbeitsphase: Additionsaufgaben, Veränderungskarten, Heft, Bleistift und später AB

Hinweis: Diese Phase dient vor allem dem Vertrautwerden mit dem Material und der Erfahrung, dass zu einer Additionskarte unterschiedliche Veränderungen vorgenommen werden können.

Nach einiger Zeit wird diese Phase abgebrochen und die Paare erhalten das Arbeitsblatt. Sie wählen gemeinsam eine Additionsaufgabe aus und finden mithilfe der Operationskarten alle Partneraufgaben. Die Paare finden eventuell zu einer weiteren Zahl Partneraufgaben.

Reflexion. Die Additionsaufgabe 3 + 7 ist mit Plättchen am 20er-Feld dargestellt und als Aufgabe mit Ergebnis an der Tafel notiert. Die Lehrkraft schreibt versteckt auf die Rückseite der Tafel eine passende Partneraufgabe. Die Paare „raten": Welche Aufgabe könnte es sein?

Ein Kind nennt die Aufgabe, das andere erläutert, warum es diese Aufgabe sein könnte. Die möglichen Aufgaben werden an der Tafel gesammelt. Dies ist die eigentliche mathematische Herausforderung an der Reflexion – nämlich alle 6 möglichen Partneraufgaben zu finden.

Die Tafel wird aufgeklappt und das Rätsel aufgelöst.

Wenn noch Zeit ist, kann eine zweite Runde durchgeführt werden, bei der eins der Paare eine Aufgabe auswählen darf.

Baustein 15: Einfache Additionsaufgaben verändern

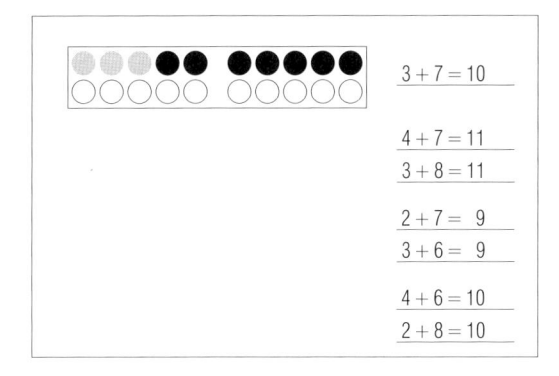

$3 + 7 = 10$

$4 + 7 = 11$
$3 + 8 = 11$

$2 + 7 = 9$
$3 + 6 = 9$

$4 + 6 = 10$
$2 + 8 = 10$

Tafelbild zur Reflexion: Ausgangsaufgabe und mögliche Partneraufgaben

Weitere Förderideen
▸ Zu Aufgabenpaaren oder -serien die passende Veränderungskarte finden.
▸ Eigene Veränderungskarten erfinden und damit Aufgabenpaare und -serien konstruieren.

4.4 Bausteine: Rechnen mit Zahlbeziehungen

BAUSTEIN 16 VERWANDTE ADDITIONSAUFGABEN

Darum geht es
Im Gegensatz zur letzten Einheit geht es jetzt nicht mehr nur darum, eine Aufgabe in Beziehung zu einer Partneraufgabe zu sehen, sondern eine ganze Serie von Aufgaben zu betrachten. Die Kinder erhalten zwei verschiedene Aufgabentypen:
- *Typ „Serien berechnen und Strukturen sehen" (Karten A und B):* Die Kinder müssen dazu zunächst die „einfache" Ausgangsaufgabe identifizieren und ausgehend von dieser Aufgabe die operative Aufgabenserie berechnen. Für die zählend rechnenden Kinder steht sowohl das Identifizieren einer „einfachen" Aufgabe als auch das Nutzen dieser Aufgabe für die Bestimmung der Lösung anderer Aufgaben im Mittelpunkt. Im Weiteren sollen die Kinder die Beziehungen zwischen den Aufgaben erkennen und beim Lösen nutzen, sodass nicht jede Aufgabe für sich betrachtet wird, sondern der in Baustein 15 erarbeitete operative Zusammenhang gesehen und genutzt wird, um das Ergebnis abzuleiten.
- *Typ „Serien konstruieren" (Karten C und D):* Die Kinder finden zu vorgegebenen „einfachen" Aufgaben verwandte Aufgaben und konstruieren so selbst Nachbaraufgaben. Die eigene Konstruktion ist gegebenenfalls einfacher, um den Zusammenhang zwischen den Aufgaben zu nutzen. Sie gibt auch Raum, um durch die Eigenproduktion eigene, auch über die im letzten Baustein erarbeiteten, hinausgehende Beziehungen darzustellen. Hier gewinnt die Lehrkraft über die entstehenden Serien eine diagnostische Einsicht über die verwendeten Beziehungen.

Beim anschließenden Austausch über die analogen Aufgabenserien in der Partnerarbeit liegt der Schwerpunkt auf dem Erkennen und Beschreiben der Aufgabenbeziehungen. Die hier benötigten und geförderten prozessbezogenen Kompetenzen des Beschreibens und gegebenenfalls Darstellens von Beziehungen führen zu einer vertieften Einsicht in die mathematische Struktur. Diese Entdeckungen, die die Kinderpaare zu vergleichbaren Serien festhalten, sind auch diagnostisch ausschlussreich.

Die Aufgabenserien liegen in parallelisierter Form für den 20er-Raum und für den 100er-Raum vor. Durch die Analogien ist es möglich und für das mathematisch Denken der Kinder fruchtbar, wenn Kinderpaare Aufgaben in unterschiedlichen Zahlenräumen bearbeiten.

Unterrichtsleitfaden
Einstieg. Die abgebildete Aufgabenserie steht an der Tafel. Die Kinder werden als Paar aufgefordert, nicht die Ergebnisse zu bestimmen, sondern zu entscheiden, welches die einfachste Aufgabe ist. Dabei fragt die Lehrkraft stets nach einer Begründung: „Warum findest du diese Aufgabe einfach?" „Was meint das Partnerkind?" „Findet jemand anders eine andere Aufgabe einfacher?"

```
15 + 4 = ____
15 + 5 = ____
15 + 6 = ____
15 + 7 = ____
```

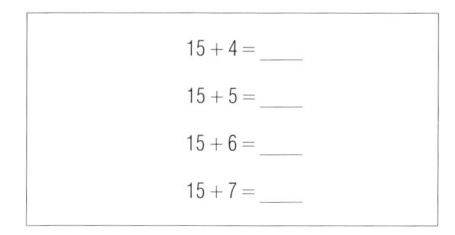

Tafelbild zum Einstieg: Additive Aufgabenserie

Das Ergebnis der einfachen Aufgabe wird bestimmt und die Lehrkraft stellt die Beziehung zu den anderen Aufgaben her: „Wie/warum kann man diese Aufgabe nutzen, um die schwierigeren Aufgaben zu lösen, ohne alle neu zu rechnen?" Die Kinder erläutern mit Bezug auf die letzte Stunde die Zusammenhänge.

Arbeitsphase. Jedes Kind eines Paares bekommt je 4 Karten mit verwandten Aufgaben. Auf den Aufgabenkarten befinden sich die zwei Aufgabentypen „Serien berechnen und Strukturen sehen" (Karten A und B) und „Serien konstruieren" (Karten C und D):

Die Kinder markieren die einfache Aufgabe und nutzen die Beziehung zwischen den Aufgaben, um die verwandten Aufgaben zu lösen (Karten A und B), beziehungsweise sie finden zu vorgegebenen Aufgaben verwandte Aufgaben (Karten C und D).

Differenzierung: Die Karten stehen in drei Versionen zur Verfügung:
▸ Beide Kinder arbeiteten im 20er-Raum.
▸ Ein Kind arbeitet im 20er-Raum, eines im 100er-Raum.
▸ Beide Kinder arbeiten im 100er-Raum.

Hinweis: Bei der Auswahl der „einfachen" Aufgaben kreuzen Kinder oft keine oder immer die erste Aufgabe an. Daher gibt es mehrere Möglichkeiten. Während der Arbeitsphase kann die Lehrkraft einzelne Kinder explizit auf ihre Auswahl der einfachen Aufgaben ansprechen. Wichtig ist, dass die Kinder herausgefordert werden, ihre Wahl zu erläutern.

Die Paare treffen sich und vergleichen die Aufgabenkarten mit den gleichen Buchstaben. Die Lehrkraft gibt hierzu einen organisierenden Arbeitsauftrag: „Markiert auf den Karten, was gleich ist, und beschreibt, was euch auffällt!" Die Paare markieren und notieren die Auffälligkeiten auf einem DIN-A6-Zettel mit entsprechendem Buchstaben.

4.4 Bausteine: Rechnen mit Zahlbeziehungen

A	A
Kreuze die leichteste Aufgabe an! Rechne diese zuerst!	Kreuze die leichteste Aufgabe an! Rechne diese zuerst!
☐ ⬭⬭⬭⬭⬭ ⬭⬭⬭⬭⬭ 3 + 5 = ___	☐ 33 + 5 = ___
☐ ⬭⬭⬭⬭⬭ ⬭⬭⬭⬭⬭ 3 + 6 = ___	☐ 33 + 6 = ___
☐ ⬭⬭⬭⬭⬭ ⬭⬭⬭⬭⬭ 3 + 7 = ___	☐ 33 + 7 = ___
☐ ⬭⬭⬭⬭⬭ ⬭⬭⬭⬭⬭ 3 + 8 = ___	☐ 33 + 8 = ___

Beispiel-Karten „Serien berechnen und Strukturen sehen" für ein heterogenes Paar

D	D
Finde selbst verwandte Aufgaben!	Finde selbst verwandte Aufgaben!
19 + 10 = ___	___ + ___ = ___
___ + ___ = ___	___ + ___ = ___
___ + ___ = ___	___ + ___ = ___
___ + ___ = ___	19 + 10 = ___

Beispiel-Karten „Serien konstruieren" im 100er-Raum für ein homogenes Paar

Aufgabenbeispiele

```
  ___ + ___ = ___      ___ + ___ = ___
  ___ + ___ = ___      ___ + ___ = ___
   8 +  9 = ___         28 + 39 = ___
  ___ + ___ = ___      ___ + ___ = ___
```

Tafelbild zur Reflexion (zunächst nur linke Serie)

Reflexion. In einer operativen Serie an der Tafel steht nur die Aufgabe 8 + 9.

Die Lehrkraft fragt: „Welche einfache verwandte Aufgabe kann ich bilden, die mir hilft, 8 + 9 zu rechnen?" (Mehrere Aufgaben sind möglich und sinnvoll, zum Beispiel 9 + 9, 8 + 10, 8 + 8.) Ein Kind macht einen Vorschlag und das Partnerkind wird zeitgleich mit eingebunden, indem es den Vorschlag begründet. Die Lehrkraft achtet darauf, dass die Kinder begründen, warum diese Aufgabe passt, und und erläutern, wie das Ergebnis von 8 + 9 schnell bestimmt werden kann.

„Wo soll diese Aufgabe stehen?" – „Welches sind dann die anderen Aufgaben?"

Die Kinder nennen die Aufgaben und erläutern ihre Entscheidungen.
  Weitere Fragen für die Reflexion:
▸ Welche unterschiedlichen Serien können entstehen?
▸ Was ändert sich, wenn zum Beispiel die 8 + 8 nicht über, sondern unter die 8 + 9 geschrieben wird?

Hinweis: Die Aufgabenstellung ist bewusst anders als in der Erarbeitung. Der Nutzen verwandter Aufgaben wird in der Reflexion in den Vordergrund gestellt. Deshalb ist das Finden der „ersten" Startaufgabe (beziehungsweise Hilfsaufgabe) der entscheidende Schritt. Die operative Folge ergibt sich daraus.

Eine zweite Serie mit der Ausgangsaufgabe 28 + 39 wird notiert und besprochen, dabei ist das Vorgehen analog.

Weitere Förderideen
▸ Aufgabenserien zu vorgegebenen Beschreibungen zuordnen.
▸ Zu vorgegebenen Beschreibungen Aufgabenserien konstruieren und diese vergleichen.
▸ Freies Erfinden von operativen Serien zur Addition.

4.4 Bausteine: Rechnen mit Zahlbeziehungen

BAUSTEIN 17 EINFACHE SUBTRAKTIONSAUFGABEN

Darum geht es

Die Kinder sollen „einfache" Subtraktionsaufgaben mithilfe einer durchsichtigen Folie (dicke Transparentfolie aus dem Bastelbedarf in Rechtecke von 8 × 10 cm zerschneiden; bereits in Baustein 12 verwendet) abdecken, die Aufgabe und die Ergebnisse bestimmen. Die Darstellung des Abdeckens eignet sich für zählend rechnende Kinder besonders, weil die Mengen „auf einen Streich" und nicht einzeln abgedeckt werden. Zudem sind Minuend, Subtrahend und Differenz sichtbar, was zu einer Vertiefung der Grundvorstellung beitragen kann.

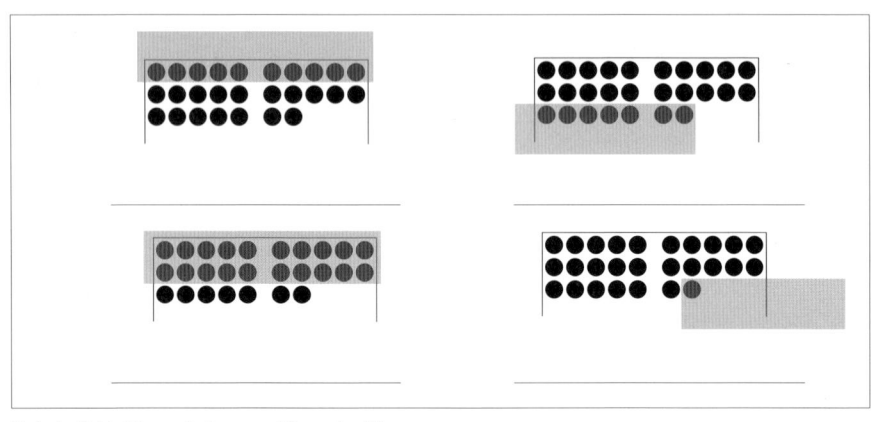

Einfache Subtraktionsaufgaben zum Minuenden 27

Einfache Subtraktionsaufgaben sind Aufgaben, bei denen die Aufgaben und das Ergebnis ohne Zählen abzulesen sind beziehungsweise abgelesen werden sollten. Dazu gehörten die Aufgaben der Subtraktion von 1, von 10, von Vielfachen der 10, Vermindern zum Zehner und Vermindern zum Fünfer. Die Aufgaben „Vermindern zum Zehner" kennen die Kinder bereits aus dem Baustein 12. Sie werden hier wieder aufgegriffen. Wie die Abbildungen zeigen, führt ein geschicktes Abdecken von 10 beziehungsweise von mehreren Zehnern dazu, dass von „oben" abgedeckt, während beim Vermindern um 1, 5 oder um den Einer von „unten" abdeckt wird. Das Abdecken von oben ist zwar für einige Kinder zunächst ungewohnt, doch es ist sehr gut handhabbar, da nur eine Folie verwendet werden muss. Zudem fördert es die visuelle Strukturierungsfähigkeit der Kinder (vgl. Söbbeke 2005) – im Grunde geht es darum, dass eine Aufgabe wie 27 – 10 gedeutet wird als (10 + 17) – 10 = (17 + 10) – 10 = 17 + (10 – 10) = 17.

Da das Abdecken am Feld auch zum Finden anderer Aufgaben einlädt, die ebenso schnell abgedeckt, aber deutlich schwieriger abgelesen werden können (siehe die Abbildung auf der folgenden Seite), sollte im Einstieg betont werden, dass es das Ziel der Stunde ist, diejenigen Aufgaben zu finden, deren Ergebnis

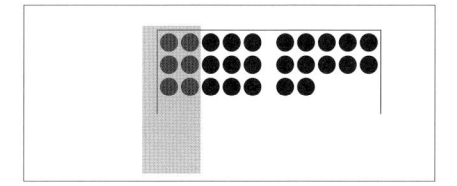

Schwieriger zu deutende Subtraktionsaufgabe zur 27

sofort abgelesen werden kann. Eventuell empfiehlt es sich, ein Gegenbeispiel zu besprechen.

In der Kooperation sind die Kinder herausgefordert, nicht beliebige Elemente am Feld abzudecken. Sie sollen sich vielmehr an dem Ziel orientieren, dass eine einfache Aufgabe entsteht. Während ein Kind die einfache Aufgabe darstellt, muss das Partnerkind die dargestellte Aufgabe interpretieren. Hier wird das methodische Setting „Wippe" genutzt. Dabei sind beide Kinder gefordert, die bereits gefundenen Aufgaben im Blick zu behalten, da zu jedem Punktefeld, das heißt zu jedem Minuenden, vier einfache Subtraktionsaufgaben gefunden werden sollen.

Unterrichtsleitfaden
Einstieg. An der Tafel sind 28 Punkte auf zwei 20er-Feldern dargestellt. Die Lehrkraft informiert die Kinder über das Thema der Stunde, zum Beispiel: „Heute geht es um Minusaufgaben, bei denen man schnell das Ergebnis sehen kann."

Dazu schreibt die Lehrkraft die Aufgabe 28 – 10 an und deckt „geschickt" mit der Folie den oberen Zehner ab. Die Kinder bestimmen die Differenz und erläutern, wie sie das Ergebnis schnell gesehen haben.

Die Lehrkraft notiert weitere Aufgaben und fordert die Kinder auf, diese so an der Darstellung zu zeigen, dass man sofort das Ergebnis sehen kann.

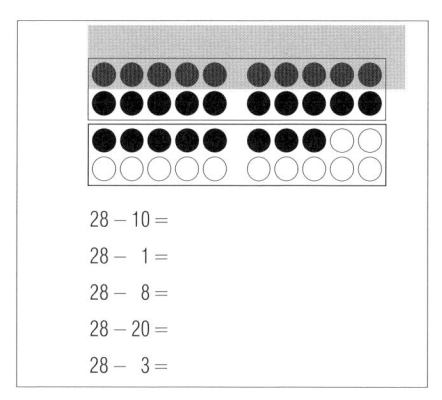

28 – 10 =
28 – 1 =
28 – 8 =
28 – 20 =
28 – 3 =

Tafelbild zum Einstieg: Punktefeld aus magnetischen Wendeplättchen auf 20er-Feldern, Demoabdeckfolie (aus Baustein 12)

4.4 Bausteine: Rechnen mit Zahlbeziehungen

Immer zwei Kinder übernehmen die Rolle der Lehrkraft: Ein Kind deckt eine einfache Subtraktionsaufgabe ab, das andere Kind berechnet und notiert diese.

Arbeitsphase. Die Kinder erhalten verschiedene Punktefelder auf DIN-A6-Blättern. Auf einer Karte sind beispielhaft vier einfache Subtraktionsaufgaben gegeben. Die anderen sind Blankokarten, das heißt, der Minuend ist gegeben, die Subtraktionsaufgaben sollen selbst gewählt werden.

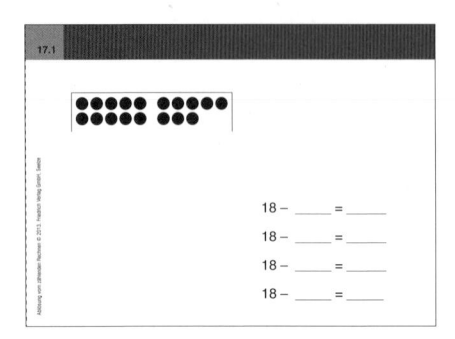

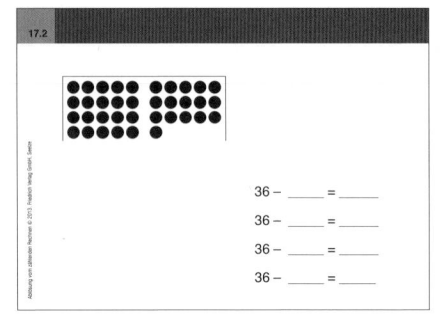

Punktekarten zum Abdecken von Subtraktionsaufgaben, zusätzlich benötigt: Folien

Hinweise zur Differenzierung: Die Karten können alle oder gezielt im Zahlenraum bis 20 oder bis 100 gegeben werden.

Die zu zweit arbeitenden Kinder decken zunächst die vorgegebenen Aufgaben ab und notieren das Ergebnis. Dabei gehen sie abwechselnd vor; das heißt, ein Kind deckt ab, das andere notiert das Ergebnis. Danach wird getauscht.

Bei den Blankokarten (Karten ohne vorgegebene Aufgaben) deckt ebenfalls ein Kind eine einfache Subtraktionsaufgabe ab; das heißt, es soll so abgedeckt werden, dass das Partnerkind die Differenz sofort (also möglichst ohne Abzuzählen) bestimmen kann. Möglichst nach jeder gefundenen Aufgabe werden die Rollen getauscht.

Hinweis: In der Partnerarbeit sollte darauf geachtet werden, dass die Kinder zuerst die einfache Aufgabe mit der Folie zeigen und dann notieren. Andernfalls notieren sie gegebenenfalls Aufgaben, die sich nur schwer „einfach" zeigen lassen.

Reflexion. Die Paare kommen in einen Stuhlhalbkreis (vor der Tafel) zusammen – jedes Paar nimmt die Karte mit 16 beziehungsweise 36 Punkten mit. Die Paare stellen je eine „einfache" Subtraktion vor, die sie zur Karte gefunden haben. Dabei nennt ein Kind die Aufgabe, das andere Kind zeigt diese. Die Aufgaben werden an der Tafel gesammelt. Zentral sind dabei die Aufgaben 16 – 1, 16 – 6, 16 – 10 beziehungsweise 36 – 1, 36 – 6, 36 – 30.

Baustein 17: Einfache Subtraktionsaufgaben

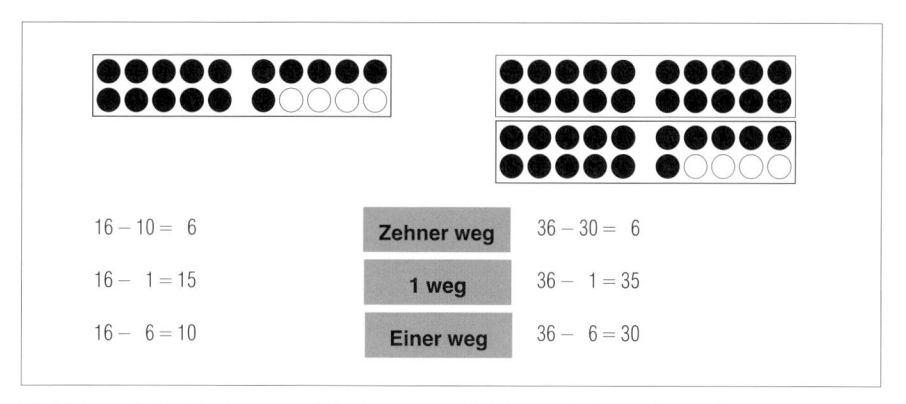

16 − 10 = 6	**Zehner weg**	36 − 30 = 6
16 − 1 = 15	**1 weg**	36 − 1 = 35
16 − 6 = 10	**Einer weg**	36 − 6 = 30

Tafelbild zur Reflexion: Punktmengen auf 20er-Feldern, zusätzlich benötigt: Papierstreifen zum Notieren der Namen

Die Lehrkraft fordert die Kinder auf, für diese Aufgaben Namen zu erfinden. Die Namen werden auf DIN-A4-Blätter geschrieben und zu den jeweiligen Aufgaben gehängt. Das Finden von Namen für die Aufgabentypen macht die Eigenschaften der Aufgaben gerade für zählend rechnende Kinder explizit.

Wenn Kinder keine mathematisch passenden Namen finden, können diese auch angeboten und zugeordnet werden (zum Beispiel „1 weg", „Einer weg", „Zehner weg").

Weitere Förderideen
- Blitzrechnen mit einfachen Subtraktionsaufgaben am Overheadprojektor oder in Partnerarbeit.
- Aus Subtraktionsaufgaben (zum Beispiel auf Karten) die einfachen (also auf einen Streich abzudeckenden) heraussuchen.
- Einfache Subtraktionsaufgaben zur Kategorie „Zehner weg" finden.

4.4 Bausteine: Rechnen mit Zahlbeziehungen

BAUSTEIN 18 VERWANDTE SUBTRAKTIONSAUFGABEN

Darum geht es

Die einfachen Subtraktionsaufgaben aus der letzten Einheit werden nun in Beziehung zu Nachbaraufgaben gesetzt. Zählend rechnende Kinder sollen die Beziehungen zwischen den Aufgaben erkennen und beim Berechnen nutzen. Sie werden angeregt, zunächst die einfache Subtraktionsaufgabe zu berechnen und dann das Ergebnis der verwandten Aufgabe daraus abzuleiten. Die einfachen Aufgaben werden also noch einmal aufgegriffen und können geübt werden. Die Aufgabenstellung ist jedoch auch zu lösen, wenn die Kinder die „einfachen" Aufgaben noch nicht abrufen können. In diesem Fall sollte eine Folie (vgl. Baustein 17) zur Verfügung gestellt werden, um zählendes Vorgehen zu vermeiden.

Bei den in dieser Einheit verwendeten Nachbaraufgaben handelt es sich um Aufgaben mit veränderten Subtrahenden (17 – 7 = ☐; 17 – 8 = ☐) und in der Folge eine gegensinnige Veränderung der Differenzen. Es reicht also nicht aus, die Zahlbeziehung zwischen den Subtrahenden zu erkennen und auf die Differenzen zu übertragen, sondern die Auswirkung bei der Veränderung im Hinblick auf die Subtraktion müssen betrachtet werden. Was passiert mit dem Ergebnis, wenn 1 Punkt mehr oder weniger abgedeckt wird? Werden Nachbaraufgaben wie im obigen Beispiel genutzt, kann sehr leicht der Zehner überschritten werden und auf diese Weise eine vermeintlich schwierige Aufgabe einfach berechnet werden. Um den Fokus auf diesen Nutzen zu legen, werden Aufgabenpaare betrachtet. Die Kinder erhalten dazu analog zu Baustein 16 zwei verschiedene Aufgabentypen:

- Typ *„Aufgabenpaar berechnen und Strukturen sehen"* (Karten A und B): Die Kinder müssen dazu zunächst die „einfache" Ausgangsaufgabe identifizieren und ausgehend von dieser Aufgabe die Nachbaraufgabe berechnen.
- Typ *„Einfache Aufgaben finden"* (Karten C und D): Die Kinder finden zu vorgegebenen „schwierigen" Aufgaben einfache Nachbaraufgaben. Das Lösen der „einfachen" Aufgaben ermöglicht ein schnelles, sicheres Lösen der schwierigen Aufgabe, wenn die Aufgabenbeziehung beachtet wird.

Für leistungsstärkere Kinder kann es ein inhaltsbezogenes Ziel sein, im 100er-Raum Aufgaben mit Zehnerübergang zu rechnen und auf der prozessbezogenen Ebene die gegensinnige Veränderung zu begründen sowie in den Phasen des Unterrichtsgesprächs am Material zu zeigen. Entsprechend stehen die Aufgabenkarten im 20er-Raum und im 100er-Raum zur Verfügung. Die Aufgabenpaare sind so konzipiert, dass das diskursive Format gewahrt bleibt, auch wenn die Kinder in verschiedenen Zahlenräumen arbeiten.

In der Kooperation vergleichen die Kinder strukturell analoge Aufgabenpaare und finden Gemeinsamkeiten und Unterschiede. Der Austausch erfordert, dass strukturelle Beziehungen formuliert und notiert werden.

Baustein 18: Verwandte Subtraktionsaufgaben

Unterrichtsleitfaden
Einstieg. Analog zur Reflexion der letzten Einheit sind die Zahlen 16 und 36 in 20er-Feldern dargestellt. Die Subtraktionsaufgaben 16 – 6 = und 36 – 6 = stehen darunter. Die Kinder lösen die Aufgaben, nennen den Typ der einfachen Aufgabe (vgl. Baustein 17) und erläutern, wie man die Aufgabe mit der Folie darstellen würde. Die Lehrkraft notiert die Aufgaben 16 – 9 = und 36 – 9 = und fragt die Kinder: „Wie kann man die Ergebnisse der Aufgaben bestimmen, ohne noch einmal neu rechnen zu müssen?" Die Kinder bestimmen die Ergebnisse und erläutern ihr Vorgehen. Hierzu wird die Veränderung mit der Folie gezeigt und explizit von den Kindern beschrieben, zum Beispiel: „Wenn 1 Plättchen mehr abdeckt wird, ist 1 Plättchen weniger zu sehen."

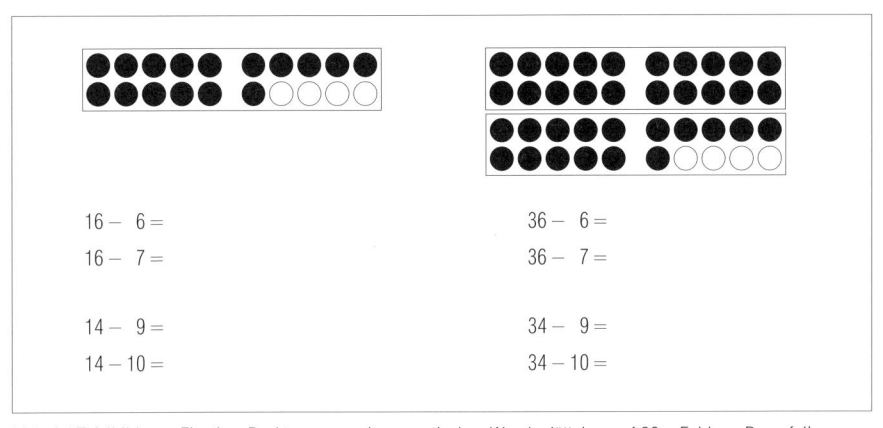

16 – 6 =	36 – 6 =
16 – 7 =	36 – 7 =
14 – 9 =	34 – 9 =
14 – 10 =	34 – 10 =

Material/Tafelbild zum Einstieg: Punktmengen mit magnetischen Wendeplättchen auf 20er-Feldern, Demofolie

Die Lehrkraft notiert 4 weitere Aufgaben an der Tafel. Die Kinder werden aufgefordert, zuerst die einfache Subtraktionsaufgabe zu lösen und dann die schwierigere abzuleiten. Wieder wird die Veränderung explizit beschrieben.

Arbeitsphase. Jedes Kind bekommt 4 Karten mit verwandten Aufgabenpaaren. Die Kinder kreuzen zunächst die einfachste Aufgabe an (Karten A und B) und berechnen dann diese. Anschließend leiten sie die andere Aufgabe möglichst davon ab. Die Kinder finden also zu vorgegebenen Aufgaben verwandte Aufgaben. Die Kinder finden bei den Karten C und D zu den vorgegebenen schwierigen Aufgaben verwandte leichte Aufgaben. Diese nutzen sie als Hilfsaufgabe, um die Ergebnisse der schwierigen Aufgaben abzuleiten.

Differenzierung: Die Karten stehen in drei Versionen zur Verfügung:
▸ Beide Kinder arbeiteten im 20er-Raum.
▸ Ein Kind arbeitet im 20er-Raum, eines im 100er-Raum.
▸ Beide Kinder arbeiten im 100er-Raum.

4.4 Bausteine: Rechnen mit Zahlbeziehungen

Hinweis: Bei der Auswahl der „einfachen" Aufgaben kreuzen Kinder womöglich keine oder immer die erste Aufgabe an, da sie einfach als „zuerst/Erste" interpretieren. Während der Arbeitsphase kann die Lehrkraft einzelne Kinder explizit auf ihre Auswahl der einfachen Aufgaben ansprechen. Ebenso ist darauf zu achten, dass die Kinder bei den Karten C und D „Welche Aufgabe hilft?" zuerst passende einfache Subtraktionsaufgabe finden.

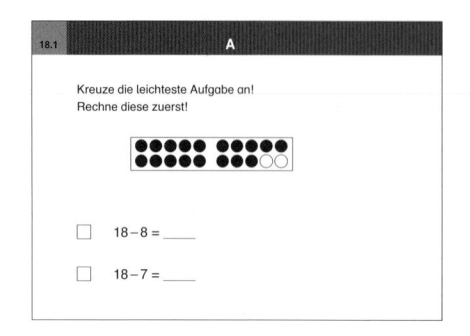

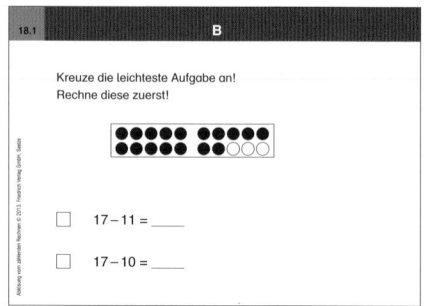

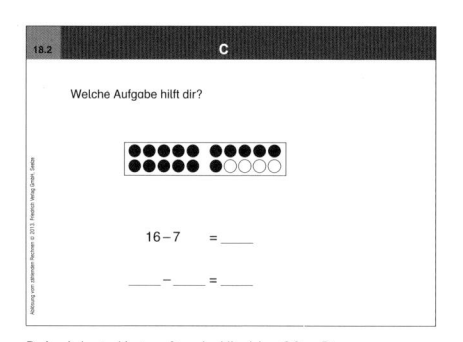

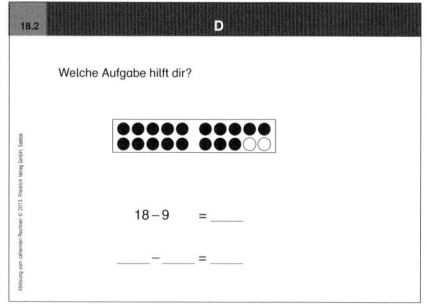

Karte A (18.1): Kreuze die leichteste Aufgabe an! Rechne diese zuerst!
- ☐ $18 - 8 = \_\_$
- ☐ $18 - 7 = \_\_$

Karte B (18.1): Kreuze die leichteste Aufgabe an! Rechne diese zuerst!
- ☐ $17 - 11 = \_\_$
- ☐ $17 - 10 = \_\_$

Karte C (18.2): Welche Aufgabe hilft dir?
$16 - 7 = \_\_$
$\_\_ - \_\_ = \_\_$

Karte D (18.2): Welche Aufgabe hilft dir?
$18 - 9 = \_\_$
$\_\_ - \_\_ = \_\_$

Beispielsatz Karten für ein Kind im 20er-Raum

Nach dieser Phase der individuellen Erkundung treffen sich die Paare und vergleichen die Aufgabenkarten mit den gleichen Buchstaben. Dazu beachten sie den Arbeitsauftrag: „Vergleicht die Aufgaben! Was ist gleich, was ist anders? Was fällt euch auf?"

Die Kinder einigen sich auf Auffälligkeiten und halten diese schriftlich mit einem Satz auf dem Zettel mit dem entsprechenden Buchstaben fest.

Reflexion. Die Kinder bringen die Karte D mit in Stuhlkreis. Die Aufgaben $18 - 9 =$ und $28 - 9 =$ stehen an der Tafel. Die Lehrkraft fragt: „Welche einfache Aufgaben helfen dabei, diese Aufgabe auszurechnen?"

Baustein 18: Verwandte Subtraktionsaufgaben

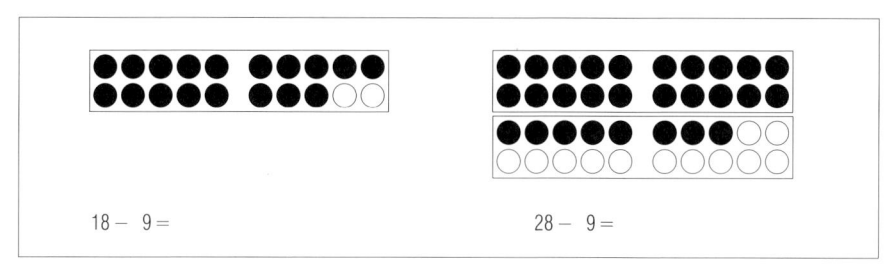

18 − 9 =   28 − 9 =

Material/Tafelbild zur Reflexion

Die Paare machen Vorschläge. Hierbei werden mehrere Paare befragt, da mehrere Antworten sinnvoll und möglich sind (18 − 8; 19 − 9; 18 − 10 = beziehungsweise 28 − 8; 29 − 9 und 28 − 10). Die Kinder begründen, warum ihre Aufgabe hilft und um welchen Typ einer „einfachen" Subtraktionsaufgabe es sich handelt.

Weitere Fragen für die Reflexion:
▸ Bei welchen Aufgaben hilft die Aufgabe „Zehner weg"?
▸ Wie können Halbierungsaufgaben als „einfache Aufgaben" dienen?

Weitere Förderideen
▸ Operative Serien zu verwandten Subtraktionsaufgaben lösen und erfinden.
▸ Vorgegebene Beschreibungen zu Aufgabenpaaren beziehungsweise -serien zuordnen.
▸ Zu vorgegebenen Beschreibungen Aufgabenserien konstruieren und diese vergleichen.

4.4 Bausteine: Rechnen mit Zahlbeziehungen

BAUSTEIN 19 VERWANDTE ADDITIONSAUFGABEN AM RECHENSTRICH

Darum geht es

Kinder sollen die im Rahmen von Baustein 15 am Punktefeld bearbeiteten verwandten Additionsaufgaben am Rechenstrich darstellen. Denn am Rechenstrich wird die Beziehung zwischen den Aufgaben besonders gut deutlich, da Veränderungen nicht zwischen Punktemustern konstruiert werden müssen, sondern in Form von Pfeilen notiert werden. Dadurch kommt der Zusammenhang der Aufgabenpaare nicht allein auf symbolischer Ebene (zum Beispiel eine Ziffer verändert sich) oder in der flächigen Darstellung (zum Beispiel eine Zeile verändert sich) zum Ausdruck, sondern auch auf linearer Ebene. Die Veränderung kann dargestellt werden und so auch Kindern helfen, Analogien sehen und nutzen zu lernen, die sich ansonsten allein am Zählen oder an der Oberfläche von Zahleigenschaften orientieren. Im Mittelpunkt der Aufgabenbeziehungen stehen die Nachbaraufgaben von „+10", also „+9" und „+11". Ausgehend von der einfachen Kernaufgabe „+10" wird das Prinzip der Nachbaraufgaben thematisiert, das in der Reflexion auf andere einfache Aufgaben und ihre Nachbarn übertragen wird.

Der Verlauf der Unterrichtseinheit setzt voraus, dass Kinder mit der Notation von Operationen am Rechenstrich vertraut sind. Ist das nicht der Fall, empfiehlt es sich, eine Einführung vorzuschalten. Entscheidend für den sinnvollen Verlauf der Bausteine 19/20 ist, dass die Kinder bereits wissen, dass Aufgaben am Rechenstrich auf unterschiedliche Weise dargestellt werden können. Zudem müssen sie erfahren haben, dass es sinnvoll sein kann, zur Darstellung eines Rechenweges nicht nur einen (großen) Bogen zu wählen, sondern mehrere kleine, wenn das die einzelnen Rechnungen erleichtert. Dabei kommt als zusätzliche Schwierigkeit hinzu, dass die Abstände zwischen den Zahlen einerseits durch die Strecken zwischen den Zahlen, andererseits durch Bögen von einer Zahl zur anderen repräsentiert sind. Dies kann für einige Kinder verwirrend sein, sodass die Lehrkraft gegebenenfalls diese unterschiedliche Interpretation der Abstände gezielt thematisieren sollte.

Es stehen Aufgabenpaare mit dem 1. Summanden im 20er-Raum und im 100er-Raum zur Verfügung, die 2. Summanden sind bei allen Aufgaben 10, 9 und 11, wodurch analoge Beziehungen auch sichtbar sind, wenn die Kinder auf unterschiedlichen Niveaus arbeiten (zum Beispiel 6 + 10 und 6 + 11 im Vergleich zu 46 + 10 und 46 + 11). Auch im gleichen Zahlenraum sind die Aufgabenkarten diskursiv, sodass in der Kooperation zwar gleiche Ausgangsaufgaben, aber mit unterschiedlichen verwandten Aufgaben (zum Beispiel 6 + 10 und 6 + 11 mit 6 + 10 und 6 + 9 oder 6 + 10 und 6 + 11 mit 4 + 10 und 4 + 11) betrachtet werden können. Die Kinder sind aufgefordert, ihre eigene Sichtweise über die Passung einzubringen, auszutauschen und zu diskutieren.

Unterrichtsleitfaden

Einstieg. Die Lehrkraft schreibt die Aufgabe 4 + 10 = ☐ an die Tafel und stellt sie zugleich am Rechenstrich dar. Die Kinder bestimmen das Ergebnis. Die Aufgabe 4 + 11 wird angeschrieben und ein neuer Rechenstrich gezogen. Die Lehrkraft deutet darauf hin, dass die bereits berechnete Aufgabe bei der Lösung beachtet und das Wissen darum genutzt werden soll: „Wie kann man diese Aufgabe jetzt einfach rechnen? Wie weiß man, ohne neu zu rechnen, wie das Ergebnis ist?" Die Kinder nennen das Ergebnis und erläutern ihre Überlegungen Die Lehrkraft zeichnet die Bögen zur Überlegung (+11 = +10 + 1) ein.

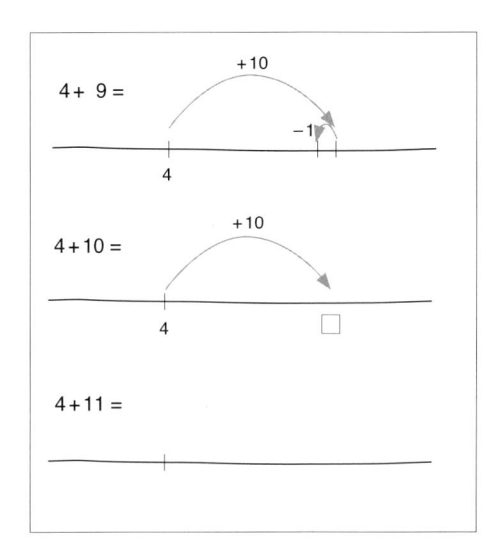

Material/Tafelbild (jeweils die Vorgaben der Lehrperson)

An dieser Stelle sind auch alternative Strategien zur verwandten Aufgabe zu würdigen (zum Beispiel in einem Bogen zeichnen); aber es ist wichtig, auf die erlernten Rechentricks aus vorhergegangenen Stunden zu verweisen. Wie kann dieser Trick helfen und sichtbar gemacht werden?

Zudem kann die Lehrkraft den Prozess des Darstellens verdeutlichen, indem sie Teilschritte bespricht: Sie zeichnet Bögen zur Aufgabe 4 + 9 = ein (siehe Tafelbild). „Welche Aufgabe habe ich hier gezeichnet?" Die Kinder nennen die Aufgabe und erläutern, warum es sinnvoll ist, diese so zu zeichnen.

Wenn ein Großteil der Kinder bereits im Zahlenraum bis 100 arbeitet, bietet es sich an, ein analoges Beispiel in diesem Zahlenraum zu besprechen, zum Beispiel: 28 + 10; 28 + 11; 28 + 9.

4.4 Bausteine: Rechnen mit Zahlbeziehungen

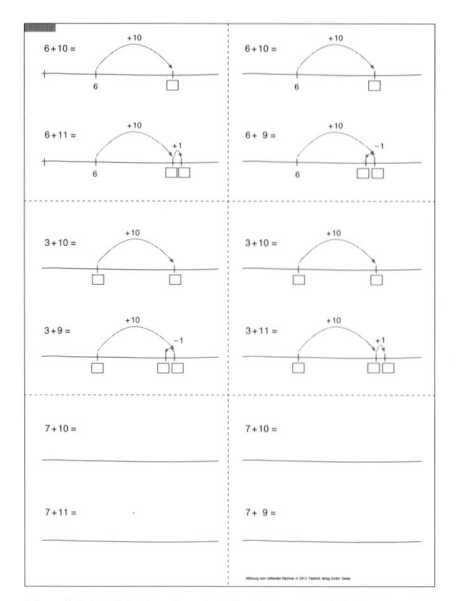

Material (1. Arbeitsphase): AB 19.1 und 19.2: Kartensatz für Paar im 20er-Raum (Karten auseinanderschneiden)

Arbeitsphase. Die Paare bekommen Rechenstriche auf Karten. Die Kinder teilen die Karten unter sich auf. Sie rechnen einfache und verwandte Additions- und Subtraktionsaufgaben am Rechenstrich. Sie stellen die Aufgaben selbst am Rechenstrich dar.

Hinweise zur Differenzierung: Die Karten liegen im 20er-Raum (AB 19.1 und 19.2), für heterogene Paare (AB 19.3 und 19.4) sowie im 100er-Raum (AB 19.5 und 19.6) vor.

Hinweis: Die Kinder stellen die verwandten Aufgaben möglicherweise in einem Bogen dar oder finden eine andere Darstellung (zum Beispiel zuerst zum Zehner, dann weiter). Gegebenenfalls weist die Lehrkraft darauf hin, dass die Aufgaben in Bezug auf die einfachen Aufgaben dargestellt werden sollen, dass also der Bogen +10 beibehalten und durch einen weiteren Bogen ergänzt wird.

Die Lehrkraft gibt eine neue Fragestellung:
- „Sortiert die Karten. Welche gehören zusammen?"
- Zu AB 19.7, Material für die 2. Arbeitsphase: „Welche Aufgaben passen zu diesen Rechenstrichbildern ‚ohne Aufgabe'? Wählt Aufgaben aus, die passen oder findet neue."

Die Paare sortieren gemeinsam die Karten.

Beispiel 19: Verwandte Additionsaufgaben am Rechenstrich

Die Kinder finden dann eine Aufgabenserie, die sie notieren und an den Rechenstrichen darstellen. Die Karten sind mehrdeutig, das heißt, mehrere Aufgaben können in die „Bilder" hineingedeutet werden, zum Beispiel 2 + 9 = 11; 2 + 10 = 12 und 2 + 11 = 13 oder auch 156 + 9 = 165; 156 + 10 = 166 und 156 + 11 = 157.

Reflexion. Die mehrdeutigen Rechenstriche stehen an der Tafel. Ausgewählte Paare stellen ihre gefundene „einfache" Aufgabe (mittlere Aufgabe) vor. Die anderen Kinderpaare bestimmen die Nachbaraufgaben, die nun schnell gefunden werden können (je nach Zeit 1–3 Aufgabentripel). Ein Kind nennt die passende Aufgabe, das andere erläutert, warum dies die Nachbaraufgabe sein muss.

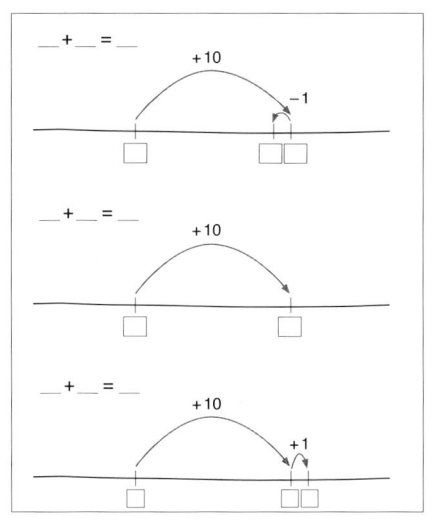

Material für 2. Phase der Partnerarbeit (AB 19.7) und Tafelbild zur Reflexion

Weiterführende Frage für die Reflexion: Die Lehrkraft notiert nun als mittlere „einfache" Aufgabe mit einem Bogen die Aufgabe 8 + 8 = 16. Welche Nachbaraufgaben können nun schnell gelöst werden? Die Kinder nennen und erläutern 8 + 7 und 8 + 9.

Weitere Förderideen
▸ Zu vorgegebenen Bögen (wie in der Reflexion) unterschiedliche Aufgaben finden.
▸ Operative Veränderungen +1 und –1 auch bei anderen Aufgaben durchführen.

4.4 Bausteine: Rechnen mit Zahlbeziehungen

BAUSTEIN 20 VERWANDTE SUBTRAKTIONSAUFGABEN AM RECHENSTRICH

Darum geht es

Die bei der Addition erarbeiteten Strategien der Nachbaraufgaben am Rechenstrich werden nun auf die Subtraktionsaufgaben übertragen. Dabei wird das in den Bausteinen 17/18 thematisierte Verändern des Subtrahenden wieder aufgenommen. Die „dynamische" Darstellung der Aufgaben am Rechenstrich betont die Veränderung von einer Aufgabe zur anderen. Die verwendeten Aufgabentypen entsprechen denen aus Baustein 18 als einfache Aufgaben bekannten „minus 10" und „minus 1er" und den jeweiligen Nachbaraufgaben. Die zählend rechnenden Kinder haben hier die Gelegenheit, die angeregten Vorgehensweisen zum Nutzen von einfachen Aufgaben zu vertiefen. Dabei werden die Inhalte nicht einfach wiederholt, sondern mithilfe der Darstellung am Rechenstrich auf einer anderen Ebene repräsentiert.

Während im vorhergegangen Baustein Additionsaufgaben behandelt wurden, stehen nun Subtraktionsaufgaben im Fokus. Die zunächst getrennte Thematisierung von Additions- und Subtraktionsaufgaben erleichtert zählend rechnenden Kindern die Darstellung der Aufgaben am Rechenstrich, da die Positionierung des Minuenden eher rechts gewählt werden sollte, während bei der Addition eher links begonnen wird. Im Anschluss bietet es sich an, beide Operationen und ihre Nachbaraufgaben verzahnt zu thematisieren. Dann können als Anregung für die leistungsstarken Schülerinnen und Schüler auch Beziehungen zwischen Addition und Subtraktionsaufgaben angesprochen werden (siehe Abbildung).

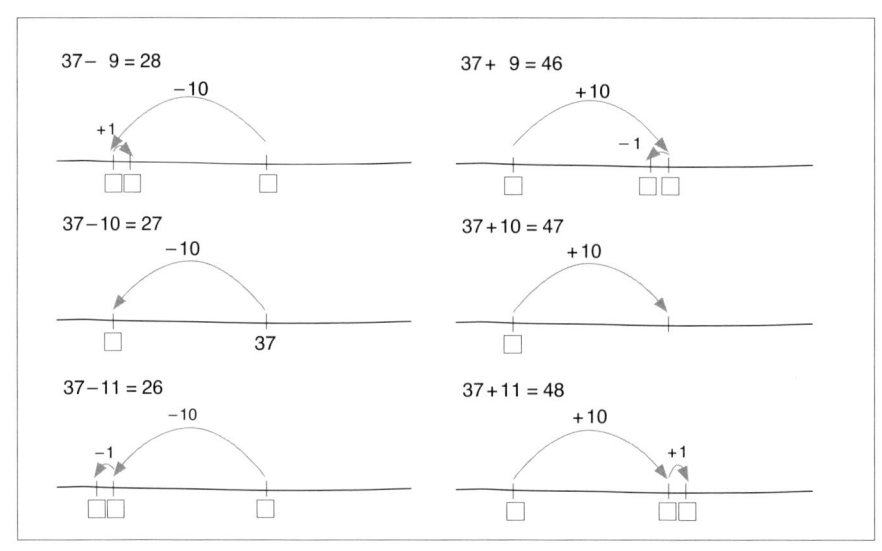

Addition und Subtraktion am Rechenstrich

Beispiel 20: Verwandte Subtraktionsaufgaben am Rechenstrich

Wie in den Bausteinen zuvor werden die Aufgaben als parallelisierte, differenzierte Aufgabenserien zur Verfügung gestellt (Minuend im 20er-Raum, beziehungsweise 100er-Raum und gleiche Subtrahenden: 17 – 9, 17 – 10, 17 – 11 sowie 37 – 9, 37 – 10, 37 – 11). Die Struktur der Aufgabenserien wird bei deren Vergleich deutlich. In der Kooperation werden die Kinder angeregt, das mathematisch Verallgemeinbare in den Aufgabenserien zu sehen, indem sie eigene Aufgaben dieser Struktur finden.

Unterrichtsleitfaden
Einstieg. Die Tafel wird aufgeklappt und das Rechentripel aus der letzten Einheit wird sichtbar.

Die Lehrkraft zeichnet 3 leere Rechenstriche auf und schreibt die Aufgabe 25 – 10 = 15 an. Sie stellt die Aufgabe selbst am mittleren Rechenstrich dar. Die Lehrkraft weist an dieser Stelle auf die Richtung hin, in der Subtraktionen dargestellt werden.

Die Lehrkraft notiert die Aufgaben 25 – 9 = und 25 – 11 = und fordert die Kinder auf, die Aufgaben am Rechenstrich zu rechnen und dabei die Aufgabe 25 – 10 = 15 zu nutzen.

Hierbei können die Kinder bereits zu zweit arbeiten: Ein Kind stellt die Aufgabe dar, das andere Kind erläutert mit Bezug auf 25 – 10 = 15.

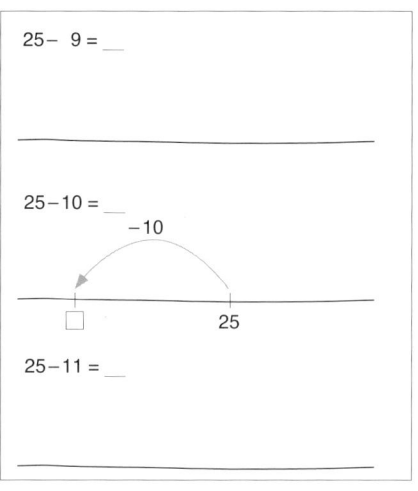

Tafelbild zum Einstieg

Arbeitsphase. Die Kinder eines Paares bekommen jeweils eine Hälfte eines Arbeitsblattes mit Subtraktionsaufgaben am Rechenstrich. Die Kinder lösen die Aufgaben zunächst für sich.

Hinweise zur Differenzierung: Die Arbeitsblätter liegen vor für die Arbeit im 20er-Raum (AB 20.1/20.2), für heterogene Paare (AB 20.3/20.4) sowie für die Arbeit im 100er-Raum (AB 20.5/20.6).

Anschließend legen die Kinderpaare ihre Arbeitsblätter so nebeneinander, dass sie die untenstehende Aufgabe zusammen bearbeiten können. Sie vergleichen ihre Darstellung und ihre Ergebnisse. Die Paare finden zu den mehrdeutigen Rechenstrichabbildungen auf den Arbeitsblättern gemeinsam passende Aufgaben.

Die Kinder notieren eine gefundene Aufgabe zum mehrdeutigen Rechenstrich auf dem AB 20.2 (20.4 bzw. 20.6) auf einem DIN-A5-Zettel.

4.4 Bausteine: Rechnen mit Zahlbeziehungen

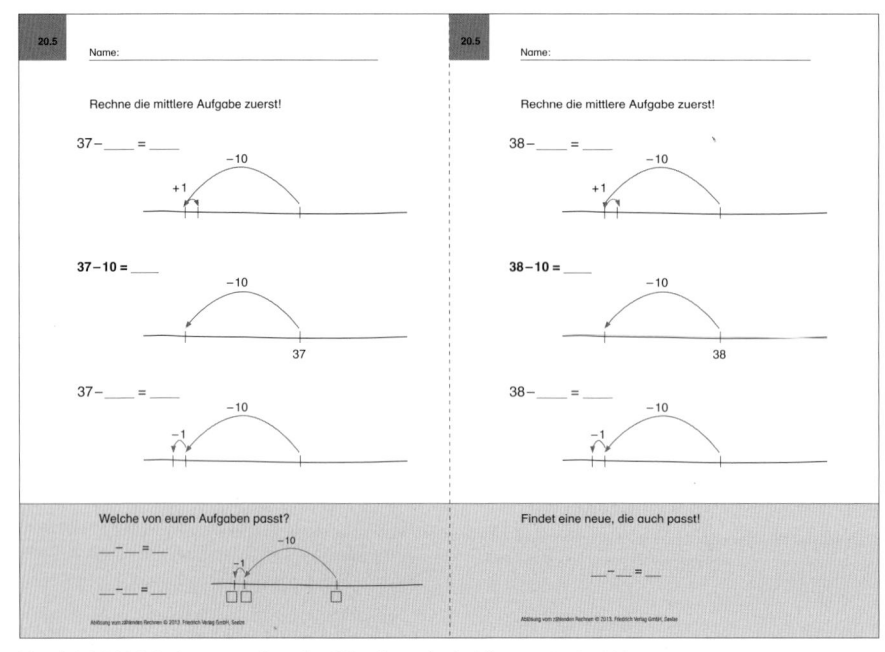

Material: AB 20.5 für homogene Paare im 100er-Raum; in der Mitte durchschneiden

Reflexion. Die mehrdeutige Subtraktionsdarstellung vom 2. Arbeitsblatt am Rechenstrich steht an der Tafel. Vom Verhältnis der Bögen passt am besten eine Aufgabe des Typs ZE – E + 1.

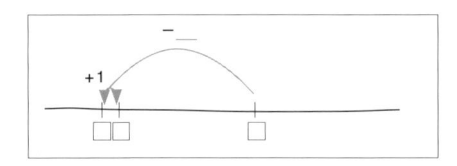

Tafelbild zur Reflexion

Die Paare hängen die von ihnen gefundene passende Aufgabe zu dem jeweiligen Rechenstrich auf.

Die passenden Aufgaben werden gemeinsam betrachtet. Die Lehrkraft greift einige heraus und fordert die Paare auf, zu erläutern, warum diese gewählt wurden. Weitere Kinder überlegen, welche anderen Aufgaben auch noch gepasst hätten.

Hinweis: Im Gegensatz zur vorhergegangenen Einheit ist bei dieser Stunde die „Größe" der Bögen nicht festgelegt. Diese können unterschiedlich interpretiert werden. Die Aufgabe 56 – 5 = 56 – 6 + 1 kann ebenso passen, wie die Aufgabe 13 – 2 = 13 – 3 + 1. Die Bögen geben nur in etwa die

Größe der Zahlen an. Dies muss mit den Kindern besprochen werden. Wichtig ist, dass das Verhältnis der Zahlen, die repräsentiert werden, passend ist (kleinere Einheit, kleinere Bögen). Das Gemeinsame an den Aufgaben ist das Subtrahieren des Einers und das Addieren von 1.

Weiterführende Frage für die Reflexion: Die Lehrkraft stellt die Aufgabe 16 – 8 am Rechenstrich dar. Die Kinder erläutern, warum sie das Ergebnis sofort wissen (Umkehraufgabe der Verdopplungsaufgabe 8 + 8). Sie finden nach obigem Muster die Nachbaraufgaben 16 – 7 und 16 – 9 und stellen sie am Rechenstrich dar.

Weitere Förderideen
- Zu vorgegebenen Bögen (wie in der Reflexion) unterschiedliche Aufgaben finden.
- Operative Veränderungen +1 und –1 auch bei anderen Aufgaben durchführen (bei größeren Zahlenwerten auch operative Veränderungen um +10 und –10).

4.4.3 Anregungen zur Reflexion

Beziehungsreich und verstehensorientiert

Vielen Kindern gelingt es, bei der Bearbeitung der Bausteine die operativen Veränderungen zu erkennen und Beziehungen zwischen Zahlen zu beschreiben und selbst zu konstruieren. Die Kinder formulieren Beziehungen wie „Hier wird immer einer mehr" oder „Das ist Reihe". Deutlich schwieriger scheint es jedoch zu sein, die Beziehungen zwischen den Aufgaben zu betrachten. Dabei müssen auf der einen Seite die operativen Veränderungen der Zahlen und auf der anderen Seite die durchzuführende Operation mit in den Blick genommen werden. Gerade den leistungsschwachen Kindern fällt es schwer, die Veränderung als Veränderung des operativen Prozesses (also zwischen den Aufgaben) und nicht ausschließlich als Veränderung des Resultates (also zwischen den Ergebniszahlen) zu sehen. Bei der Addition gelingt es Kindern eher, nicht allein auf die Ergebnisse zu fokussieren, sondern die Veränderung derselben mit Zahlbeziehungen der sich verändernden Summanden in Relation zu bringen. Allerdings bleibt fraglich, inwieweit sie wirklich Beziehungen zwischen den Aufgaben sehen oder die erkannten Zahlbeziehungen einfach auf die Ergebnisse anwenden.

Diese Sichtweise führt sowohl bei den Aufgaben, die den Kindern im Baustein 16 gegeben werden, zum Erfolg und ebenso bei Aufgaben, die in vielen Schulbüchern gegeben werden. Allein aufgrund der richtigen Ergebnisse kann somit nicht angenommen werden, dass die Kinder die Mengen operativ verändert hätten. Es reicht hier genauso wie bei den meisten operativen Serien, die Zahlbeziehung des 1. Summanden zu betrachten und die Ergebnisse in analoger Weise zu verändern. Bei diesem Vorgehen werden jedoch keine Beziehungen zwischen Aufgaben betrachtet, sondern ausschließlich Veränderungen von Zahlenfolgen. Gerade bei den Subtraktionsaufgaben ist es jedoch notwendig, die Operation mitzubedenken, da eine unverstandene Übertragung von Zahlbeziehungen zu falschen Ergebnissen führt. In der Bearbeitung von Mary (siehe die Abbildung) ist genau diese Schwierigkeit zu sehen. Mary erkennt die Beziehungen zwischen den Subtrahenden und überträgt diese auf die Ergebnisse, indem sie „Das ist dann einer weniger" sagt und 27 als Ergebnis von 38 – 9 notiert.

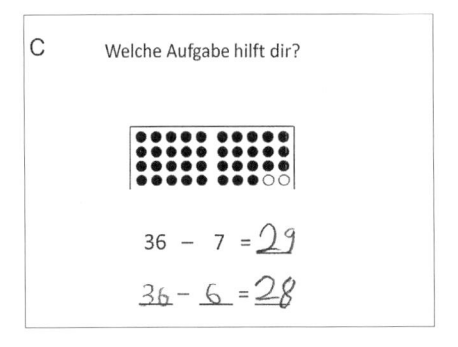

Bearbeitung von Mary

4.4.3 Anregungen zur Reflexion

Ein verständnisgeleitetes Arbeiten führt hingegen dazu, dass die Nachbaraufgaben helfen, schwierigere Aufgaben korrekt zu lösen. Dazu kann die Darstellung am Rechenstrich ein Hilfs- und zugleich ein Erkenntnismittel sein; insbesondere wenn die Kinder die Beziehungen auch als Veränderung zur einfachen Aufgabe darstellen können (linke Abbildung) und nicht als einen durchgehenden Bogen. Zwar zeigen die richtigen Ergebnisse in der rechten Abbildung, dass das Kind die Aufgaben lösen konnte, und die unterschiedliche Länge der Bögen weist darauf hin, dass die Summanden 9 und 10 relational betrachtet werden, aber diese Beziehungen werden nicht explizit.

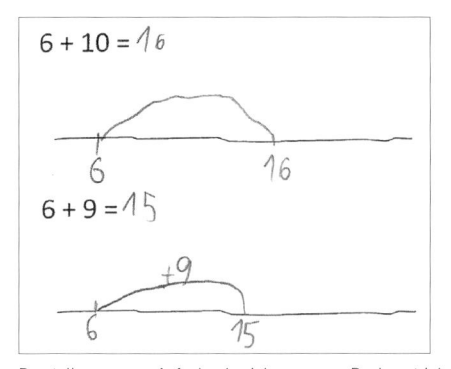

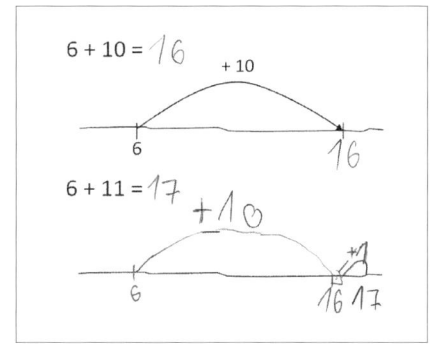

Darstellungen von Aufgabenbeziehungen am Rechenstrich

Zur Vorbereitung dieses verständnisvollen Betrachtens von Nachbaraufgaben eignet sich eine intensive Bearbeitung des Bausteins 15. Die Aufgabenstellungen erfordern von den Kindern gleichzeitig das mentale Verändern von Summanden und die Betrachtung der Auswirkungen auf das Ergebnis. Dabei sind Veränderungen eines Summanden durch die Handlungsaufgabenforderungen „1 dazulegen", „1 wegnehmen" von den Kindern leichter zu bewältigen als das Umdrehen eines Plättchens. Diese Veränderung, die zur Konstanz der Summe führt, betrifft nicht nur einen, sondern beide Summanden und die (Nicht-)Auswirkungen für das Ergebnis müssen auch bedacht werden. Die Unterrichtsdokumente unten zeigen die selbst gefundenen Partneraufgaben zu einer ausgewählten

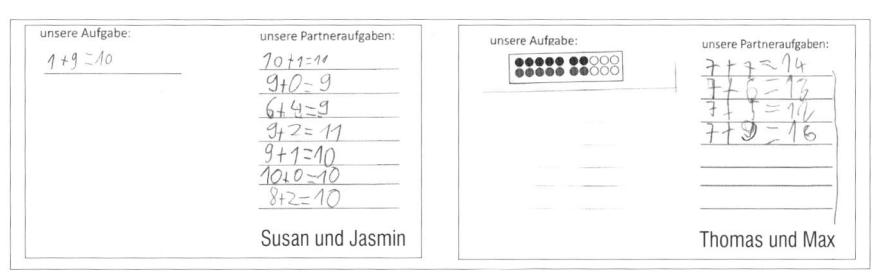

Partneraufgaben

"einfachen" Additionsaufgabe. Während im ersten Dokument die Schülerinnen die Summanden vielfältig verändert wurden, fokussieren Thomas und Max auf die Veränderungen „1 dazulegen", „1 wegnehmen" und „2 dazulegen".

Vielen leistungsschwachen Kindern fällt das mentale Verändern bei gleichzeitiger Berücksichtigung der Auswirkung auf das Ergebnis schwer, sodass Ergebnisse der veränderten Aufgaben neu berechnet wurden, ohne die Ergebnisse der Ausgangsaufgabe zu nutzen. Die Kinder scheinen als Erstes die Beziehungen zwischen Zahlen zu sehen und konstruieren zu können. Hier kann und sollte weiter angesetzt werden, indem die Auswirkung der Operation auf diese Relation thematisiert werden. Die wird in den Bausteinen 15–20 angeregt, muss aber langfristig im Unterricht verankert werden.

Diagnosegeleitet und differenziert

Offene Aufgaben ermöglichen den Kindern, ihre Fähigkeiten zu zeigen. Dies zeigt sich vor allem an den Stellen, an denen Eigenproduktionen erbracht werden konnten. Die Abbildung S. 168f. zeigt einen Querschnitt von Dokumenten aus einer Klasse. Dabei wird bereits auf den ersten Blick die Differenzierung deutlich, die von der Lehrkraft eingebracht wurde, indem die Kinder die Aufgaben in den unterschiedlichen Zahlenräumen erhielten. Die Produktionen der Kinder zeigen aber auch, wie unterschiedlich mit den gleichen Karten vorgegangen werden kann. So finden sich in beiden Zahlenräumen Dokumente, bei denen ein Summand um 1 verändert wurde, während der zweite beibehalten wurde. Die Kinder greifen somit die Konstruktionsidee der Aufgabenkarten auf und wenden sie selbst an. Andere Lösungen zeigen auf das Aufgreifen von Verdopplungsaufgaben (siehe Abbildung, Dokument 2) oder das gleichzeitige systematische Verändern von zwei Summanden (siehe Abbildung, Dokument 6).

Ebenso unterschiedlich sind die Dokumentationen der Kinder zu ihren Entdeckungen beim Vergleich der Aufgabenkarten B im 20er-Raum. Während einzelne Kinder vor allem die gleichen Elemente zwischen den Karten fokussieren und diese in den Mittelpunkt stellen, betrachten andere Kinderpaare vor allem die Unterschiede in der strukturellen Gleichheit.

Wie am Dokument zu erkennen ist, führt der Blick auf die Identitäten in den Aufgaben eher zu einer oberflächlichen Betrachtung der Aufgaben. Die Fokussierung auf dieselben Zeichen und Symbole führt dazu, dass die Unterschiedlichkeit in den Aufgaben und die Wirkungen der operativen Veränderungen nicht mehr beschrieben werden. An diesen Aufgabenserien ist ja gerade das Wesentliche, dass einige Aspekte identisch sind, obwohl die Aufgaben nicht komplett übereinstimmen. Dies ist jedoch deutlich schwieriger zu erkennen und vor allem zu notieren. Kinder in der Schuleingangsphase haben natürlich noch eingeschränkte Möglichkeiten, sich schriftlich auszudrücken. Umso wichtiger sind der Austausch mit dem Partnerkind, die Nachfragen der Lehrkräfte und die Besprechung im Rahmen der Reflexion.

4.4.3 Anregungen zur Reflexion

1 — C Finde selbst verwandte Aufgaben!
- 5 + 4 = 9
- 5 + 5 = 10
- 5 + 6 = 11
- 5 + 7 = 12

2 — C Finde selbst verwandte Aufgaben!
- 4 + 4 = 8
- 5 + 5 = 10
- 6 + 6 = 12
- 7 + 7 = 14

3 — D Finde selbst verwandte Aufgaben!
- 19 + 1 = 20
- 18 + 2 = 20
- 13 + 2 = 20
- 0 + 20 = 20

4 — D Finde selbst verwandte Aufgaben!
- 19 + 1 = 20
- 20 + 1 = 21
- 21 + 1 = 22
- 22 + 1 = 23

5 — C Finde selbst verwandte Aufgaben!
- 48 + 5 = 53
- 49 + 5 = 54
- 50 + 5 = 55
- 51 + 5 = 56

6 — C Finde selbst verwandte Aufgaben!
- 30 + 7 = 100
- 40 + 6 = 100
- 50 + 5 = 55
- 60 + 4 = 100

Vielfalt der Unterrichtsdokumente aus *einer* 2. Schulklasse

B

Kreuze die leichteste Aufgabe an!
Rechne diese zuerst!
- ☐ 13 + 4 = 17
- ☐ 12 + 5 = 17
- ☐ 11 + 6 = 17
- ☐ 10 + 7 = 17

B

Kreuze die leichteste Aufgabe an!
Rechne diese zuerst!
- ☐ 10 + 7 = 17
- ☐ 9 + 8 = 17
- ☐ 8 + 9 = 17
- ☐ 7 + 10 = 17

Analoge Karten im 20er-Raum (Baustein 16)

4.4 Bausteine: Rechnen mit Zahlbeziehungen

B eine aufgabe ist gleich es kommt imer 17 Kolja/Medima	$10+7=17$ $3+7=10$ A ich Habe ban 2ten bachstaben imer 7 und ban 1 1,2,3,4,. B man kan den 10sener nach Hinten tuHen. 7ben ka man nach Hinten tun Björn/Justus

Dokumente der Kinder zu Gemeinsamkeiten und Unterschieden der Aufgabenserien

Das zweite Dokument zeigt, wie Kinder versuchen, Gleichheiten und Unterschiedlichkeiten gleichzeitig auszudrücken. Wie in der Unterrichtsanalyse deutlich wird, konzentrieren sich die Kinder auf die Aufgaben 10 + 7 und ihre Tauschaufgabe 7 + 10 und beschreiben mit ihren Worten die mathematische Kommutativität der Addition: „Man kann den 10sener nach hinten tuhen, 7ben ka man nach hinten tun." Offensichtlich meinen sie, dass die Position der Summanden keinen Einfluss auf das Ergebnis hat. Durch die wahrgenommene Unterschiedlichkeit (der Positionen der gleichen Zahlen) nehmen die Kinder die zentrale Struktur der Kommutativität wahr. Inwiefern sie diese hier konstruieren oder das vorhandene Wissen anwenden und abrufen, wird aus dem Dokument nicht deutlich. Im Gegensatz zum ersten Dokument steht jedoch ein mathematischer Kern im Mittelpunkt der Auseinandersetzung.

Kooperativ und kommunikativ

Die kooperativen Arbeitsformen ermöglichen den leistungsschwächeren Kindern, sich aktiv einzubringen und in der Kommunikation als wirkliche Partner wahrgenommen zu werden. Dazu eignen sich insbesondere die Aufgabenstellungen, in denen gemeinsam sortiert oder Gemeinsamkeiten/Unterschiede gesucht werden. Die Kinder tauschen sich im eigentlichen Sinne über Mathematik aus, diskutieren Zuordnungen, haben Ideen und verwerfen diese wieder.

Die Kinder nehmen dabei unterschiedliche Beziehungen in den Blick. Beim Vergleich von Karten (aus den Bausteinen 16 und 18) ist häufig zu beobachten, dass zunächst gleiche Aufgaben oder gleiche Zahlen gefunden werden. Wie diese Prozesse der Suche nach Gleichem und Unterschiedlichem verlaufen und auf welche Weise die Kinder hier die mathematischen Beziehungen betrachten können, zeigt der Ausschnitt eine Szene aus dem 2. Schuljahr:

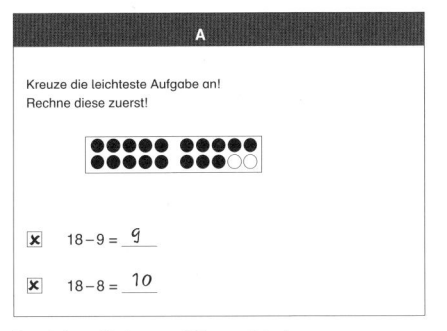

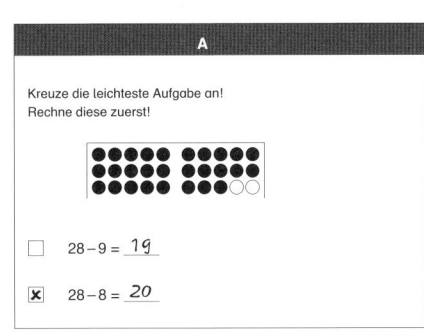

4.4.3 Anregungen zur Reflexion

Karte A (links):
Kreuze die leichteste Aufgabe an!
Rechne diese zuerst!

[x] 18 − 9 = _9_
[x] 18 − 8 = _10_

Karte A (rechts):
Kreuze die leichteste Aufgabe an!
Rechne diese zuerst!

[ ] 28 − 9 = _19_
[x] 28 − 8 = _20_

Bearbeitete Karten von Björn und Justus

Dem Schülerpaar Björn und Justus liegen verwandte Aufgaben in unterschiedlichen Zahlräumen vor, und durch eine Unaufmerksamkeit der Lehrkraft beim Austeilen der Karten erhält der zählende Rechner Björn die Aufgaben im 100er-Raum. Nach der Lösung der Aufgaben beginnen beide Schüler nun mit dem Vergleich der Karten, indem sie zunächst die Karten A vergleichen. Die Szene beginnt damit, dass die Kinder spaltenweise die Zahlen betrachten. Dabei benutzen sie durchgehend den Begriff „Reihe" im Sinne von „Spalte".

> Justus: *[beginnt zu schreiben]* In der ersten *[geflüstert beim Schreiben]*, in der ersten Reihe
> Björn: *[radiert das Kreuz aus und zieht es sorgfältig an gleicher Stelle nach]* Ist alles gleich
> Justus: Reihe *[geflüstert, schreibt dabei]* In der ersten Reihe
> Björn: Ist alles gleich *[guckt geradeaus in den Raum]*
> Justus: Nein, sind, ist ein Zehner mehr
> Björn: *[beugt sich zu Justus und guckt auf Justus' Karte]*
> Justus: Ist ein Zehner, Zehner, Zehner, Zehner *[spricht sich Wort während des Schreibens vor]* mehr, mehr. Gut.
> Björn: *[guckt zu Justus und auf das Blatt mit der Notation „In der ersten reie ist ein zener mer"]*
> Justus: Fertig. *[liest vor:]* In der ersten Reihe ist ein Zehner mehr.
> Björn: Bei mir.
> Justus: Also bei dir von mir aus.

Björn scheint zunächst die Minuenden auf seiner Karte zu betrachten, die bei beiden Aufgaben gleich sind, und beschreibt dies mit den Worten: „In der ersten Reihe ist alles gleich." Justus hingegen vergleicht darüber hinaus die „gleichen" Minuenden miteinander und stellt die Unterschiede zwischen ihnen fest: „ist ein Zehner mehr". Diese Aussage scheint Björn aufzugreifen und auszudifferenzieren, indem er ergänzt „bei mir".

4.4 Bausteine: Rechnen mit Zahlbeziehungen

Die Szene zeigt, wie der zählende Rechner Björn die strukturell tiefer gehende Deutung seines Partners versteht, aufgreift und weiterführt. Man sieht deutlich, dass sich die Kinder über mathematische Beziehungen unterhalten und die kooperativ angelegte Arbeitsphase durch den Austausch für das zählend rechnende Kind zu einer Erweiterung der Deutungen führt. Gleichzeitig ist der leistungsstärkere Justus nicht unterfordert, sondern der Austausch mit dem Mitschüler zwingt auch ihn, seine Deutungen zu überprüfen und seine Deutung um den für Björn wichtigen Aspekt, in welcher der Spalte die Zahlen um 10 größer sind, erweitert.

Literatur

Bless, G. (2007): *Zur Wirksamkeit der Integration*. 3. Aufl. Bern: Huber.
Brandt, B./Nührenbörger, M. (2009): Kinder im Gespräch über Mathematik. Kommunikation und Kooperation im Mathematikunterricht. *Die Grundschulzeitschrift*, 23 (222/223), S. 28–33.
Bruner, J. S. (1970): *Der Prozess der Erziehung*. Düsseldorf: Schwann.
Deutscher, T. (2012): *Arithmetische und geometrische Fähigkeiten von Schulanfängern. Eine empirische Untersuchung unter besonderer Berücksichtigung des Bereichs Muster und Strukturen*. Wiesbaden: Vieweg.
Dumke, D./Eberl, D. (2002): Bereitschaft von Grundschullehrern zum gemeinsamen Unterricht von behinderten und nichtbehinderten Schülern. *Psychologie in Erziehung und Unterricht*, 49, S. 71–83.
Eckhart, M. (2008): Zwischen Programmatik und Bewährung – Überlegungen zur Wirksamkeit des offenen Unterrichts. In: K. Aregger/E. M. Waibel (Hrsg.), *Entwicklung der Person durch offenen Unterricht. Das Kind im Mittelpunkt: Nachhaltiges Lernen durch Persönlichkeitserziehung* (S. 77–110), Augsburg: Brigg-Verlag.
Eckhart, M./Haeberlin, U./Sahli Lozano, C./Blanc, P. (2011): *Langzeitwirkungen der schulischen Integration. Eine empirische Studie zur Bedeutung von Integrationserfahrungen in der Schulzeit für die soziale und berufliche Situation im jungen Erwachsenenalter*. Bern: Haupt.
Ennemoser, M./Krajewski, K. (2007): Förderung des Teil-Ganzes-Verständnisses bei Erstklässlern. *Vierteljahresschrift für Heilpädagogik und ihre Nachbargebiete*, 76 (3), S. 228–240.
Feuser, G. (2006): Inklusion und Qualitätssicherung – oder: Der Tanz ums goldene Kalb. *Vierteljahresschrift für Heilpädagogik und ihre Nachbargebiete*, 75 (4), S. 278–284.
Feuser, G. (2008): Lernen am „Gemeinsamen Gegenstand". In: K. Aregger/E. M. Waibel (Hrsg.), *Entwicklung der Person durch offenen Unterricht. Das Kind im Mittelpunkt: Nachhaltiges Lernen durch Persönlichkeitserziehung* (S. 151–165), Augsburg: Brigg-Verlag.
Freudenthal, H. (1974): Die Stufen im Lernprozeß und die heterogene Lerngruppe im Hinblick auf die Middenschool. *Neue Sammlung*, 14, S. 161–172.
Freudenthal, H. (1978): *Vorrede zu einer Wissenschaft vom Mathematikunterricht*. München: Oldenbourg.
Fritz, A./Ricken, G./Gerlach, M. (2007): *Kalkulie. Diagnose- und Trainingsprogramm für rechenschwache Kinder*. Berlin: Cornelsen.
Frostad, P./Pijl, S. J. (2007): Does being friendly help in making friends? The relation between the social position and social skills of pupils with special needs in mainstream education. *European Journal of Special Needs Education*, 22 (1), S. 15–30.
Gaidoschik, M. (2003): *Rechenschwäche – Dyskalkulie. Eine unterrichtspraktische Einführung für Lehrerinnen und Eltern*. 2. Auflage. Horneburg: Persen.
Gaidoschik, M. (2007): *Rechenschwäche vorbeugen. Das Handbuch für LehrerInnen und Eltern. 1. Schuljahr: Vom Zählen zum Rechnen*. Wien: G&G Buchvertriebsgesellschaft.
Gaidoschik, M. (2009a): *Rechenschwäche verstehen – Kinder gezielt fördern. Ein Leitfaden für die Unterrichtspraxis*. 3. Auflage. Buxtehude: Persen.
Gaidoschik, M. (2009b): Didaktogene Faktoren bei der Verfestigung des „zählenden Rechnens". In: A. Fritz/G. Ricken/S. Schmidt (Hrsg.), *Handbuch Rechenschwäche. Lernwege, Schwierigkeiten und Hilfen bei Dyskalkulie* (S. 166–180), 2. Auflage. Weinheim/Basel: Beltz.
Gaidoschik, M. (2009c): Nicht-zählende Rechenstrategien – von Anfang an! Durch mathematisches Denken zum kleinen Einspluseins. *Grundschulunterricht Mathematik*, 1, 4–6.
Gaidoschik, M. (2009d): Muster machen Mathe. *Die Grundschule*, 3, S. 16–18.
Gaidoschik, M. (2010): *Wie Kinder rechnen lernen – oder auch nicht. Eine empirische Studie zur Entwicklung von Rechenstrategien im ersten Schuljahr*. Frankfurt/Main: Lang.

Geary, D. C. (2004): Mathematics and learning disabilities. *Journal of Learning Disabilities*, 37, S. 4–15.

Gerster, H.-D. (1996): Vom Fingerrechnen zum Kopfrechnen – Methodische Schritte aus der Sackgasse des zählenden Rechnens. In: G. Eberle/R. Kornmann (Hrsg.), *Lernschwierigkeiten und Vermittlungsprobleme im Mathematikunterricht an Grund- und Sonderschulen. Möglichkeiten der Vermeidung und Überwindung* (S. 137–161), Weinheim: Deutscher Studien Verlag.

Gerster, H.-D. (2009): Schwierigkeiten bei der Entwicklung arithmetischer Konzepte im Zahlenraum bis 100. In: A. Fritz/G. Ricken/S. Schmidt (Hrsg), *Handbuch Rechenschwäche. Lernwege, Schwierigkeiten und Hilfen bei Dyskalkulie* (S. 248–268), Weinheim/Basel: Beltz.

Gerster, H.-D./Schultz, R. (2004): *Schwierigkeiten beim Erwerb mathematischer Konzepte im Anfangsunterricht. Bericht zum Forschungsprojekt Rechenschwäche – Erkennen, Beheben, Vorbeugen*. 3. Auflage. http://opus.bsz-bw.de/phfr/volltexte/2007/16/pdf/gerster.pdf (Zugriff am 05.11.2012).

Gelman, C. R./Gallistel, C. R. (1978): *The Child's Understanding of Numbers*. Cambridge: Harvard University Press.

Grube, D. (2006): *Entwicklung des Rechnens im Grundschulalter: Basale Fertigkeiten, Wissensabruf und Arbeitsgedächtniseinflüsse (Reihe Pädagogische Psychologie und Entwicklungspsychologie)*, Münster: Waxmann.

Haeberlin, U./Bless, G./Moser, U./Klaghofer, R. (2003): *Die Integration von Lernbehinderten. Versuche, Theorien, Forschungen, Enttäuschungen, Hoffnungen*. 4. unveränderte Auflage. Bern: Haupt.

Häsel-Weide, U. (2011). „Bei dir ist es anders herum." Muster und Strukturen für leistungsschwächere Kinder am Beispiel der Teile-Ganzes-Beziehung. *Grundschulunterricht Mathematik*, 3, S. 8–11.

Häsel-Weide, U. (2013a): Strukturen in verwandten Additionsaufgaben. *Grundschulunterricht Mathematik*, 60 (1), S. 24–27.

Häsel-Weide, U. (2013b): Ablösung vom zählenden Rechnen: Struktur-fokussierende Deutungen am Beispiel von Subtraktionsaufgaben. *Journal für Mathematikdidaktik*, 34 (1), S. 21–52.

Häsel-Weide, U./Nührenbörger, M. (2010). Sicher mit Zahlen. Grundschule aktuell. *Zeitschrift des Grundschulverbandes*, 109, S. 21–24.

Häsel-Weide, U./Nührenbörger, M. (2012): Fördern im Mathematikunterricht. In: H. Bartnitzky/U. Hecker/M. Lassek (Hrsg.), *Individuell fördern – Kompetenzen stärken* (AK Grundschule, Band 134) (H. 4), Hemsbach: Beltz.

Hasemann, K. (2007): *Anfangsunterricht Mathematik*. 2. Auflage. Heidelberg: Spektrum Akademischer Verlag.

Heimlich, U. (2007): Gemeinsamer Unterricht im Rahmen inklusiver Didaktik. In: U. Heimlich/F. Wember (Hrsg.), *Didaktik des Unterricht im Förderschwerpunkt Lernen* (S. 69–80), Stuttgart: Kolhammer.

Hess, K. (2012): *Kinder brauchen Strategien. Eine frühe Sicht auf mathematisches Verstehen*. Seelze: Klett-Kallmayer.

Hengartner, E. (1999): *Mit Kindern lernen. Standorte und Denkwege im Mathematikunterricht*. Zug: Klett/Balmer.

Hinz, A. (2009): Inklusive Pädagogik in der Schule – veränderter Orientierungsrahmen für die schulische Sonderpädagogik!? Oder doch deren Ende?? *Zeitschrift für Heilpädagogik*, 5, S. 171–179.

Hirt, U./Wälti, B. (2007): *Lernumgebungen im Mathematikunterricht. Natürliche Differenzierung für Rechenschwache bis Hochbegabte*. Seelze: Kallmeyer.

Huber, C. (2006): *Soziale Integration in der Schule*. Marburg: Tectum.

Huber, C. (2011): Lehrerfeedback und soziale Integration. Wie Referenzierungsprozesse die soziale Integration in der Schule beeinflussen können. *Empirische Sonderpädagogik*, 1, S. 20–36.

Jenkins, J. R./O'Connor, R. E. (2003): Cooperative learning for students with learning disabilities: Evidence from experiments, observations, and interviews. In: H. L. Swanson/K. R. Harris/S. Graham (Hrsg.), *Handbook of learning disabilities* (417–430), New York: Guilford Press.
Joller-Graf, K./Tanner, S./Buholzer, A. (2010): Integrierte Sonderschulung aus der Sicht der Regellehrpersonen. *Schweizerische Zeitschrift für Heilpädagogik*, 16 (5), S. 17–23.
Krajewski, K. (2005): Früherkennung und Frühförderung von Risikokindern. In: M. von Aster/J. H. Lorenz (Hrsg.), *Rechenstörung bei Kindern. Neurowissenschaft, Psychologie, Pädagogik* (S. 150–164), Gottingen: Vandenhoeck & Ruprecht.
Krajewski, K./Nieding, G./Schneider, W. (2007): *Mengen, Zählen, Zahlen: Die Welt der Mathematik verstehen* (MZZ), Berlin: Cornelsen.
Krajweski, K. (2008): Vorschulische Förderung mathematischer Kompetenzen. In: F. Petermann/W. Schneider (Hrsg.), *Enzyklopädie der Psychologie, Reihe Entwicklungspsychologie, Bd. Angewandte Entwicklungspsychologie* (S. 275–304), Göttingen: Hogrefe.
Krauthausen, G. (1995): Die „Kraft" der Fünf und das denkendes Rechnen. In: G. N. Müller/ E. Ch. Wittmann (Hrsg.), *Mit Kindern rechnen.* Hannover: Beltz.
Krauthausen, G./Scherer, P. (2007): *Einführung in die Mathematikdidaktik.* 3. neu bearbeitete Auflage. Heidelberg: Spektrum Akademischer Verlag.
Krauthausen, G./Scherer, P. (2010): *Umgang mit Heterogenität. Natürliche Differenzierung im Mathematikunterricht der Grundschule. Handreichungen des Programms „SINUS an Grundschulen".* http://www.sinus-an-grundschulen.de/fileadmin/uploads/Material_aus_ SGS/Handreichung_Krauthausen-Scherer.pdf (Zugriff am 09.11.2012).
Krummheuer, G. (1997): *Narrativität und Lernen. Mikrosoziologische Studien zur sozialen Konstitution schulischen Lernens.* Weinheim: Deutscher Studien Verlag.
Langhorst, P./Ehlert, A./Fritz, A. (2011): Das Teil-Teil-Ganze-Konzept. Voraussetzungen, Bedeutung und Nachhaltigkeit. *MNU PRIMAR*, 1, S. 10–17.
Langhorst, P./Ehlert, A./Fritz, A. (2012): Non-numerical and numerical understanding of the part-whole concept of children aged 4 to 8 in word problems. *Journal für Mathematik-Didaktik*, 33 (2), S. 233–262.
Lee, J. H. (2010): *Eine kritische Auseinandersetzung mit dem Konzept von Andreas Hinz im Hinblick auf Bildung und Erziehung von Menschen mit Behinderungen.* Oberhausen: Athema.
Lorenz, J. H. (1992). *Anschauung und Veranschaulichungsmittel im Mathematikunterricht.* Göttingen: Hogrefe.
Lorenz, J. H. (1995): Arithmetischen Strukturen auf der Spur. Funktion und Wirkungsweise von Veranschaulichungsmitteln. *Die Grundschulzeitschrift*, 82, S. 9–12.
Lorenz, J. H. (1996): Zähler und Fingerrechner – was tun? *Die Grundschulzeitschrift.* Sonderdruck Mathe, S. 59–60.
Lorenz, J. H. (1998): *Anschauung und Veranschaulichung im Mathematikunterricht. Mentales visuelles Operieren und Rechenleistung.* 2. unveränderte Auflage. Göttingen: Hogrefe.
Lorenz, J. H. (2002): Das arithmetische Denken von Grundschulkindern. In: A. Peter-Koop (Hrsg.), *Das besondere Kind im Mathematikunterricht der Grundschule* (S. 59–82), Offenburg: Mildenberger.
Lorenz, J. H. (2003): Überblick über Theorien zur Entstehung und Entwicklung von Rechenschwäche. In: A. Fritz/G. Ricken/S. Schmidt (Hrsg.), *Rechenschwäche. Lernwege, Schwierigkeiten und Hilfen bei Dyskalkulie* (S. 144–162), Weinheim/Basel/Berlin: Beltz.
Lorenz, J. H. (2007a): Anschauungsmittel als Kommunikationsmittel. *Die Grundschulzeitschrift*, 201, S. 14–16.
Lorenz, J. H. (2007b): Die Repräsentation von Zahlen und Rechenoperationen im kindlichen Kopf. *Beiträge zum Mathematikunterricht* (S. 13–22), Hildesheim: Franzbecker.
Lorenz, J. H. (2009a): Zur Relevanz des Repräsentationswechsels für das Zahlenverständnis und erfolgreiche Rechenleistungen. In: A. Fritz/G. Ricken/S. Schmidt (Hrsg.), *Handbuch Rechenschwäche. Lernwege, Schwierigkeiten und Hilfen bei Dyskalkulie* (S. 230–247), Weinheim: Beltz.

Literatur

Lorenz, J. H. (2009b): Der „Leere Zahlenstrahl" – eine hilfreiche Lernumgebung für die diagnostische Tätigkeit in der Grundschule. In: A. Peter-Koop/G. Lilitas/B. Spindeler (Hrsg.), *Lernumgebungen – Ein Weg zum kompetenzorientierten Mathematikunterricht in der Grundschule* (S. 201–211), Offenburg: Mildenberger.

Lorenz, J. H./Radatz, H. (1993): *Handbuch des Förderns im Mathematikunterricht*. Hannover: Schroedel.

Marx, A./Wessel, J. (2010): Die Entwicklung des Operationsverständnisses bei der Subtraktion. *Grundschule Mathematik*, 25, S. 40–43.

Moser Opitz, E. (2007a): *Rechenschwäche/Dyskalkulie. Theoretische Klärungen und empirische Studien an betroffenen Schülerinnen und Schülern*. Bern: Haupt.

Moser Opitz, E. (2007b): Erstrechnen. In: U. Heimlich/F. B. Wember (Hrsg.), *Didaktik des Unterrichts im Förderschwerpunkt Lernen. Eine Handreichung für Praxis und Studium* (S. 253–265), Stuttgart: Kohlhammer.

Moser Opitz, E. (2008): *Zählen, Zahlbegriff, Rechnen. Theoretische Grundlagen und eine empirische Untersuchung zum mathematischen Erstunterricht in Sonderklassen*. 3. Auflage. Bern: Haupt.

Moser Opitz, E. (2009a): Integrativer Unterricht. Überlegungen zum Mathematiklernen. *Grundschule*, 3, S. 12–15.

Moser Opitz, E. (2009b): Erwerb grundlegender Konzepte der Grundschulmathematik als Voraussetzung für das Mathematiklernen in der Sekundarstufe I. In: A. Fritz/S. Schmidt (Hrsg.), *Fördernder Mathematikunterricht in der Sek. I. Rechenschwierigkeiten erkennen und überwinden* (S. 29–43), Weinheim: Beltz.

Moser Opitz (2009c): Recheschwäche diagnostizieren: Umsetzung einer entwicklungs- und theoriegeleiteten Diagnostik. In: A. Fritz/G. Ricken/S. Schmidt (Hrsg.), *Handbuch Rechenschwäche. Lernwege, Schwierigkeiten und Hilfen bei Dyskalkulie* (S. 286–307), Weinheim: Beltz.

Moser Opitz, E. (2010): Diagnose und Förderung: Aufgaben und Herausforderungen für die Mathematikdidaktik und die mathematikdidaktische Forschung. In: A. Lindmeier/S. Ufer (Hrsg.), *Beiträge zum Mathematikunterricht* (S. 11–18), Münster: WTM. http://www.mathematik.tu-dortmund.de/ieem/cms/media/BzMU/BzMU2010/BzMU10_MOSEROPITZ_Elisabeth_Diagnose.pdf (Zugriff am 09.11.2012).

Moser Opitz, E. (2011): Integrativer Unterricht. In: L. Criblez/B. Müller/J. Oelker (Hrsg.), *Die Volksschule zwischen Innovationsdruck und Reformkritik* (S. 140–150), Zürich: NZZ-Verlag.

Moser Opitz, E. (2012): *Integration und Separation bei besonderem Bildungsbedarf?* Akademien der Wissenschaften Schweiz (Hrsg.), Zukunft Bildung Schweiz – Von der Selektion zur Integration. Akten der Veranstaltung vom 16. und 17. Juni 2011. Bern: Akademien der Wissenschaften Schweiz.

Moser Opitz, E./Nührenbörger, M. (2013, im Druck): Diagnostik und Leistungsbeurteilung. In: R. Bruder/L. Hefendehl-Hebeker/B. Schmidt-Thieme/H.-G. Weigand (Hrsg.), *Handbuch Mathematikdidaktik*. Rotterdam: Springer.

Müller, G. N./Wittmann, E. Ch. (1984): *Der Mathematikunterricht in der Primarstufe* (3. neu bearb. Aufl.), Braunschweig: Vieweg.

Muth, J. (1986): *Integration von Behinderten. Über die Gemeinsamkeit im Bildungswesen*. Essen: Neue Deutsche Schule Verlagsgesellschaft.

Nakken, Han/Pijl, Sip J. (2002): Getting along with classmates in regular schools: a review of the effects of integration on the development of social relationships. *International Journal of Inclusive Education*, 6 (1), S. 47–61.

Nührenbörger, M. (2010): Einsichtsvolles Mathematiklernen im Kontext von Heterogenität. In: A. Lindmeier/S. Ufer (Hrsg.), *Beiträge zum Mathematikunterricht* (S. 641–644), Münster: WTM-Verlag.

Nührenbörger, M. (2011): Jahrgangsgemischter Anfangsunterricht – Erfahrungen und Chancen. In: M. Lüken/A. Peter-Koop (Hrsg.), *Mathematischer Anfangsunterricht – Befunde und Konzepte für die Praxis* (S. 114–135), Offenburg: Mildenberger.

Nührenbörger, M./Pust, S. (2011): *Mit Unterschieden rechnen. Lernumgebungen und Materialien im differenzierten Anfangsunterricht Mathematik* (2. Aufl.), Seelze: Klett/Kallmeyer.
Nührenbörger, M./Schwarzkopf, R. (2010): Die Entwicklung mathematischen Wissens in sozial-interaktiven Kontexten. In: C. Böttinger/K. Bräuning/M. Nührenbörger/R. Schwarzkopf/E. Söbbeke (Hrsg.), *Mathematik im Denken der Kinder. Anregungen zur mathematikdidaktischen Reflexion* (S. 73–81), Seelze: Klett/Kallmeyer.
Nührenbörger, M./Steinbring, H. (2008): Manipulatives as tools in teacher education. In: D. Tirosh/T. Wood (Hrsg.), Tools and Processes in Mathematics Teacher Education. *The International Handbook of Mathematics Teacher Education*, Bd. 2 (S. 157–182), Rotterdam: Sense Publishers.
Ostad, S. A. (1997): Developmental differences in addition strategies: a comparison of mathematically disabled and mathematically normal children. *British Journal of Educational Psychology*, 67, S. 345–357.
Padberg, F./Benz, Ch. (2011): *Didaktik der Arithmetik*. 4. Auflage. Heidelberg: Spectrum.
Padberg, F. (2005): *Didaktik der Arithmetik für Lehrerausbildung und Lehrerfortbildung*. 3. erweiterte, vollst. überarbeitete Auflage. Heidelberg: Spektrum Akademischer Verlag.
Peschel, F. (2012): Das beste Arbeitsblatt … ist das leere Blatt. In: F. Peschel/B. Pfeiffer/M. Kahler (Hrsg.), *Selbstorganisiertes Lernen als Arbeitsform in der Grundschule* (S. 70–82), Norderstedt.
Preuss-Lausitz, U. (1998): Integrationsforschung. Ansätze, Ergebnisse und Perspektiven. In: H. Eberwein/S. Knauer (Hrsg.), *Integrationspädagogik* (S. 458–470), 6. Aufl. Weinheim: Beltz.
Radatz, H. (1990): Was können sich Schüler unter Rechenoperationen vorstellen? *Mathematische Unterrichtspraxis*, 38(1), S. 3–8.
Rasch, R. (2007): *Offene Aufgaben für individuelles Lernen im Mathematikunterricht der Grundschule 1/2 (3/4). Aufgabenbeispiele und Schülerbearbeitungen*. Seelze: Kallmeyer.
Ratz, C./Wittmann, E. C. (2011): Mathematisches Lernen im Förderschwerpunkt geistige Entwicklung. In: C. Ratz (Hrsg.), *Unterricht im Förderschwerpunkt geistige Entwicklung. Fachorientierung und Inklusion als didaktische Herausforderungen* (S. 129–152), Oberhausen: Athena.
Reiser H. (2007): Inklusion – Vision oder Illusion? In: D. Katzenbach (Hrsg.), *Vielfalt braucht Struktur* (S. 99–108), Frankfurt/Main: Johann Wolfgang Goethe-Universität.
Resnick, L. B. (1983): A developmental theory of number understanding. In: H. Ginsburg (Hrsg.), *The development of mathematical thinking* (S. 109–151), New York: Academic Press.
Resnick, L. B. (1992): From protoquantities to operators: Building mathematical competence on a foundation of everyday knowledge. In: G. Leinhardt/R. Putnam/R. Hattrup (Hrsg.), *Analysis of arithmetic for mathematics teaching* (S. 373–429), Hillsdale, NJ: Lawrence Erlbaum Assosicates.
Ricken, G. (2008): Förderung aus sonderpädagogischer Sicht. In: K.-H. Arnold/O. Graumann/A. Rakhkochkine (Hrsg.), *Handbuch Förderung. Grundlagen, Bereiche und Methoden der individuellen Förderung von Schülern* (S. 74–83), Weinheim/Basel: Beltz.
Rohrbeck, C. A./Ginsburg-Block, M. D./Fantuzzo, J. W./Miller, T. R. (2003): Peer-assisted learning interventions with elementary school students: A meta-analytic review. *Journal of Educational Psychology*, 95, S. 240–257.
Ruijs, N. M./Peetsma, T. T. D. (2009): Effects of inclusion on students with and without special educational needs reviewed. *Educational Research Review*, 4, S. 67–79.
Scherer, P. (1995): *Entdeckendes Lernen im Mathematikunterricht der Schule für Lernbehinderte – Theoretische evaluierte unterrichtspraktische Erprobung*. Heidelberg: Schindele.
Scherer, P. (2008): Förderung bei Rechenschwierigkeiten. In: K.-H. Arnold/O. Graumann/A. Rakhkochkine (Hrsg.), *Handbuch Förderung. Grundlagen, Bereiche und Methoden der individuellen Förderung von Schülern* (S. 275–283), Weinheim/Basel: Beltz.

Scherer, P. (2009): *Produktives Lernen für Kinder mit Lernschwächen: Fördern durch Fordern.* Band 1: Zwanzigerraum. 5. Auflage. Horneburg: Persen.

Scherer, P./Moser Opitz, E. (2010): *Fördern im Mathematikunterricht der Primarstufe.* Heidelberg: Spektrum Akademischer Verlag.

Schipper, W. (2005): Materialkommentar. Übungen zur Prävention von Rechenstörungen. Sammelband. Lese-, Schreib- und Rechenschwierigkeiten. *Grundschulzeitschrift*, 182, S. 21–22.

Schmassmann, M./Moser Opitz, E. (2007): Heilpädagogischer Kommentar zum Schweizer Zahlenbuch 1. vollst. überarbeitete Neuausgabe. Zug: Klett/Balmer.

Schmassmann, M./Moser Opitz, E. (2008): Heilpädagogischer Kommentar zum Schweizer Zahlenbuch. 2. vollst. überarbeitete Neuausgabe. Zug: Klett/Balmer.

Schmidt, S. (2003): Arithmetische Kenntnisse am Schulanfang – Befunde aus mathematikdidaktischer Sicht. In: A. Fritz/G. Ricken/S. Schmidt (Hrsg.), *Rechenschwäche. Lernwege, Schwierigkeiten und Hilfen bei Dyskalkulie* (S. 26–47), Weinheim: Beltz.

Schütte, S. (2004): *Die Matheprofis 1.* München: Oldenbourg.

Sermier Dessemontet, R./Benoit, V./Bless, G. (2011): Schulische Integration von Kindern mit einer geistigen Behinderung – Ergebnisse einer empirischen Wirkungsanalyse. *Empirische Sonderpädagogik*, 4, S. 291–307.

Selter, C. (2006): Mathematik lernen in heterogenen Lerngruppen. In: P. Hanke (Hrsg.), *Grundschule in Entwicklung. Herausforderungen und Perspektiven für die Grundschule heute* (S. 118–144), Münster: Waxmann.

Selter, C./Prediger, S./Nührenbörger, M./Hußmann, S. (in Vorb. 2014): *mathe sicher können. Diagnose- und Fördermaterial für Klasse 3–7.* Cornelsen, Berlin.

Söbbeke, E. (2005): *Zur visuellen Strukturierungsfähigkeit von Grundschulkindern – Epistemologische Grundlagen und empirische Fallstudien zu kindlichen Strukturierungsprozessen mathematischer Anschauungsmittel.* Hildesheim: Franzbecker.

Söbbeke, E./Steinbring, H. (2007): Anschauung und Sehverstehen – Grundschulkinder lernen im Konkreten das Abstrakte zu sehen und zu verstehen. In: J. H. Lorenz/W. Schipper (Hrsg.), *Hendrik Radatz: Impulse für den Mathematikunterricht* (S. 62–68), Hannover: Schroedel.

Söbbeke, E./Steenpaß, A. (2010): Mathematische Deutungsprozesse zu Anschauungsmitteln unterstützen. In: C. Böttinger/D. Bräuning/M. Nührenbörger/R. Schwarzkopf/E. Söbbeke (Hrsg.), *Mathematik im Denken der Kinder. Anregungen zur mathematikdidaktischen Reflexion* (S. 216–244), Seelze: Klett/Kallmeyer.

Stähling, R (2010): *Du gehörst zu uns. Inklusive Grundschule.* Baltmannsweiler: Schneider Hohengehren.

Stark in ... Mathematik 1 (2008): Hannover: Schroedel.

Steinbring, H. (1993): Die Konstruktion mathematischen Wissens im Unterricht – eine epistemologische Methode der Interaktionsanalyse. *Journal für Mathematik-Didaktik*, 14 (2), S. 113–145.

Steinbring, H. (1994): Die Verwendung strukturierter Diagramme im Arithmetikunterricht der Grundschule. *Mathematische Unterrichtspraxis* (4), S. 7–19.

Steinbring, H. (1995): *The construction of new mathematical knowledge in classroom interaction – An epistemological perspective.* New York: Springer.

Steinbring, H. (1997): Kinder erschließen sich eigene Deutungen. Wie Veranschaulichungsmittel zum Verstehen mathematischer Begriffe führen können. *Grundschule* (3), S. 16–18.

Steinbring, H. (1999): Offene Kommunikation mit geschlossener Mathematik. *Grundschule*, 3, S. 8–13.

Steinbring, H. (2000): Mathematische Bedeutung als eine soziale Konstruktion – Grundzüge der epistemologisch orientierten mathematischen Interaktionsforschung. *Journal für Mathematikdidaktik*, 21 (1), S. 28–49.

Steinweg, A. S. (2001): *Zur Entwicklung des Zahlenmusterverständnisses bei Kindern. Epistemologisch-pädagogische Grundlegung.* Münster: LIT-Verlag.

Steinweg, A. S. (2009): Rechnest du noch mit Fingern? – Aber sicher! In: *MNU Primar*, 1 (4), S. 124–128.
Stern, E. (1998): *Die Entwicklung des mathematischen Verständnisses im Kindesalter*. Berlin u. a.: Lengerich
Sundermann, B./Selter, C. (2006): *Beurteilen und Fördern im Mathematikunterricht*. Berlin: CVK.
Thomas, J./Zoelch, Ch./Seitz-Stein, K./Schumann-Hengsteler, R. (2006): Phonologische und zentral-exekutive Arbeitsgedächtnisprozesse bei der mentalen Addition und Multiplikation bei Grundschulkindern. *Psychologie in Erziehung und Unterricht*, 53, S. 275–290.
Trickett, L./Sulke, F. (1993): Mathematikunterricht mit schulschwachen Kinder: Fördern heißt fordern! *Die Grundschulzeitschrift*, 68, S. 35–38.
Übereinkommen über die Rechte von Behinderten. http://www.institut-fuer-menschenrechte.de/de/menschenrechtsinstrumente/vereinte-nationen/menschenrechtsabkommen/behindertenrechtskonvention-crpd.html (Zugriff am 18.03.2013).
Verboom, L. (2011): Sprachfreien Mathematikunterricht darf es nicht geben! *Grundschule Mathematik*, 31, S. 40–43.
Voigt, J. (1993): Unterschiedliche Deutungen bildlicher Darstellungen zwischen Lehrerin und Schülern. In: J. H. Lorenz (Hrsg.), *Mathematik und Anschauung. Untersuchungen zum Mathematikunterricht* (S. 147–166), Köln: Aulis.
Voigt, J. (1998): Widerstände gegen die Öffnung des Mathematikunterrichts. In: H. Brügelmann/M. Fölling-Albers/S. Richter (Hrsg.), *Jahrbuch Grundschule*. Seelze: Friedrich.
Vygotsky, L. S. (1969): *Denken und Sprechen*. Frankfurt/Main: Fischer.
Wartha, S./Schulz, A. (2011): *Aufbau von Grundvorstellungen (nicht nur) bei besonderen Schwierigkeiten im Rechnen. Handreichung des Programms „SINUS an Grundschulen"*. Kiel: IPN-Materialien.
Wember, F. B. (1998): Zweimal Dialektik: Diagnose und Intervention, Wissen und Intuition. *Sonderpädagogik*, 28 (2), S. 106–120.
Wember, F. B. (2009a): Mathematik unterrichten – eine subsidiäre Aktivität? Nicht nur bei Kindern mit Lernschwierigkeiten! In: P. Scherer (Hrsg.), *Produktives Lernen für Kinder mit Lernschwächen: Fördern durch Fordern*. Band 1: Zwanzigerraum (S. 230–247), 5. Auflage. Horneburg: Persen.
Wember, F. B. (2009b) (Hrsg.): Klick 5 Mathematik. Berlin: Cornelsen.
Wielpütz, H. (1998): Erst verstehen, dann verstanden werden. *Grundschule*, 3, S. 9–11.
Wielpütz, H. (2010): Qualitätsanalyse und Lehrerbildung. In: C. Böttinger/K. Bräuning/M. Nührenbörger/R. Schwarzkopf/E. Söbbeke (Hrsg.), *Mathematik im Denken der Kinder. Anregungen zur mathematikdidaktischen Reflexion*. Seelze: Klett/Kallmeyer.
Wiener, J./Tardif, C. Y. (2004): Social and emotional functioning of children with learning disabilities: does special education placement make a difference? *Learning Disabilities Research & Practice*, 19 (1), S. 20–32.
Wittich, C./Nührenbörger, M./Moser Opitz, E. (2010): Ablösung vom zählenden Rechnen. Eine Interventionsstudie für die Grund- und Förderschule. In: A. Lindmeier/S. Ufer (Hrsg.), *Beiträge zum Mathematikunterricht* (S. 935–938). Münster: WTM.
Wittmann, E. Ch. (1992): Üben im Lernprozess. In: E. Ch. Wittmann/G. N. Müller (Hrsg.), *Handbuch produktiver Rechenübungen, Band 2: Vom halbschriftlichen zum schriftlichen Rechnen* (S. 175–182), Stuttgart: Klett.
Wittmann, E. Ch. (1993): „Weniger ist mehr": Anschauungsmittel im Mathematikunterricht der Grundschule. *Beiträge zum Mathematikunterricht*, S. 394–397.
Wittmann, E. Ch. (1995): Aktiv-entdeckendes und soziales Lernen im Arithmetikunterricht. In: G. N. Müller/E. Ch. Wittmann (Hrsg.), *Mit Kindern rechnen* (10–42), Frankfurt/Main: Arbeitskreis Grundschule.
Wittmann, E. Ch. (2010): Natürliche Differenzierung im Mathematikunterricht der Grundschule – vom Fach aus. In: P. Hanke/G. Möwes Butschko/A. K. Hein/D. Berntzen/A. Thieltges (Hrsg.), *Anspruchsvolles Fördern in der Grundschule* (S. 63–78), Münster: ZfL.

Literatur

Wittmann, E. Ch. (2011a): Über das „rechnende Zählen" zum „denkenden Rechnen". *Die Grundschulzeitschrift*, 248/249, S. 52–55.
Wittmann, E. Ch. (2011b): „Hast du sechs Bienen?" *Grundschulzeitschrift*, S. 52–55.
Wittmann, E. Ch./Müller, G. N. (1990): *Handbuch produktiver Rechenübungen. Bd. 1. Vom Einspluseins zum Einmaleins*. Stuttgart: Klett.
Wittmann, E. Ch./Müller, G. N. (1992): *Handbuch produktiver Rechenübungen. Bd. 2. Vom halbschriftlichen zum schriftlichen Rechnen*. Stuttgart: Klett.
Wittmann, E. Ch./Müller, G. N. (2006): *Blitzrechnen 1. Basiskurs Zahlen*. Leipzig: Klett.
Wittmann, E. Ch./Müller, G. N. (2012a): *Das Zahlenbuch 1/Das Zahlenbuch 2*. Stuttgart: Klett.
Wittmann, E. Ch./Müller, G. N. (2012b): *Das Zahlenbuch 1. Begleitband*. Stuttgart: Klett.
Wollring, B. (1999): Mathematikdidaktik zwischen Diagnostik und Design. In: C. Selter/G. Walther (Hrsg.), *Mathematikdidaktik als design science* (S. 270–276), Stuttgart: Klett.
Zehnpfennig, H./Zehnpfennig, H. (1992): Was ist „Offener Unterricht"? In: Landesinstitut für Schule und Weiterentwicklung (Hrsg.), Schulfang (S. 46–60), Soest (LSW).
Zehnpfennig, H./Zehnpfennig, H. (2008): Entwicklungschancen besonders begabter Kinder in der Grundschule. In: A. Peter-Koop/P. Sorger (Hrsg.), *Mathematisch besonders begabte Kinder als schulische Herausforderung* (S. 150–175), Hannover: Mildenberger.

Förderkonzepte für inklusive Lerngruppen

GÜNTER KRAUTHAUSEN | PETRA SCHERER
Natürliche Differenzierung im Mathematikunterricht
Konzepte und Praxisbeispiele aus der Grundschule
16 x 23 cm, 224 Seiten, plus Downloadmaterial
ISBN 978-3-7800-4965-0, € 26,95

Heterogene Lerngruppen erfordern einen differenzierenden Unterricht, zu dem es bereits seit längerer Zeit Empfehlungen in der pädagogischen und didaktischen Fachliteratur gibt.

Der Praxisband gibt zunächst einen kompakten Überblick über diese klassischen Formen der (inneren) Differenzierung sowie deren Möglichkeiten und Probleme. Aus dieser Analyse leiten die Autoren die Notwendigkeit einer ergänzenden Vorgehensweise ab: die der *natürlichen Differenzierung*.

Nach einer genaueren Begriffsbestimmung und Erläuterung dieser Konzeption konkretisieren sie diese für den Mathematikunterricht und stellen erprobte Unterrichtsvorschläge vor. Zugleich enthält der Band Schülerdokumente und hilfreiche Materialien für die eigene Umsetzung im Unterricht, die auch als Download verfügbar sind.

Im Downloadbereich finden Sie vertiefende Materialien.

Unser Leserservice berät Sie gern:
Telefon: 0511/4 00 04 -150
Fax: 0511/4 00 04 -170
leserservice@friedrich-verlag.de

www.klett-kallmeyer.de

Gemeinsam am selben Thema arbeiten

UELI HIRT, BEAT WÄLTI
Lernumgebungen im Mathematikunterricht
Natürlich differenzieren für Rechenschwache bis Hochbegabte
20 x 27 cm, 256 Seiten
ISBN 978-3-7800-8024-0, € 29,95

Lernumgebungen enthalten fachlich substanzielle Aufgaben für den Mathematikunterricht. Damit arbeiten lernschwache und lernstarke Schülerinnen und Schüler gleichzeitig an demselben Thema und werden dennoch auf ihrem jeweils individuellen Niveau gefördert.

Die bekannten Schweizer Autoren zeigen, wie Sie mit Lernumgebungen einen begabungsfreundlichen, integrativen Mathematikunterricht in der Grundschule gestalten können. Sie haben dafür Lernumgebungen aus den Bereichen Arithmetik, Sachrechnen und Geometrie ausgewählt.

Den Kern des Buches bilden zahlreiche kommentierte Schülerdokumente, die das gesamte Begabungsspektrum abbilden. Alle vorgestellten Lernumgebungen sind in der Unterrichtspraxis mehrfach erprobt und darauf hin ausgewählt, dass Ihre Schülerinnen und Schüler mathematische Kompetenzen entwickeln und zugleich Interesse und Freude an mathematischer Tätigkeit haben.

Unser Leserservice berät Sie gern:
Telefon: 0511/4 00 04 -150
Fax: 0511/4 00 04 -170
leserservice@friedrich-verlag.de

www.klett-kallmeyer.de

Unter **www.friedrich-verlag.de** finden Sie Materialien zum Buch als Download.
Bitte geben Sie den achtstelligen Download-Code in das Suchfeld ein.

DOWNLOAD-CODE: d14966ra

Hinweis:

Das Download-Material enthält auf etwa 120 Arbeitsblättern die Materialien zu den Förderbausteinen, die im Buch vorgestellt werden. Alle Materialien liegen wahlweise als farbige oder schwarzweiße Vorlagen zum Ausdrucken im DIN-A4-Format vor.

Als Käufer des Buches (ISBN 978-3-7800-4966-7) sind Sie zum Download dieser Datei berechtigt. Weder die gesamte Datei noch einzelne Teile daraus dürfen ohne Einwilligung des Verlages an Dritte weitergegeben oder in ein Netzwerk gestellt werden. Dies gilt auch für Intranets von Schulen und sonstigen Bildungseinrichtungen.

Der Verlag behält sich vor, gegen urheberrechtliche Verstöße vorzugehen.

**Haben Sie Fragen zum Download? Dann wenden Sie sich bitte
an den Leserservice der Friedrich Verlags GmbH.
Schreiben Sie uns oder rufen Sie uns an!**

Sie erreichen unseren Leserservice
Montag bis Donnerstag von 8 – 18 Uhr
Freitag von 8 – 14 Uhr
Tel.: 05 11/4 00 04-150
Fax: 05 11/4 00 04-170
E-Mail: *leserservice@friedrich-verlag.de*

Wir freuen uns über Ihre Rückmeldungen und helfen Ihnen gerne weiter!